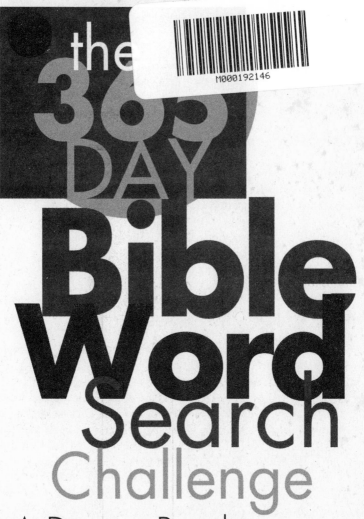

the
365 DAY
Bible
Word
Search
Challenge

A Distinct Puzzle
for every day of the year!

BARBOUR
PUBLISHING

Puzzles were created by Michelle Ross Andersen; David Austin; Sharon Boggs; Evelyn M. Boyington; George Wayne Braun; Janice A. Buhl; Carol Charley; Michele Clay; Mary Louise DeMott; Karen Dickson; Robert F. Dougherty; Shirley Dunlap; Judy Ellis; Malina English; Angela Fletcher; Mary Ann Freeman; Yvonne Goodwin; Ruth Graether; N. Teri Grottke; Vicki Hicks; D. Hittner; D. Holm; Barbara Holt; Pamela Jensen; Cheryl Keiser; Paul Kent; Marcella Laverman; Carol Borror Leath; Miya McKenney; Robyn M. Meadows; Tamela Hancock Murray; Todd Outcalt; Linda Amidon Pogue; Pam Powell; Linda Pyle; Priscilla Runyon; Joy Shirk; Carole Stengel; Dan, Gretchen, and Jim Stevens; Jayne Stratmeyer; Conover Swofford; John Hudson Tiner; Beth Umlauf; Erin Wade; Faith Wade; Arlene Walker; Lynn Wallace; Carol Wenzel; and Angela Winfield.

Published by Barbour Publishing, Inc., P.O. Box 719, Uhrichsville, Ohio 44683

Our mission is to publish and distribute inspirational products offering exceptional value and biblical encouragement to the masses.

Member of the
Evangelical Christian
Publishers Association

Printed in the United States of America.

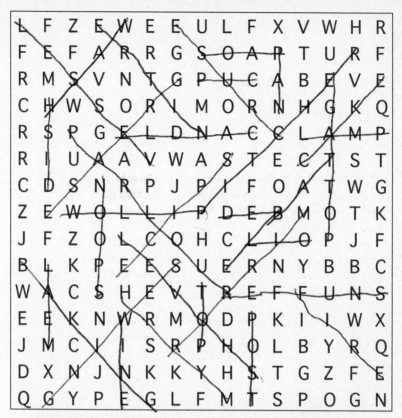

Biblical Household Items

BAKING
BED
CAKE
CANDLE
CRUSE
CUP
DISH
FIRE
GREASE
LAMP
MEAL

MIRROR
MYRRH
NITRE
OIL
PAN
PARLOUR
PILLOW
PITCHER
POST
POT
POTTAGE

SEWING
SHOVEL
SNUFFER
SOAP
SPICE
SPOON
TABLE
VESSEL
WASH
WINE

```
G R E H W E L L B E V E R J E
N A E A T L B O S P E E W U S
D E T E G O C J T U Q S O J F
B E R Z V A F H S Q A U M V Z
R J E D J E I P F K D S A T B
T C R R L R R N U W H E N C E
O A A D S I I L F H Q J Q V G
W D X T N A H W A O M O H M N
L R M G T L V C T S V J P B I
G I I Y T L X M H O T L Q K H
A N S W E R E D E E M I P R T
G K I A Q W M P R V N F N V O
T E N V I G Z T N E V E R G N
F T P S I T I B G R E A T E R
X H V V C L H J E L L V W O B
```

The Woman at the Well

John 4:11–14

AGAIN
ANSWERED
CATTLE
CHILDREN
DEEP
DRAW
DRINKETH
EVERLASTING
FATHER
GREATER
JACOB
JESUS

LIFE
LIVING
NEVER
NOTHING
SAITH
SPRINGING
THIRST
WATER
WELL
WHENCE
WHOSOEVER
WOMAN

Day
2

```
A A M M N N R E D N A X E L A
H A B A B S A L O M A A M M M
S T C A A N T I C H R I S T
Y R A A R M A G E D D O N T B
A L P H A E L S O M A M E N L
D N N A N H E M M M O A M I E
F N O C N T G D A L T A R O G
O H D C D A N D A A A M M N N
T C D U A N A S A I N A N A A
N O A R M A M M O N D A P A H
E I B S A A Q U I L A O A D C
I T A E L A A M M H L R D D R
C N D D E A A M C L O A B B A
N A D C K C C A O N C A B E L
A S S Y R I A S A W E R D N A
```

A's in the Bible

AARON
ABADDON
ABBA
ABEL
ABSALOM
ACCURSED
ACTS
ALEXANDER
ALPHA
ALTAR
AMALEK
AMEN
AMMON

AMOS
ANANIAS
ANCIENT OF DAYS
ANDREW
ANGEL
ANOINT
ANTICHRIST
ANTIOCH
APOLLOS
AQUILA
ARCHANGEL
ARMAGEDDON
ASSYRIA

Day 3

```
M J O Y R E T L U D A B K T S
E D K S U Y R E C R O S I W L
E S S E N D O O G E N T L E E
K T E R C T A H N B L D L A W
Y R D E L S F W I K D M I N D
E I I H E U E A R E E P N V M
C F T T A L O V E F F C G Y Y
N E I C N H M E F A I T H R R
A K O D T I U R F J L G H L T
R L N A F L T A U P E A C E A
E A R I P I R N S N O O I V L
P W H C R S T I G E T A H E O
M Y D I A E E K N E K N U R D
E C P T J E A L O U S Y A S I
T S L V A I N G L O R Y V N E
```

Virtues and Sins

ADULTERY
DEFILE
DRUNKEN
ENVY
FAITH
FRUIT
GENTLE
GOODNESS
HATE
HERESY
IDOLATRY
JEALOUSY
JOY
KILLING
LEWD
LONGSUFFERING

LOVE
LUST
MEEK
PEACE
REVELRY
SEDITION
SORCERY
SPIRIT
STRIFE
TEMPERANCE
UNCLEAN
VAIN GLORY
WALK
WAVER
WRATH

```
L G B X Y S S S G N I T J Y X
H N H M W P G N I K A E P S L
A I D T A O L O U S R C V X G
I G T K N K X I X U R N F E O
S N E H Y E G T S G R A E Y N
O I H E R N E A H M N N E J O
J S H A I E L T D Y A I U L W
P T E Y B E E N R H L D S G C
R Z A U M I O E O I A R E I A
O S R V T M T M W H H O A Y R
P G K N A E M A W R I T T E N
H P E O P L E L N G I T H E M
E W N C O M E D E T N E M A L
T J E R E M I A H P S O H Z Z
C K D L O H E B H M W W Q T F
```

The Lamenting Prophet

Jeremiah 25:2–3; 2 Chronicles 35:25

AMON	LAMENTATIONS	SPOKEN
BEHOLD	LAMENTED	THEIR
COME	LORD	THEM
EARLY	MADE	THEY
EVEN	ORDINANCE	THIRTEENTH
HEARKENED	PEOPLE	THREE
INHABITANTS	PROPHET	TWENTIETH
ISRAEL	RISING	WOMEN
JEREMIAH	SAYING	WORD
JERUSALEM	SINGING	WRITTEN
JOSIAH	SPAKE	YEAR
JUDAH	SPEAKING	

Day 5

```
N G C H R E S T L D M T W T H
I R I S R A E Y R U P O Y V T
M A H T O R G A N R S L X W N
N P M E B V Y F U V O H L G E
O E Q N I E N N F H A Q W A V
T S X N N E E O D R X R Q S E
V E E I V X R I V L E T Q T S
O B V E N T I E M H E V Y I D
S W S B Y D S C T E P I P U R
V I N D W T L A T X A A F R O
U L R W C G G N I N E T C F C
Y O A P H T E W O R G Q C Q C
L E B N D E S S E R D N U R A
Q Y A F D Y K L H T A B B A S
N X W R O X I S O E O F O I D
```

Land Sabbaths

ACCORD
FIELD
FORTY
FRUIT
GATHER
GRAPES
GROWETH
HARVEST
HOLY
LAND
LORD
MEAT
NINE
NOT

OWN
PRUNE
REAP
REST
SABBATH
SEVEN
SEVENTH
SIX
SOW
UNDRESSED
VINE
VINEYARD
YEAR
YEARS

Day 6

```
Y C E H P O R P R E A C H E R
A Q O R I I Z N G P F G J X F
C H A I S S E M N E W L I F E
C T Q W T S Q C O E H J M I G
E R A N O N N A I P O I H T E
P E E H T F Z H T Y O D O V X
T S C R O L L B A P T I S M P
A E W I I B P W V E A L H X L
N D A N R K A D L E K Y H Q A
C Q T J A T D R A E Q V A P I
E T E F H O L Y S P I R I T N
I J R G C I V Y X I V L A N A
E Q U E S T I O N S I V S D Z
S A I G S E S R O H S L I Z A
C P E D I S C I P L E I N L G
```

Philip's Calling

ACCEPTANCE

BAPTISM

CAUGHT AWAY

CHARIOT

CHOSEN

DESERT

DISCIPLE

ETHIOPIAN

EXPLAIN

GAZA

HOLY SPIRIT

HORSES

ISAIAH

JOY

MESSIAH

NEW LIFE

PHILIP

PREACHER

PROPHECY

QUESTIONS

SALVATION

SCROLL

SENT

WATER

Day
7

```
I T A H E C T B A C H R I T E
A R O D I T E T I R O M A T S
E I Z E H A R I T E T R M A E
T E T I R A M E Z H P D S K L
I W E T I D R A E E K H E E K
M G B H O J U B L E B Q J A E
A G E S H U R I T E E F D B N
L Z R F Q O T I L T K M A V I
E Z I J N E N I I I O I F A Z
T K I I D A T Z T N K B T R Z
I T T U I E Z O I A E D I E I
B E E D Q I E T I A N I D L T
A Q I V R F E X A N I W M I E
O M O E H M K O H A T H I T E
M J P E T I B A H C E R L E M
```

Ends in "Ite"

AMALEKITE	HEBRONITE
AMORITE	IZEHARITE
ARDITE	KADMONITE
ARELITE	KENITE
ARODITE	KENIZZITE
ASHBELITE	KOHATHITE
BACHRITE	MIDIANITE
BERIITE	MOABITE
CANAANITE	PERIZZITE
DINAITE	RECHABITE
ELAMITE	TARPELITE
GESHURITE	ZEMARITE

**Day
8**

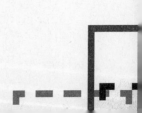

```
Y G V C T Q V O E D R Y I G M
Q Q N E H W Q O R E S Q I V H
S A V I O U R A M S A U L M N
T T P D D U W O L I F L U F C
D E S I A R V O K R E E Y O Q
E A S R E E O I Z E S B N R M
Z L V T D K S C I D I I M T P
H L F I I F C J C F M R O Y V
A A A N D M E H T A O T H E Y
V H G L H S O S J P R U W E H
E S L C U S P N I L P I N G E
P S I S R A E L Y U N I E D A
D H S A C B E E L Y M V Q H R
W Z E E I H N A D I A R W O T
P Y E F J O S G N G W F C Z M
```

A Man After God's Own Heart

Acts 13:21–23

ACCORDING	JESSE	TESTIMONY
AFTERWARD	JESUS	THEIR
BENJAMIN	KING	THEM
DAVID	MINE	THEY
DESIRED	PROMISE	TRIBE
FORTY	RAISED	WHEN
FOUND	REMOVED	WHICH
FULFIL	SAUL	WHOM
GAVE	SAVIOUR	WILL
HAVE	SEED	YEARS
HEART	SHALL	
ISRAEL	SPACE	

Day
9

```
J S L L Z T E H P O R P I J L
E L E R E N I M A F J P N U A
S E A E C A H A I R U T O D H
S U R I Y N A I C I S U M A C
E M S G C E R G N I K N O H I
F A I N R V P D M Y U I L P M
A S Y L E O A L T A R T O R E
S B A U M C A R A W V E S A L
P P R A I S E B K Z J D L Y A
I V P S P H I L I S T I N E S
R E J O N A T H A N X L O R U
I T O N G O L I A T H O R T R
T T Y G C O U R A G E V B H E
A B E H S H T A B F L E E S J
L Z R T E M P L E N A T H A N
```

David

ALTAR
ARK
BATHSHEBA
CENSUS
COURAGE
COVENANT
FAITH
FAMINE
FLEES
GOLIATH
HARP
HEBRON
ISRAEL
JERUSALEM

JESSE
JONATHAN
JOY
JUDAH
KING
LOVE
MERCY
MICHAL
MUSICIAN
NATHAN
PHILISTINES
PRAISE
PRAY
PRAYER

PROPHET
PSALMIST
REIGN
SAFE
SAMUEL
SAUL
SOLOMON
SONG
SPIRIT
TEMPLE
UNITED
URIAH
WAR

Day
10

```
P T Z O G U P E O O E F A X Q
O H R S U W T V W J A F L U Y
B E I F I N D L R M D L X P Q
S E D L Y H T I M Z E M M W N
X B L E I A T O A B F Y X O I
D F A I R S R N F S H L W D C
E C N A N E T N U O C R U A E
N H T U O Y V I W S S S G D M
I J H V K B E I N Z D H O C E
A Q E V P F T T L E B Q X K S
D R S L T H A T K E K M D T J
S D W A I W B O Y D D U R D I
I N Q I U Q O P Q G G A O N K
D A V I D L U C X Q E T L F Q
W H E N A I T M L B J R D M Z
```

Army of One
1 Samuel 17:37, 42

David said **moreover**, The LORD **that delivered** me out of the paw of the **lion**, and out of the paw of the **bear**, he **will** deliver me out of the **hand** of **this** Philistine. And **Saul said unto** David, Go, and the LORD be **with thee**. . . . And **when** the **Philistine looked about**, and saw **David**, he **disdained** him: for he was but a **youth**, and **ruddy**, and of a **fair countenance**.

Day
11

```
K J U S T R V H R P E S E N A
T P M N L O V E L Y E M D K L
W U R K D I C A E E I G H O J
U R E A R E Q R J N D N T R H
F E Q T I W R D D P O B H E O
Z F U V Q S H S R I O A A P N
N E E S V Z E A T J G R N O E
P D S F K D Y A T A T T K R S
B A T T U E C O M S N D S T T
I Q S Q R I V F X A O D G A W
M O H S L E A R N E D E I M J
T L M P E C A E P L V E V N V
J R P P B T H I N G S U I E G
Y U U T X M H Q K N O W N K R
S U S E J T S I R H C Q G P P
```

Think on These Things

Philippians 4:6–9

CHRIST JESUS	PRAYER
GOOD	PURE
HEARD	RECEIVED
HEARTS	REPORT
HONEST	REQUESTS
JUST	SEEN
KNOWN	SUPPLICATION
LEARNED	THANKSGIVING
LOVELY	THINGS
MADE	TRUE
MINDS	UNDERSTANDING
PASSETH	VIRTUE
PEACE	WHATSOEVER
PRAISE	

```
V C D A K Z G H K G A Z Z Y I
S I H T U F I P W L Z L F R E
W H E A V E N K M A N N E R N
S D A E L D V E I A F R O M O
F N V H Q L A I R E T F A W D
P E O C I R O E G E E D J D M
R Q D I T C D W R R W I L L O
Q G K H T D E E E B O O I Y D
E Y L W C A B H B D F F P E G
Q A W O S I T V L T P N L E N
B M M T R L O P L Q S I N D I
U E W N N Y R Q M Y V I W X K
V N T I A O S I R E H T A F O
X T X R M I M P R T T W X O M
O O P Q E N Z Y I F G P S Z P
```

The Model Prayer
Matthew 6:9–13

After this **manner therefore pray** ye: Our **Father which** art in heaven, **hallowed** be thy **name.** Thy kingdom **come,** thy **will** be **done** in **earth,** as it is in **heaven.** Give us **this** day our **daily bread.** And forgive us our **debts,** as we **forgive** our **debtors.** And **lead** us not **into temptation,** but **deliver** us **from** evil: For **thine** is the **kingdom,** and the **power,** and the **glory,** for **ever. Amen.**

Day 13

```
S T V S O H P A P E O L A P M
C U R I U M H F X D U I X A E
E Q H S O H P A P A E N R L L
R C K T V E N E R I S I T O A
M Q Y E I I D A L I U M A E B
I A K P N M N C D M A B M A R
A I L O C U E L A E O L A P U
Y F R S E R A R O Q U L S O M
I H P N Y P S L H R U E S L A
T Z I N E I E A A T E U U I C
G S I T N S E N L A Q C S S A
A A H O N P I O Y A R O M O R
H U E N V A C T G T M S V W I
S O L I S U S E M E N I Y Q A
N M I R T Y H C A R P A S I A
```

Island of Cyprus

ASINE
CARPASIA
CERMIA
CERYNIA
CHYTRI
CURIUM
ELOEA
IDALIUM
LAPETHUS
LEUCOLIA
LEUCOSIA
MACARIA
MARIUMARSINOE
MELABRUM

NEAPAPHOS
NEMESUS
PALOEA
PALOEAPOLIS
PALOEPAPHOS
PEGOE
SALAMIS
SOLI
TAMASSUS
THREMITHUS
THRONI
URANIA
VENERIS

Day
14

```
A G D B G I N D E E D B C M U
S O R R O W S X V N P G O I T
P T W I D O C R Y A K T A G W
C H K C E L W U A M H H S H O
H I D A D V J M V E N C T T U
Q N E L P B E A R O L U N O L
F E G L J I G F B A R E E L D
B Z K E E P M O R E G D S E E
R R X D V S F N E N Z E T G S
E K N Q I V Q E I S J T M R T
T A H E L A F Y Z D U N I A G
H O N O U R A B L E N A C L T
R E Q U E S T E D J R R C N H
E M J W Y L P I A X B G Q E S
N Y I O K B L E S S M Z L R B
```

The Prayer of Jabez

1 Chronicles 4:9–10

And **Jabez** was **more honourable** than his **brethren**: and his **mother called** his **name** Jabez, **saying, Because** I **bare** him with **sorrow**. And Jabez called on the **God** of **Israel**, saying, Oh that thou **wouldest bless** me **indeed**, and **enlarge** my **coast**, and that **thine hand might** be with me, and that thou wouldest **keep** me from **evil**, that it may not **grieve** me! And God **granted** him that which he **requested**.

```
U P R I E S T V S A M O H T A
V I E M M A U S U N R I S E N
Y L U T A R I M A T H E A M G
R A F L E R O B E B B D M P E
C T X N P R Y O B M B W R L L
J E R U S A L E M R D A J E L
O A E L E I G U W H F K T P U
H R E S U R R E C T I O N H K
N T N N W I E R H C L U P E S
L H T H F U X G A L I L E E T
I Q S P C P R L G B C X M H O
R U S Y L U Z M O U N T A I N
M A G D A L E N E O U S B J E
R K X X P G M U M J O B P P P
X E J N L V O K T E C W P V F
```

Easter

ANGEL
ARIMATHEA
COUNCIL
EARTHQUAKE
EMMAUS
GALILEE
JERUSALEM
JOHN
MAGDALENE
MARY
MOUNTAIN
PETER
PILATE

PRIEST
RESURRECTION
RISEN
ROBE
ROOM
SABBATH
SEPULCHRE
SKULL
STONE
SUNRISE
TEMPLE
THOMAS

Day
16

```
P S E A T N E P R E S C K E B
R E D Y J R O D O D O O L B L
O A L S E L T S O P A P A O I
C F A T J O Y P A U L N W I N
K E E I S A I A H S N O I L D
S P H I L I P S R E T A W E E
T A C G E M O S E S A M U E L
R E J I P J O R D A N G C W I
E S E V E N T Y T W O I O N S
N R R E R I V E R R L D I N H
G E I L P R M E F A A A G A A
T D C L E A N S E H R I I C N
H N H A L I F E S Y S L A P G
E O O W P S N O M E D A R K E
K W D F R E E L Y D L I H C L
```

Miracles

ANGEL
APOSTLES
BLIND
BLOOD
BOIL
CHILD
CLEANSE
DANIEL
DARK
DEMONS
ELISHA
FLY
FREELY
FROG
GIVE
HAIL
HEAL

ISAIAH
JERICHO
JORDAN
JOSHUA
LAME
LEPER
LICE
LIFE
LIONS
MOSES
PALSY
PAUL
PETER
PHILIP
RAIN
RAISE
RED

RIVER
ROCK
ROD
SAMUEL
SEA
SERPENT
SEVENTY-TWO
SHADOW
SIGNS
STRENGTH
WALK
WALL
WATER
WONDERS

Day 17

```
B A R A B B A S E Z I T P A B
B B B R A H T O M E H E B I B
B R R B B L E S S E D C S D B
B N M B B E L O V E D H B A R
E L E M B E H E M O O M K B O
G F I D Z A T T A P O E R R T
O X I N R T R H A X R S S S H
T D D L D U I N L X B R S C E
T M D R F L B B A E B B U B R
E B A B A O R R B B H R B L S
N K E I K H K H H A A E B O S
Z Z R X S H T O O B B S M O S
Y U B R A S E N O M B B M D S
B G N I N N I G E B U T L E R
L A I L E B A B E H S H T A B
```

B's in the Bible

BABEL
BAKER
BALAAM
BAPTIZE
BARABBAS
BARNABAS
BARUCH
BATHSHEBA
BEGINNING
BEGOTTEN
BEHEMOTH
BELIAL
BELOVED
BETHLEHEM

BIRTH
BISHOP
BLESSED
BLIND
BLOOD
BOOK OF LIFE
BOOTHS
BRASEN
BREAD
BROOD
BROTHER
BURDEN
BURIAL
BUTLER

```
M P E V O B A W B I D S Z L I
Q O W S C F S O W W A L K R I
M U U F T Z Y L J T Y S D P X
O E W N O A O F L A S H N D V
R X L M T R B H L A G A Z W D
F A A A D A T L P N H T L V V
L L I W S H I H I L L S Z P I
V T B L H U U N F S W L I F T
P E O P L E R T S N H S O F S
S D C K P E M E P O A E N K H
S Y A W C A D A J I L X D H U
D N J N N O T C A T D E O L W
D R O Y B W G H H A D U J K X
M C O M E F G T S N S U Q R U
C C D W S X I P W E K L P X O
```

Exalted Above the Hills

Isaiah 2:1–3

ABOVE	HOUSE	PATHS
AMOZ	ISAIAH	PEOPLE
COME	JACOB	SHALL
CONCERNING	JERUSALEM	TEACH
DAYS	JUDAH	WALK
ESTABLISHED	LAST	WAYS
EXALTED	LORD	WILL
FLOW	MANY	WORD
FORTH	MOUNTAINS	ZION
FROM	NATIONS	
HILLS	PASS	

Day 19

```
I N T E R C E S S I O N G P L
G N H G E O W I S D O M E B O
N O A N S N F A Y I R T C R N
O I N I T F A S I A I A N E G
S T K S O E S K E T R H A A I
S C S N R S T H I E G O D D N
E E G A A S I O H E A L I N G
N T I E T I N F N R X G U T N
E O V L I O G L I F E D G R I
V R I C O N O I S S I M B U S
I P N S N O I T A R O D A S S
G I G J I V Y D D H S A M T E
R E W O P V N R N E J E V O L
O O I Y N O O E G L O R Y U B
F E L L O W S H I P R A I S E
```

Prayer Themes

ADORATION	HEALING	RESTORATION
ASK	HEAR	SONG
BLESSING	HELP	SUBMISSION
BREAD	INTERCESSION	THANKSGIVING
CARE	JOY	TRUST
CLEANSING	LIFE	VISION
CONFESSION	LONGING	VOW
FASTING	LOVE	WAIT
FELLOWSHIP	NO	WISDOM
FORGIVENESS	PETITION	WORD
FREE	POWER	YES
GLORY	PRAISE	
GUIDANCE	PROTECTION	

Day 20

```
L O N G S U F F E R I N G R P
O N E B L L A U N I T Y O L R
W A L K D M I B D N A O D M I
L H B O D Y T M E E K N E S S
I S E M R C H I A O E R M I O
N P H R T D P W N L E O A T N
E B E S E E C H O M P L E P E
S I R O L W J O T U N I V A R
S P I R I T I J H P D N O B F
W E D P G H F T H A T G L B V
O A E M Z R R E H T A F W O A
R C L E R O F E R E H T L D B
T E L V U U A N O T H E R Z O
H G A E O G W N O I T A C O V
Y E C N Y H O P E J Y O U T E
```

Being One

Ephesians 4:1–6

I **therefore**, the **prisoner** of the **Lord, beseech** you **that** ye **walk worthy** of the **vocation wherewith** ye are **called,** with **all lowliness** and **meekness,** with **longsuffering,** forbearing **one another** in **love;** endeavouring to **keep** the **unity** of the **Spirit** in the **bond** of **peace.** There is one **body, and** one Spirit, **even** as ye are called in one **hope** of **your** calling; one Lord, one **faith,** one **baptism,** one **God** and **Father** of all, **who** is **above** all, and **through** all, and in **you** all.

```
C A M E L S I O P R O S P E R
W A E T I L O V G N I R R A E
S B N N J M A C W A T E R M L
I E D A I S A A R E B E K A H
L T L V A B R A H A M I B I G
V H O R Q N U S Q U X A I O U
E U G E I A I I K I N D R E D
R E T S A M F T R A I M E N T
I L O W E L L W E T E H J M M
L I A V O S O M A S A S H J X
E X I T N L C O T R K N I R D
G I V E N E K D A U G H T E R
N A M E W W S S W N I G R I V
A O A T H E B R A C E L E T S
W I F E X J W A R E H C T I P
```

A Bride for Isaac

Genesis 24

ABRAHAM
ANGEL
BETHUEL
BRACELETS
CAMELS
CANAANITES
DAUGHTER
DRINK
EARRING
FLOCKS

GOLD
ISAAC
JEWELS
KINDRED
LABAN
MASTER
OATH
PITCHER
PROSPER
RAIMENT

REBEKAH
SARAH
SERVANT
SILVER
VAIL
VIRGIN
WATER
WELL
WIFE
WOMEN

```
S R R E P E N T A N C E D R F
F I E N R J S E O H S E I A R
A D N H O I D A E D R O M E E
R S N N T I N O Y I T I G V E
C R W U E A S G H O N N I K P
O O A E O R F S U E U L S E E
U B E G E F S S A H A V A E E
N H N L E P L E S P R A F S H
T G I A N I B Y R D M E E K S
R I W D V O E R W K N O P S T
Y E S I R N E E N A C E C U S
O N N T R V C A L F S I I H O
J G S U L T N A M O W T S R L
S E O I N O S R E D L E E U F
B J S N O S R E G N U O Y D M
```

Parables of Lost Things

ALIVE	GLAD	SAFE
BEST ROBE	HIRED	SEEK
CALF	HUNGER	SHOES
COMPASSION	HUSKS	SILVER
DEAD	JOURNEY	SINNERS
ELDER SON	JOY	SWEEP
FAMINE	LOST SHEEP	SWINE
FAR	MUSICK	WASTED
FAR COUNTRY	NEIGHBORS	WOMAN
FATHER	REPENTANCE	YOUNGER SON
FOUND	RING	
FRIENDS	RIOTOUS LIVING	

```
T E J R A E R E W T L A H S S
D J E L C S S B O K F D E T G
R I M H H I E E R R U P S R H
O R A Z R L N D D O I S U A S
L N S S I Q P M E R U P O I V
Z R T E S G F Y T Z N G H G N
H D V U T J E S U S I O H H R
D E V A S T U R K W G T Y T G
G H Y B M K I F G R H O P W V
R S P A K E I T H A T A I A T
L A G V H T N M Q H A S T Y B
W W E T S P R G E O L M U I W
T P H Q H U M Y T H E M M M O
P D H K O O T N I B B E I Q H
G D G H Y Q U Z D N K C S K A
```

An Important Question

Acts 16:30–33

And **brought** them out, and said, **Sirs, what must** I do
to be saved? And they **said, Believe** on the Lord **Jesus
Christ,** and **thou shalt** be **saved,** and thy house. And
they spake unto him the **word** of the **Lord,** and to all
that were in his **house.** And he **took them** the **same
hour** of the **night,** and **washed their stripes;** and was
baptized, he and all his, **straightway.**

```
B R E A K F O R T H I N T O L
C F V O B S S R E S X Z L D U
N O G R E A T E R J O Y E N O
D N U G I F U L L N E S S R S
E X O N F J U T L E A P E D H
T B T I T H T R A E E H T F O
D S E D S I N G R A T S T F U
Z L G E E E T C K O P O T Q T
D C O E C H N A M I C H O J Y
V H W C Z I B Y L D E U I Y E
Y Y C X F L O H I L Q R F F F
W R R E E L A V O F J T S S T
S T V L O S D R V U V O S H N
X W Z U J A D N U O S B Y T W
Z P P X O T C I P P A E R Z V
```

Joyfulness

BREAK FORTH INTO
COUNT IT ALL JOY
EXCEEDING
FIELD
FULL
FULLNESS
HILLS
HOUSE
INCREASED
LEAPED
LIPS
MOTHER
NO GREATER JOY

NOISE
OF THE EARTH
OF THE LORD
OIL
REAP
SAINTS
SHOUT
SING
SOUL
SOUND
UNSPEAKABLE
VOICE

Day
25

```
D E Y E N R O U J E R I C H O
M K O O T H E R R A I M E N T
M S T R I P P E D I S P P S G
D O C E R T A I N E R A C A N
E C R W O U N D E D E R O M I
P C O R Z P M A D M C D S A R
A A N M O Y A P E R A N D R U
R T N E P W N L S X L U N I O
T S I I P A A H S L P O U T P
E E E H V S S O A L O B O A L
D I J V U B G S P I E O W N L
E R J R E N E T I D F V K K I
N P E A O I L V O O E L I E W
I J S M B S H S A W N A A T D
W T A D O W N T H G T C D H E
```

The Good Samaritan

Luke 10:30–36

AMONG	JERICHO	PRIEST
BEAST	JERUSALEM	RAIMENT
BOUND	JOURNEYED	REPAY
CARE	LEVITE	SAMARITAN
CERTAIN	LOOKED	SAW
COMPASSION	MAN	SIDE
DEAD	MORE	STRIPPED
DEPARTED	MORROW	THIEVES
DOWN	OIL	TOOK
GAVE	OTHER	TWO
HALF	PASSED	WILL
HOST	PENCE	WINE
INN	PLACE	WOUNDED
	POURING	WOUNDS

Day
26

```
D A M A S C U S O M T A P Y X
A R E A H P A T L A M E H A P
P A H E V E N I N E O N I L E
P R E E J W T O L L A G L I G
O A L I R P L A P J B I I O E
J T H G Y Y S H O L I H S A T
S R T G B U T B E R E A T D H
H O E A R H C O I T N A A I S
E A B E T H A N Y Y R D B A E
C S J E R I C H O S E N I S M
H A D O Z O A R U R A A R H A
E O N L R N M S B S N I U T N
M S M A B D F E U I B N U E E
S A M A R I A S S Y R I A B N
E E L I L A G N A Z A R E T H
```

Biblical Geography

ANTIOCH
ARARAT
ASSYRIA
BABYLON
BEREA
BETHANY
BETHLEHEM
BETHSAIDA
CANA
DAMASCUS
DERBE
EDOM
EGYPT

GALILEE
GETHSEMANE
GILGAL
JERICHO
JERUSALEM
JOPPA
JORDAN
MALTA
MOAB
NAIN
NAZARETH
NILE
NINEVEH

PATMOS
PHILISTA
ROME
SAMARIA
SHECHEM
SHILOH
SINAI
SUSA
TARSUS
TROAS
TYRE
UR
ZOAR

```
R Z S X T R L P E D P E A C E
A U G U S T U S I P I N N H Q
T K L F O D T K O I S A G I E
S A V I O R E P Q C E Q E L V
H R U R A L S C Y D O J L D A
E T M S X I U Y U G X Q G E D
P R X T B Y O J O S E P H C Z
H O D B E T H L E H E M A R Y
E I A O H W J E R U S A L E M
R O Z R M B V I R G I N W E Y
D E O N W I C W Y O I G I M T
S H R M L V N T M G D E H A T
N X M E S S I A H I V R W E H
F Q N Q K F L T C S G L O R Y
V F B K F E J W R I H H I D B
```

Nativity

ANGEL
AUGUSTUS
BETHLEHEM
CHILD
DECREE
DREAM
EGYPT
FIRSTBORN
GLORY
HEROD
HOUSE
INN
JERUSALEM

JOSEPH
JOY
JUDEA
MANGER
MARY
MESSIAH
NIGHT
PEACE
SAVIOR
SHEPHERDS
STAR
VIRGIN

Day
28

```
A R C H A N G E L E A H C I M
L A H S W E N U E W I E H H I
U T O L A H I N I R R A E N N
F E I A F K S N R D J V R L I
Y E R I I G G O B S E E U A S
O W C T H S E C A E P N B N T
J S T S O H M P G T L C I R E
B E N E V O L E N T S T L E R
P L E L B I S I V N I D N T I
H T D E S S E L B U A E H E N
R T E C J L L N A I D R A U G
A A A N G E L O V Y B G R N S
E B S P I R I T V A F H P O H
A B D Y T U A E B E N I V E D
L R I U E P R O T E C T M A S
```

Heavenly Hosts

ANGEL
ARCHANGEL
BATTLE
BEAUTY
BENEVOLENT
BLESSED
CELESTIAL
CHERUB
CHOIR
ETERNAL
GABRIEL

GENTLE
GUARDIAN
GUIDE
HALO
HARP
HEAVEN
HOSTS
INVISIBLE
JOYFUL
LOVE
MICHAEL

MINISTERING
NEAR
NEWS
PEACE
PROTECT
PURE
SING
SPIRIT
SWEET
WINGS

```
A F B E A S T T N A N E V O C
G O P H E R W O O D A B Q D A
I R W W A T E R S X U Z E E T
A T Y I R A V E N B C C W S T
N Y L O T A L T A R A B C T L
T N P H H S I L U R R Q E R E
S I I S O W S Z G I K F E O N
M G T E M A H E I U I V S Y T
I H L L I X E Z N W O Q T U O
T T U F Q U M T O D Z O I L W
E S M H I Y A J A R E M B W O
I O J A P H E T H R I K U O D
O L I V E L E A F I A E C F N
I S N I A T N U O M I R W I I
F O R T Y D A Y S I O U A I W
```

The Flood
Genesis 6–8

ALTAR	GOPHER WOOD
ARARAT	GRACE
ARK	HAM
BEAST	JAPHETH
CATTLE	MOUNTAINS
COVENANT	MULTIPLY
CUBITS	NOAH
DESTROY	OLIVE LEAF
DOVE	RAVEN
EARTH	SHEM
FLESH	SMITE
FORTY DAYS	WATERS
FORTY NIGHTS	WICKEDNESS
FOWL	WIFE
GIANTS	WINDOW

**Day
30**

```
C C D E S I C M U C R I C R R
S E R U C H R I S T I A N S C
C M C H N N E N A A N A C N H
B B I I T N A N E V O C A O R
M M A B M C T N H R O S N I O
S C Y R U S E S E S E E D R S
E S R H C R D C S T H S A U N
L C R O W N E N I C N R C T A
C H U R C H A H H H M R U E N I
I O S Z S E T X C S Y C O E S
N S C C D E E T I R T N O C S
O E C L R N A B R O C D B U O
R N A E C A L V A R Y E A S L
H H H C O N V E R S I O N H O
C C O R I N T H I A N S R H C
```

C's in the Bible

CAIN
CALVARY
CANAAN
CANDACE
CENTURION
CHALDEANS
CHERETHITES
CHERUBIMS
CHOSEN
CHRISTIANS
CHRONICLES
CHURCH
CIRCUMCISED

COLOSSIANS
CONTRITE
CONVERSION
CORBAN
CORINTHIANS
COUNTENANCE
COVENANT
CREATED
CROWN
CURSE
CUSH
CYRUS

```
U C V A N I T Y W I S D O M Z
N O X Q N G T E N T S E B E A
D M E S A E R C N I I P K D G
E M J L T X R U O B A L V U N
R A G R T I R E H C A E R P I
T N L O I S M L Y S R A J R N
H D Y V Z G I E T S I S U I N
E M A A J W H I I V W U D G I
S E D F B O Y T R E G R G H G
U N Y A P U Y Z E B V E M T E
N T U H L U F F P O B N E U B
Z S M F O O L I S H U W N O I
T I R I P S K R O W Y S T Y V
R E W O P D O G R A E F D T U
E C N A H C F Y P R E N N I S
```

Words from Ecclesiastes

ADVERSITY
BEGINNING
CHANCE
COMMANDMENTS
FAVOR
FEAR GOD
FOOLISH
INCREASE
JOY
JUDGMENT
LABOUR
PLEASURE
POWER

PREACHER
PROSPERITY
RIGHTEOUS
SINNER
SPIRIT
TIME
UNDER THE SUN
UPRIGHT
VANITY
WISDOM
WORKS
YOUTH

Day 32

```
W T D A M A S C U S X E N R G
H H A N A N I A S L L Y S N A
I G Y Z E B B E U P A L I T S
G I V P U M L A I R A N H M T
H L U S E H S C P U E G X D O
P T T R C R S R G T I W E A N
R H R E D I S H A S I Y L Y I
I E E T D X T E Z N E Z L S S
E P M T I E R A C N E H E M H
S R B E R H R S R U O V F D E
T I L L T I A U A U T I A S D
C C I R S D O S S A D E S E A
O K N E U J L E D H I M S I H
V S G J N N X J E M U O H T V
E E R H T S N I A G A K C I K
```

Saul's Conversion

ANANIAS
ARISE
ASTONISHED
BAPTIZED
DAMASCUS
DAYS
DISCIPLE
FELL
HEAVEN
HIGH PRIEST
HOUSE
JESUS
JOURNEYED
JUDAS
KICK AGAINST
LED HIM

LETTERS
LIGHT
MEN
PRAY
SAUL
SIGHT
SLAUGHTER
SPEECHLESS
THE PRICKS
THOU ME
THREATENING
THREE
TREMBLING
VISION
WHY PERSECUTEST

Day
33

```
G H K Z L S B A U L M B K X V
W I E P E E N O D N A I I K B
U J V F J C A W P D N A O Q D
M T A B E F O R E G Y N B L F
X E H W E H S R S V M A R O G
M G L E S S E V Q I U N A R W
L G H A N W I E J T S I E D D
L Y E E S N N H H H T A B M S
I L S N A U E O T I T S K R F
W O A T T R R B I N D E R E H
R F F C S I D E Y G F D I F N
S R L E T E L R J S I H P F Z
Z P M Y D N I E F A C S W U O
A A U M U C H R S A I N T S Z
N N E S O H C S P U P G Q P Q
```

Ananias Learns about Paul's Prayer

Acts 9:13–16

ANANIAS	GREAT	PRIESTS
ANSWERED	HAVE	SAID
AUTHORITY	HEARD	SAINTS
BEAR	HERE	SAKE
BEFORE	ISRAEL	SHEW
BIND	JERUSALEM	SUFFER
CALL	KINGS	THEN
CHIEF	LORD	THINGS
CHILDREN	MANY	THIS
CHOSEN	MUCH	VESSEL
DONE	MUST	WILL
GENTILES	NAME'S	

Day 34

```
M Z Y B H M I R A C L E S W W
K J Y S R E H T A F M R R H R
P G R E H T I E N E K O Y F A
A C N L M P G W H L U F S B O
U M J I O U O T T G O E A X E
L C O T R N L P H O L R U H I
C H T N D A M T O P N E D V P
G R U E G E L Y I A H H I D D
O I R G T V C C B T G T E S P
I S G A V E S A E P U Q N H I
J T X O V I S C R D O D C A T
L E M D D L K Y E G R I E L B
K P S I L E N C E W H A T L G
Y S P U U B K J E W T P E K Q
C F Y B S A V E D N S B K B S
```

Apostle to the Gentiles

Acts 15:10–12

Now **therefore** why **tempt** ye God, to put a **yoke** upon the **neck** of the **disciples, which neither** our **fathers** nor we were able to **bear**? But we **believe** that **through** the **grace** of the **Lord Jesus Christ** we **shall** be **saved**, even as they. Then all the **multitude kept silence**, and **gave audience** to **Barnabas** and **Paul, declaring what miracles** and **wonders** God had **wrought among** the **Gentiles** by **them**.

```
E S A O R T L G A L A T I A I
B P A P H O S R S B Z Q N I A
D E R B E W T S R A A T F C C
A G R E P S A M A R I A A A I
Q B C C Y P R U S O M I E R N
P H I L I P P I C W E R P H O
P I L A V I S H I M A Y H T L
A A I I Z S P H O P T S E O A
M I C S S I H R R F T D S M S
P N I Y C D E R R Q A A U A S
H O A M U I N O C I L L S S E
Y A D N Y A I Q I K I G O R H
L C R B Z B C Y E A A L W M T
I Y E B T T E N E A P O L I S
A L M A C E D O N I A N R M Y
```

Paul's Missionary Journeys

ANTIOCH
ATTALIA
CILICIA
CYPRUS
DERBE
EPHESUS
GALATIA
ICONIUM
LYCAONIA
LYSTRA
MACEDONIA
MYSIA
NEAPOLIS

PAMPHYLIA
PAPHOS
PERGA
PHENICE
PHILIPPI
PISIDIA
ROME
SAMARIA
SAMOTHRACIA
SYRIA
THESSALONICA
TROAS

Day
36

```
H C U M A E S O P R U P I H S
T G N I S O P P U S N H S S Y
D F A Y C E G A Y O V E I A I
E V I E C R E P I N G N R D D
V H O N L Y E R S E D I S M A
E T I M E A U T L V R C A O N
I R L H T T S U E E A E I N G
L O W T N E A E Q R W H L I E
E N A E V P G L E T O U I S R
B I C I S A O T R H T R N H O
N W L L M T S W D E T T G E U
N E V A H A F D N L A U S D S
C L D F M S P O K E N D O A K
B B M E A N S A F S R X Y S P
R J A D E P A R T S A F C M X
```

The Voyage Begins

Acts 27:9–13

ADMONISHED	LIETH	PURPOSE
ALREADY	LIVES	SAILING
ATTAIN	MASTER	SHIP
BELIEVED	MEANS	SIRS
BLEW	MUCH	SOUTH
CENTURION	NEVERTHELESS	SPOKEN
CRETE	NORTH	SUPPOSING
DAMAGE	ONLY	TIME
DANGEROUS	OWNER	TOWARD
DEPART	PAST	VOYAGE
FAST	PAUL	WEST
HAVEN	PERCEIVE	
HURT	PHENICE	

```
S Y W H E R E W I T H Y R T F
R S S U T I T I F S V R H N E
E X E R H E R D E C I O J E R
G T U L E D T S L N S L F R V
N O U C E H E R L E Y G C H E
E W E S O H T E O G R O C T N
S A I N C N T E W F N O U E T
S R Q R Q S S R H C M I M R V
E D U O E U E O E W H O M B P
M H H N X N I R L V Y R C O W
C H R A T T N R P A E R I T C
P A Y R O I W H E N T N H S L
E X A L N W O D R D N I M A T
Z P D G L D E T R O F M O C C
C T H E Y U W M O U R N I N G
```

Paul's Fellow Helper

2 Corinthians 7:6–7; 8:23

BRETHREN
CAST
CHRIST
CHURCHES
COMFORTED
COMFORTETH
COMING
CONCERNING
CONSOLATION
DESIRE
DOWN

EARNEST
ENQUIRED
FELLOWHELPER
FERVENT
GLORY
MESSENGERS
MIND
MORE
MOURNING
NEVERTHELESS
ONLY

PARTNER
REJOICED
THEY
THOSE
TITUS
TOLD
TOWARD
WHEN
WHEREWITH
WHETHER
YOUR

Day 38

```
A M A A M A L E K I T E S D N M
R A M S N A I T P Y G E A O S I
S T A I M A T O P O S E M K N D
E N S H S E T I B A O M A E A I
T S A S E T I V I H A O R P I A
I E A I K M S S A F D R I F N N
Z T A H S E O O O I R E T J O I
Z I M M D R I N H T R E A E L T
I T M E Z Z E T S S S Y N B Y E
R T M T H R M P O K O A S U B S
E I T E D O M I T E S H L S A I
P H I L I S T I N E S R P I B R
Z Z I O O S N A I P O I H T E Y
C H A L D E A N S H O M E E R S
C A N A A N I T E S S S S S R S
T S S E T I R O M A I R Y S S A
```

Enemies of Israel

AMALEKITES
AMORITES
ASSYRIA
BABYLONIANS
CANAANITES
CHALDEANS
CHILDREN OF AMMON
EDOMITES
EGYPTIANS
ETHIOPIANS
HITTITES
HIVITES
JEBUSITES

KOA
MEDES
MESOPOTAMIA
MIDIANITES
MOABITES
PEKOD
PERIZZITES
PERSIANS
PHILISTINES
ROME
SAMARITANS
SHOA
SYRIA

```
B A T H S H E B A M R A M W Z
A B R H A A L L I C S I R P A
S R O I T R A B I G A I L S C
R A M C H U O V H Z R D L T H
B H I F A P R P S A A E E S A
P A C N A J P I P N K B V C R
N M H D A A K A A I H E E S I
K Q A A S N Q B S H Z H B T A
Y M L Q P U A K O I E C S E H
P B Y C I L L S R E M O G W R
S D J L A L E B E Z E J F I U
J V A B H A R A S H A E L T G
I H T V M O S E S X Z O A B Q
O W H U I P M I F N Y S B Y O
L T W Q D D D N S V T O L S A
```

Bible Couples

ABIGAIL	JACOB
ABRAHAM	JEZEBEL
ADAM	JOCHEBED
AHAB	LEAH
AMRAM	MICHAL
ANANIAS	MOSES
AQUILA	NABAL
BATHSHEBA	PRISCILLA
BOAZ	REBEKAH
DAVID	RUTH
ELIZABETH	SAPPHIRA
EVE	SARAH
GOMER	URIAH
HOSEA	ZACHARIAH
ISAAC	ZIPPORAH

```
C B Q H S B V U R S O U G H T
R Y A C H E R W Z H B A N H D
N V V F O V I O L E N T I E V
E M E H T M K L F L O A R G E
D K T H E E P O B L E E E C V
J H S U N M R A I M V R F D U
J M E Y I E G P S I E G F F N
Y B U A G A V L L S D S U T A
H C W V I L K E K U I L S G B
N A R N N U D N P O L O G A B
H T S E W O L T R I A I N C H
C T S T M S U E O C R M O Y C
L I U O H T R O U A O I L Q L
R L O R D V E U D R A W O T R
H M Z G T R V S F G H J F N T
```

Abounding Love

Psalm 86:13–15

For **great** is thy mercy **toward** me: and thou **hast delivered** my soul **from** the **lowest hell**. O God, the **proud** are **risen against** me, and the **assemblies** of **violent** men have **sought after** my **soul**; and **have** not set **thee before them**. But **thou**, O **Lord**, art a God **full** of **compassion**, and **gracious, longsuffering**, and **plenteous** in **mercy** and **truth**.

```
D E S T R U C T I O N R O O D
D R D E M A S N O I S I V I D
D S U I R A D C H D N O G A D
D S D N D A N I E L D D M R M
S D A R K N E S S H Y A E V A
Z N O A M E D D A M S A D I D
H E O W S S N D O C M R D D S
A C S G R D E N U D E V I L R
L R S H A Y O S E D I N A H E
I O S Z D R A W N S S S T M T
L V S Y E R D O V E S B S D H
E I S T D A V I D D U Z Z Y G
D D U H T A E D D O R C A S U
S E L P I C S I D A N C E D A
D D E C A P O L I S K N I R D
```

D's in the Bible

DAGON
DAMASCUS
DANCE
DANIEL
DARIUS
DARKNESS
DAUGHTERS
DAVID
DEATH
DECAPOLIS
DELILAH
DEMAS
DESTRUCTION
DEUTERONOMY
DEVIL

DINAH
DISCIPLES
DIVISIONS
DIVORCE
DOOR
DORCAS
DOUBT
DOVE
DOWRY
DRAGONS
DRAWN
DREAM
DRINK
DRUNKENNESS

Day
42

```
A N B H A L E S U H T E M C S
M B O A R D N K U C R M R E U
O N A R P E R E Z O Q A T N K
N O Z E H E J L Z N M H A O N
U H D T A M L A D E R A J S A
N S U C X W J E S S E L Z H H
B H I J A C O B G U R E S D O
A A B U D P R A Z A E L E B R
D N A D D A S A L M O N E G N
A C K A M H C H X Z A D O K O
N E E H E A J J E S U S I M M
I P N M B Z D U I L E A S A O
M L A M E C H D I V A D A I L
M D N H R Z S A B R A H A M O
A K I M I K A I L E A X C L S
```

Adam to Jesus

ABIUD	ELIUD	NOAH
ABRAHAM	ENOCH	OBED
ADAM	ENOSH	PELEG
AHAZ	ISAAC	PEREZ
AKIM	JACOB	RAM
AMMINADAB	JARED	REU
AMON	JESSE	SALMON
ARPHAXAD	JESUS	SERUG
ASA	JUDAH	SETH
AZOR	KENAN	SHELAH
BOAZ	LAMECH	SHEM
DAVID	MAHALEL	SOLOMON
EBER	METHUSELAH	TERAH
ELEAZAR	NAHOR	ZADOK
ELIAKIM	NAHSHON	

```
M F G B R E T H R E N E O B H
P E E I M B F E E D C F O C Y
E A C R F H O L Y A F D E G L
C S T H V T E R R I I E A N B
I O S I E E S G C E S F E I A
F B D E E E N E S E F S V V E
I E N A L N R T B E D N O R C
R R I O P B T F C P M L L E A
C L M R H H M T U E R E R S E
A Y O T O E I G H L X A R O P
S V I N M O T H I O N H Y C W
E A E B N W E E P V N E O E Y
F S E E R E J O I C E O S R R
T R D D E M R O F N O C U S T
S E E R I F F O S L A O C R R
```

Romans 12

AFFECTIONED
BESEECH
BLESS
BODIES
BRETHREN
CHEERFULNESS
COALS OF FIRE
CONFORMED
EXHORT
FAITH
FEED

FERVENT
GIFTS
GIVE
GRACE
HOLY
HONEST
HONOUR
LOVE
MEMBERS
MERCY
MIND

OFFICE
PATIENT
PEACE
PRAYER
PROVE
REJOICE
SACRIFICE
SERVING
SOBERLY
WORLD
WEEP

Day
44

```
S T I R I P S H E P H E R D P
P R O M I S E T E G I V I N G
C C O M M U N I C A T I O N A
C R A F T S M A N S H I P E C
A L I F E D I F Y R T M E G T
A D M I N I S T R A T I O N N
N G N I H C A E T P S T A I E
M O D S I W H E A L I N G L M
E L B A B I R C S E D N I E N
D N L E Y P R O P H E S Y S R
A W M I R A C L E S M A D N E
E G D E L W O N K L E L O U C
L Y T O N G U E S G R E B O S
T N E M E G A R U O C N E C I
I I N A C H A R I T Y O J O D
```

Gifts

ADMINISTRATION
BODY
CHARITY
COMMUNICATION
COUNSELING
CRAFTSMANSHIP
DISCERNMENT
EDIFY
ENCOURAGEMENT
FAITH
GIVING
HEALING
HELP
INDESCRIBABLE

INTERPRETATION
KNOWLEDGE
LEAD
LIFE
MERCY
MIRACLES
ONE
PROMISE
PROPHESY
SHEPHERD
SPIRIT
TEACHING
TONGUES
WISDOM

Day
45

```
R T R P C P B T R O U B L E D
J H T F Z C I H E L P V I M M
K I R S E R V E O Q H L S A U
T N A M W Z O K L J S C E B C
F G P B S A T W A I U U R O H
J C A R E F U L S M W Y V U W
N E S O H C V T B S Y X I T E
H L D X J A E E U I F Q N U G
E N O L A R R S W E S B G M O
M U B I D E E U E D G O V P I
A Y O M D J C T Y R N W O G M
R M D E R E W S N A I O O B R
T A C L F C T D A E H E N R U
H R S I V B R A M H T T J E D
A Y G O O D A Q L U F D E E N
```

Mary and Martha

Luke 10:38–42

ABOUT	MARTHA
ALONE	MARY
ANSWERED	MUCH
ART	NEEDFUL
BID	ONE
CAREFUL	PART
CHOSEN	SAT
CUMBERED	SERVE
FEET	SERVING
GOOD	SISTER
HEARD	THING
HELP	THINGS
JESUS	TROUBLED
MANY	WORD

```
O R N T G M Q O X H M O H W D
T H I Z L O R D T L L K K H W
Q F X A S C E G T S I C K I K
Z W J W I M N H L U E F P C E
W D T E A K E R L R A E E H U
V K X N B R E M O A D R X Z F
A O X B E H O L D Z T I P F Y
J N D F T M B E L A H T R A M
J S O O H G T F I L P T H F B
M R R I A D G N I Y A S E A C
E B C W N D F S I S T E R S T
Q S P I Y T K D R O T V D Y D
K B O T E R E I C Z N O M U T
B U O H T V A D A O E L W J I
L R N K W H P M S C S X L N B
```

Bethany Sisters

John 11:1–3

Now a **certain** man was sick, **named Lazarus,** of **Bethany,** the **town** of Mary and her sister **Martha.** (It was **that Mary which anointed** the Lord with **ointment,** and **wiped** his **feet with** her **hair, whose brother** Lazarus was sick.) **Therefore** his **sisters sent** unto him, **saying, Lord, behold,** he **whom thou lovest** is **sick.**

```
H B N V G J L B I B E S E S B
T T N O U L R I M E N E V I J
E B H D I O O E G T A L A D Z
V K E O T T L R H H M P R B W
I A A H M A C L Y A T I G O D
L Y E W S A O E E N F C M C E
A R C U A R S I R Y C S O H D
V D R T D G Y Z N R W I K R O
D E A T H O N N H T U D E I B
J G L O R I F I E D M S J S A
S U R A Z A L B P V K E E T H
W Z J M A R T H A E L C N R O
A T S E V O L D W K E E I T U
L E N O T S J E S U S W W S R
K M M H H X E A Y R A M N T S
```

The Raising of Lazarus

John 11:1–44

ABODE	GRAVE	MARTHA
ASK	HOURS	MARY
AWAKE	JERUSALEM	OINTMENT
BETHANY	JESUS	RESURRECTION
BROTHER	JUDEA	SICK
CHRIST	LAZARUS	STONE
DEATH	LIGHT	THOMAS
DISCIPLES	LIVETH	TWELVE
GLORIFIED	LORD	WALK
GLORY	LOVEST	WEEPING
GOD	MAN	

```
E A Q L Z H S N F T H I S T S
B L W D U O T T L A S J P G U
H M C C P F L G N I M E V X O
L A G A O F N D D E H T O L C
L D P J N I S N E V A E H C F
H E M P D R D B G M O R F P Q
D C A L N D E S I R I N G N P
L F I R A E V B Y F W A H E X
S U O H N R L U A W G L A E V
B C W V W E O E I T X R A S E
T T H I N G S P W B T J O T A
H T I W K U S T M H W A A A E
V E L F O R I V L E A H M L N
Z T E H O N D Y R Y T V N F A
U Z J H L U K E D K S V E C D
```

Seeing Beyond the Sunset
2 Corinthians 4:18–5:2

While we **look** not at the **things** which are **seen**, but at
the things which are not seen: for the things which are
seen are **temporal**; but the things which are not seen
are **eternal**. For we **know that** if our **earthly** house of
this **tabernacle were dissolved**, we **have** a **building**
of God, an house not **made** with **hands**, eternal in
the **heavens**. For in **this** we **groan**, **earnestly desiring**
to be **clothed upon with** our **house which** is **from**
heaven.

```
B A T T L E S S O L F X L S E
R F N S E E Y S H C D E M S M
B F E O N M C C E J H E I E A
V L M C O E P Z L N O R A R A
D I G E A L A T G O K T I T G
R C D T R A D Y A I U R R S H
E T U N E S V T T T G D A I T
D I J E T U E E O A I V S D R
E O W P H R R I N N T O F J O
M N X J G E S Z E G A P N D U
P U I P U J I W M I E I Y O B
T D Y R A T T J E D D A D G L
I E F Q L X Y L N N M W N I E
O J V I S I T A T I O N B C M
N I A R W J E Z R E E L I V E
```

Day of. . .

ADVERSITY
AFFLICTION
ATONEMENT
BATTLE
CHRIST
CLOUDS
DARKNESS
DEATH
DISTRESS
EGYPT
EVIL
GOD
GRIEF

INDIGNATION
JERUSALEM
JEZREEL
JUDGMENT
MIDIAN
PENTECOST
RAIN
REDEMPTION
SLAUGHTER
TEMPTATION
TROUBLE
VENGEANCE
VISITATION

```
S A C R I F I C E C F T X W B
A S T A K D C A P T A I N U E
I H R E P E N T M R O T S C L
L E B S U N I N E V E H H H L
O S W A L L O W B E E F I E Y
R A I R R S O R Y B C B P S C
S C N S O A N G R Y W Q X I R
Y K D E L I V E R A N C E P E
A C L E T F W K A X R J F U M
R L C O E R A N I M A L S N F
P O A L E P V J P N I E F Y L
Y T R O F H E E B I G T Y Y W
H H G T A R S H I S H U T J X
O X O S W O V N J X Y D O A Q
H B L C W B L N U T B L S B I
```

Jonah

AMITTAI	FORTY	SEA
ANGRY	HEBREW	SHEOL
ANIMALS	KING	SHIP
ASHES	LOTS	STORM
BELLY	MERCY	SUN
BUSH	NINEVEH	SWALLOW
CAPTAIN	PRAY	TARSHISH
CARGO	REPENT	VOWS
DEEP	SACKCLOTH	WAVES
DELIVERANCE	SACRIFICE	WIND
FISH	SAILORS	

```
Y F W Z I S E G N I Y A S C R
Y U M L W G C R R V N L Y L E
Z U S Z H K O C O A U E I T P
O E K A T I U P H F C V H T E
E G H H I N N T I C E I A W N
V E E H T D T C R U S R O B T
G S L O W N R C O I S P E U E
F R O M X E Y H L H T K S H S
R B R Q M S T O I D A R N C T
N M D A W S A S F B E T T E R
T C X A L D H Y E G R L T E W
U Y R Z A L T V N A G M F S H
L U Q K X X O A K P R A Y E D
Z L E E U C J F E R O F E B W
P Q P O Y Y Y Q M Z O I T B H
```

Jonah's Lament

Jonah 4:2–3

And he **prayed** unto the LORD, and **said**, I pray thee, O
LORD, was not **this** my **saying**, **when** I was yet in my
country? Therefore I **fled before unto** Tarshish: for
I **knew that thou** art a **gracious** God, and **merciful**,
slow to **anger**, and of **great kindness**, and **repentest**
thee of the evil. **Therefore** now, O LORD, **take**, I
beseech thee, my **life from** me; for it is **better** for me
to die **than** to **live**.

Day
52

```
Q V F C H C E L E M M A R D A
S S R Y T A S G D I L N L H N
N U Y W E J J T I H Z T K K A
E R O G R A U Y A S R O E P M
R O N O O M P C N O G A D L M
G E I I T G I Z A M I H S A E
A P S B H A T A W E C V S A L
L L R A S H E R A H Z L J B E
U A O A A R R L H C E L O M C
Z A C L L B A A L B E R I T H
U B H Z Z J S I M E T R A F I
M N M E R O D A C H E R M E S
M N I B H A Z Q O K O X B O R
A Y R U C R E M I H P A R E T
T V Y B E G A M I N E V A R G
```

False Gods

ADRAMMELECH
ANAMMELECH
ARTEMIS
ASHERAH
ASHIMA
ASHTORETH
BAAL
BAAL-BERITH
BAAL-PEOR
BAAL-ZEBUB
BEL
CHEMOSH
DAGON
DIANA

GRAVEN IMAGE
HERMES
JUPITER
MERCURY
MERODACH
MOLECH
MOON
NERGAL
NIBHAZ
NISROCH
PEOR
SATYRS
TAMMUZ
TERAPHIM

Day 53

```
P H A I T A L A G E H I S C B
H S C O R I N T H S T A I I A
I U M R E T Y N H S A C D D E
L O N E I H E R D O B I R M B
I G K O L D S U A L S N A U A
P E C Q A A U O E O S O S I Y
P H B V E H S M C E L L N L
I W L R C N E U O N H A A O A
B U Y L E M H M R A T S Z C N
A T S H J D P I Q E P S U I R
I N T G I Z E W Y U J E R O Y
T A R R O N E X M M F H E A M
E R A E R E B S A O R T J L S
H Y A T A E C I D O A L R A P
T I A I H P L E D A L I H P H
```

Biblical Churches

ANTIOCH
ATHENS
BEREA
COLOSSE
CORINTH
DERBE
EPHESUS
GALATIA
ICONIUM
JERUSALEM

LAODICEA
LYSTRA
PHILADELPHIA
PHILIPPI
ROME
SARDIS
SMYRNA
THESSALONICA
TROAS

Day
54

```
S K C O N S T R A I N E D S L
H C Q D E P J R C B D K N E A
F T R S E B R O A E O O L P B
Y G O I R R M I H E I D Y U I
C M V E P M E Q E T H I Y L D
L K A I U T I F A S P S S C E
E D L N S N U C F R T U U H B
O C E A A I I R O U H S A R R
P D T V W N O P E Z S E M E E
A O L S U B H N L S Y J M D G
S G E M I E D E M E E D E R N
Y P M P T R A E S S L E G N A
W O M E N R H R U L E R S N R
C K K S S A P C F E I H C I T
P Y W I B L E S S E D V U N S
```

On the Emmaus Road

Luke 24:13–32

ABIDE	CONSTRAINED	PROPHET
ANGELS	EMMAUS	REDEEMED
BLESSED	EYES	RULERS
BODY	GOD	SCRIPTURES
BREAD	HEART	SEPULCHRE
CHIEF	ISRAEL	STRANGER
CHRIST	JESUS	SUFFERED
CLEOPAS	MOSES	VISION
COMMUNED	PASS	WALK
COMMUNICATIONS	PRIESTS	WOMEN

```
W T M T V Z C C E T P T T L F
B H R B H E A V E N F S C E U
A E R E W X L S R E H S I F T
Z Y G G I X L B L P N D O K Z
Q V C A S T I N G E S L X I H
H G K L N I W L T R L U M W Z
I Z C I D Q M S L O G O S S W
I L H L N D N O W Q R V A E B
T I M E A G X E N F G I R J J
H C A E R P D P R N T D E T R
M A K E P N V O I H N R H H H
Z L D E K D J K M A T V T A T
T L T Z B N L Z W I J E O T Z
M E H T Y A W T H G I A R T S
R D W F W H F P W S M F B B O
```

Fishing Brothers
Matthew 4:17–20

From that **time** Jesus **began** to **preach,** and to say,
Repent: for the **kingdom** of **heaven** is at **hand.** And
Jesus, **walking** by the sea of **Galilee,** saw two **brethren,**
Simon called Peter, and **Andrew** his **brother, casting**
a net into the sea: for they **were** fishers. And he **saith**
unto **them,** Follow me, and I **will make** you **fishers**
of men. And **they straightway left their nets,** and
followed him.

**Day
56**

```
E V E S U T I D O R H P A P E
E T E E U P H R A T E S E U A
G E H D R A W T S A E H N E R
N E X I L E D D D T E U D D T
I L E D O M U A S E C O M E H
T E D O H P E A S H R N E N Q
S V S S N A I S E H P E M E U
A E Z E D S B A C Z L K E A A
L N I S E A D O S D E I R S K
R T A L I H N H E D D Z O S E
E H C L E E P R M R E L D M S
V C E D E E S U D O X E S M T
E L D E E N A F O E Y E R M H
D E N G I N E S E O T P Y G E
C E H P O E U O D I A S D D R
```

E's in the Bible

EARTHQUAKE
EASTWARD
ECCLESIASTES
EDEN
EDOM
EGYPT
ELDERS
ELEVENTH
ELI
ELIAB
EMERODS
ENGINES
ENOCH
EPAPHRODITUS

EPHESIANS
EPHOD
ESAU
ESTHER
ETHIOPIA
EUNUCH
EUODIAS
EUPHRATES
EVE
EVERLASTING
EXILE
EXODUS
EYE OF A NEEDLE
EZRA

```
G O D L I N E S S Y O U T H B
O O W I V E S P M P R A Y E R
O S S D R O W R U O N O H K L
D R E P O R T S E L B A F I M
W D H R E W A R D V V R F Y R
O S Y R O L G P J I E E T F E
R T T U O F R D O D W I D O W
K G I L D E R U R S R H P W O
S R R E A O R O W O T H A D P
I A A C L T C N H I C L J E E
N C H A R G E T A I E T E A L
S E C U I M U F R A V F S C D
R F S B G A I N R I A I U O E
Q T Y R T S I N I M N G S N R
B P O H S I B O L D N E S S S
```

42 Important Things
in 1 Timothy

APOSTLE	FAITH	JESUS	REPORT
AUTHORITY	GAIN	LAW	REWARD
BEHAVIOUR	GIFT	LEARN	RICH
BISHOP	GLORY	LIFE	RULE
BOLDNESS	GOD	LORD	SINS
CHARGE	GODLINESS	MEN	TRUST
CHARITY	GOOD	MINISTRY	WIDOW
DEACONS	WORKS	ORDER	WIVES
DOCTRINE	GOSPEL	POWER	WORDS
ELDERS	GRACE	PRAYER	YOUTH
FABLES	HONOUR	PREACHER	

Day 58

```
S C R E T F C A Q D H G A O D
M H L M K H B A G A I N S T Q
D I A S I O A H T A B B A T S
E N P L R D T T H N E V E G A
J T P D O T I T F E L L O W V
W O E N P H A A W E P L A C E
B R D S R E T N O E D I G T
I Z C H E O R M E I T R U I E
S D T R T U E P L D T H H V J
K E E I M G V Z L E O E E T D
B Z N P H H I O I R B R S R N
S L E I O O L Y W D Y A O Y A
O T E S H U E C R N G W S R H
S U T W Y T D O M U S M I U U
W I G G J F L E D H X O J E P
```

Commander of
Three Hundred
Judges 7:7, 22

And the LORD **said** unto **Gideon**, By the **three hundred** men **that lapped will I save** you, and **deliver** the **Midianites into thine hand**: and let all the **other people** go every man unto his **place**.... And the three hundred **blew** the **trumpets**, and the LORD set **every** man's **sword against** his **fellow**, **even throughout** all the host: and the **host fled** to **Bethshittah** in **Zererath**, and to the **border** of **Abelmeholah**, unto **Tabbath**.

Day 59

```
G T J U L O P A Q X Z Y T T R
G J O Q C A N A A N P H R S N
I P P X Z B H T S T O N E S S
B R R S P R I E S T M S R R R
E C L B J A W C S R E H R A R
O Y E N O H A R T I G L T V L
N B Y B R A R K N B R L X A S
I A Y Y D M E E A E A Y Y L T
T U R P A E M R D S N H A O N
E H T T N Y P N N N A M A R A
S S R S T R S R E S T R S R I
K O G H G R R S C S E P A R G
L J G A C H A N S Z S E Y P S
I I S R A E L X E Z E C C R G
M O S E S T T X D A H A R R G
```

The Promised Land

ABRAHAM
ACHAN
ALTAR
ARK
CANAAN
GIANTS
GIBEON
GRAPES
HONEY
ISRAEL
JORDAN
JOSHUA

MIGHTY MEN
MILK
MOSES
POMEGRANATES
PRIEST
RAHAB
SPY
STONES
TRIBES
VALOR
WAR

Day 60

```
G F B H J E R I C H O H S E H
D I I J A O O S L O R D R E L
I P L F O R E J T W R I A V I
V O C G T R D L H E F D L I V
I R S D A Y D I I L H J K E E
D T L R A L R A D J E P F W T
E I U Y Z L T O N H A H O X H
D O O G W O U X H M E H T R L
I N S I I B C O A M G A A E P
O R N R L A R N S R A M V F B
W D A E H S T P O E E S A E L
T H E S E L I U T Y B V T T N
C K I S E R N O S O N S A E X
Z L D I I D M W A T E R S E R
E D E T H S W R A P P E D P L
```

Caught Up in a Whirlwind

2 Kings 2:1–11

BETHEL	HARD	PORTION
CHARIOT	HEAD	PROPHETS
DIVIDED	HEAVEN	SMOTE
DOUBLE	HORSES	SONS
DRY	JERICHO	SOUL
ELIJAH	JORDAN	SPIRIT
ELISHA	LEAVE	TWO
FIFTY	LIVETH	VIEW
FIRE	LORD	WATERS
GILGAL	MANTLE	WHIRLWIND
GROUND	MASTER	WRAPPED

Day
61

```
P E N T E C O S T C M O A Q X
R X J E R U S A L E M F L O H
O P C A L H P U X U C Z X P Q
P U H C I W I T N E S S E S F
H B Y H D A R K N E S S E D H
E Q G I U U I T G B T A E M T
S R V N W P T E H P O R P K O
Y D E G A L I L E A N S R R N
Q N H T M T U A K J N U A Q G
F I R E E F U S P J G U Y L U
P W D M A P O S T L E S E B E
A E D U J V N C O N V E R T S
S G T T O O E U J R G E Q F K
W T Y E H L E N L W A L S Z R
H S I G N S G L A D Z X X U Y
```

Pentecost

APOSTLES
BREAD
CONVERTS
DARKNESS
FIRE
GALILEANS
GLAD
HEAVEN
JERUSALEM
JOEL
JOHN
JUDEA

MEDES
PENTECOST
PETER
PRAYER
PROPHESY
PROPHET
SIGNS
SPIRIT
TEACHING
TONGUES
WIND
WITNESSES

Day 62

```
Y R G T Y V E F S C V C U P I
P L U H H A V E P G Q M C V Q
Q L S O Y S W M E F O Z E Y M
K M T U H H U A A R A R F D K
E K E N O D I S F D Y I X L W
D R O L K V V D E S E T T O G
H N E C R I E D Y J A A M H F
L D S D N P E I C E H A G E I
D C E D A X Y Z R T N F C B R
A A K R E U N G E N N O Q Z
V M T V E V G M M W E S A I D
I E E H T W I H I H V Q S H M
D G N I Y A S L T H E C T M L
K O I Z S Q T N E E W L S R Q
B O G A C A N A A N R Y G V E
```

A Woman from Canaan
Matthew 15:21–22, 28

Then Jesus went **thence,** and **departed** into the **coasts** of **Tyre** and **Sidon.** And, **behold,** a woman of **Canaan came** out of the **same** coasts, and **cried** unto him, **saying, Have mercy** on me, O **Lord,** thou son of **David;** my daughter is **grievously vexed** with a **devil.** . . . Then **Jesus answered** and **said** unto her, O **woman, great** is thy **faith:** be it unto **thee even** as **thou wilt.** And her **daughter** was **made whole from that very hour.**

**Day
63**

```
V W Z C B T T R E E S O W Y R
E E W T A Q K L G V N Q N I X
J X Z J T J R I N G R I W X T
X W U V M D S L I K O T O N O
B I Z R C T D Y T S H A D O W
A Y X X A E H A E G T O V E R
V W O E L P P A U L F Q U T F
B U R I U P Y O Q G L M Q S I
M G G M N E R C N N H A G S E
U H F T D B D N A O V T V H M
T L E R E N N A B M C E E A F
P A Q Y R E W S K A U P S R W
B X S Y D T W C R J N U O S
Y B X T W M S S W K O I O N R
S Y B A E V O L U S T D Q F Q
```

Banner of Love

Song of Solomon 2:1–4

I am the **rose** of **Sharon,** and the lily of the **valleys.** As the **lily** among **thorns,** so is my love among the **daughters.** As the **apple** tree among the **trees** of the **wood,** so is my beloved **among** the **sons.** I sat **down under** his **shadow** with **great delight,** and his **fruit** was **sweet** to my **taste.** He **brought** me to the **banqueting house,** and his **banner over** me was **love.**

```
H R S M A H O M R J H A Z M M
H M J Z A H B A D U M A H M O
T H R R T T S S S A J M T H
E H E A R S T S T S L F H S P
M Z H A A R A R A D A H U M E
A A A M A T A G H H A E M M Z
N N H D J J J H T O J A B E N
L E E B D A H A M H S I M Z Z
A K L H T E M A S B I M I H H
H H I A T E R J M Z Z M I A J
J Z P H H A R O K E Z M M Z R
Z J H S I H P A N H D H J Z U
Z M A Z S S T H L E U E R I T
I B Z M A A A A M A L E K M E
S H A M M A H H R R M Z Z E J
```

Abraham's Descendants

ISHMAEL'S CHILDREN:

ADBEEL
BASHEMATH
DUMAH
HADAR
JETUR
KEDAR
KEDEMAH
MASSA
MIBSAM
MISHMA
NAPHISH
NEBAJOTH
TEMA

ESAU'S DESCENDANTS:

AMALEK
ELIPHAZ
GATAM
JAALAM
JEUSH
KENAZ
KORAH
MIZZAH
NAHATH
OMAR
REUEL
SHAMMAH
TEMAN
ZEPHO
ZERAH

```
M D A L O R D H F U L L E R S
Z K N K L P Y K M T V M E E T
M P E E U A T L I K E G V F E
M E F W S O H U N Z N N E I Z
S O L A I S G S N E H W N N O
W T I J P L I L S Q D R U E M
M T A G D P L S F T E D A R V
H N H N B B E D N E R O U S H
H V K I D M D A D P D N J S O
E W Z M E Y N I R Y M X B U S
D E R O F E B E M E L P M E T
F J R C V A P M C R T F W M S
T B F O P A J O M X A H H G I
X U C E R I F C L L O T D P N
S W B E H O L D T M A F T P M
```

The Messenger

Malachi 3:1–2

Behold, I **will send** my messenger, and he shall **prepare** the way **before** me: and the LORD, whom ye **seek**, shall **suddenly** come to his **temple**, **even** the **messenger** of the **covenant**, **whom** ye **delight** in: **behold**, he shall **come**, **saith** the LORD of **hosts**. But who may **abide** the day of his **coming**? and who **shall** **stand** **when** he **appeareth**? for he is like a **refiner's** **fire**, and **like** **fullers'** **soap**.

Day 66

```
F Q L O R D L K A L U O B A G
Y A Q W O N G T S I R H C I O
A S T R A E H M H A B O U N D
W I T H G R V S C R T L G C Z
J B O W E X P E U C C I V R E
C E W Q F R Z C N M E N B E L
O F A L L H D X T V R E A A B
M O R V M I M U O Y I S O S A
I C D B C M K C G H D S G E E
N N P J H S I L B A T S Q V M
G H O N E E V L R E H T O N A
J E S E B L O V E L Q N T P L
E R K S Z F S S A I N I G E B
O A V B E F O R E W F A Y O N
M A C T M G P J E S U S S U U
```

Paul's Prayer for the Thessalonians
1 Thessalonians 3:11–13

Now God himself and our **Father**, and our **Lord Jesus Christ**, **direct** our **way unto you**. And the Lord **make** you to **increase** and **abound** in **love one toward another**, and toward **all men**, **even** as we do toward you: To the **end** he may **stablish** your **hearts unblameable** in **holiness before** God, even our Father, at the **coming** of our Lord Jesus Christ **with** all his **saints**.

```
N  S  A  T  J  O  S  E  P  H  C  H  N  W  G
K  O  S  E  W  N  M  W  R  O  A  A  W  O  E
L  D  E  B  O  R  A  H  E  I  D  L  I  T  R
D  R  A  M  C  I  R  S  R  A  J  E  S  U  S
M  I  E  N  I  O  Y  U  B  E  T  O  E  D  H
I  R  B  A  I  S  R  I  E  N  O  A  H  K  O
C  E  L  E  V  E  H  H  A  S  H  A  S  N  M
H  S  A  U  L  I  L  A  O  E  B  Y  D  O  N
A  U  R  S  W  N  R  N  I  F  A  O  D  S  G
E  R  O  E  O  E  N  A  H  R  H  W  A  I  T
L  A  H  M  Z  T  S  N  O  N  A  D  M  M  H
T  Z  R  E  Y  L  E  I  T  M  U  H  T  O  I
E  A  I  N  S  W  M  A  O  J  G  A  C  N  G
Y  L  R  M  A  N  A  S  S  E  H  I  T  E  H
E  K  O  S  E  R  J  L  E  I  G  E  R  C  Z
```

Names Shared by Multiple Bible Characters

AHAB	LAZARUS
ANANIAS	MANASSEH
DANIEL	MARY
DEBORAH	MICHAEL
ELIEZER	NADAB
GERSHOM	NOAH
JAMES	SAUL
JESUS	SIMEON
JOHN	SIMON
JOSEPH	URIAH
JUDAS	ZECHARIAH

Day 68

```
F M O F L Y L I Z A R D Q U M
G G M R O W H T R A E L F R O
E M R O W R E M L A P D D N L
R T N G Z M A L V I P E R O Y
C E Z E E S I O T R O T C G F
E R K O L P R M O T H U N A K
M R O W R E K N A C S C P R S
A E A E D E O T A T S I M D S
B F T I E I L E V I A T H A N
M A P F P O L T E N R O H Q A
C S E R P E N T E H G G B Z I
A R O S S T A D D E R G R P L
E C I R T A K C O C B A C Y D
S E O S F N G Y P I U M Y Z D
P H V K Q G A O L L R T E E B
```

Bible Insects and Reptiles

ADDER
ANT
ASP
BEE
BEETLE
CANKERWORM
CATERPILLAR
COCKATRICE
DRAGON
EARTHWORM
FERRET
FLEA
FLY
FROG
GNAT
GRASSHOPPER

HORNET
HORSELEACH
LEVIATHAN
LICE
LIZARD
LOCUST
MAGGOT
MOTH
PALMERWORM
SCORPION
SERPENT
SNAIL
SPIDER
TORTOISE
VIPER

```
G L Y O D F C R Y S T A L V R
C T R U M P E T S C M S D K O
H H H E A V E N R R N L A M B
U O O R P N A T I O N S X E A
R U R Y O V G H D L V Y W Q B
C S N K V N O E W L E L M D Y
H A S U W L E T L O T Q Y Q L
E N P J E R U S A L E M U W O
S D I O U H V W S T D Q A S N
N A R H S D E F G T W E L V E
E T I N M T G P D A H W A A U
V A T N T Q L M U M O O W D G
E M R N T K Z E E B O O K S A
S E N T Z S W D S N T X R G L
U N L E H Z J T M I T S Y G P
```

Revelation

AMEN	JOHN
ANGEL	JUDGMENT
APOSTLES	LAMB
BABYLON	NATIONS
BEAST	PLAGUE
BOOKS	SAINTS
BOWLS	SCROLL
CHURCHES	SEVEN
CRYSTAL	SPIRIT
DEAD	THOUSAND
EARTH	THRONE
HEAVEN	TRUMPETS
HORNS	TWELVE
JERUSALEM	

Day
70

```
S  E  G  N  I  R  F  I  R  S  T  L  I  N  G
S  F  F  E  I  E  O  D  E  W  O  L  L  O  F
S  F  R  N  Y  H  U  Y  S  F  A  L  S  E  M
E  N  E  I  T  S  R  C  D  F  F  F  A  F  F
L  E  D  M  F  E  S  R  S  O  R  R  Z  E  R
T  V  F  A  I  L  Q  Z  Y  Y  O  Z  L  L  A
L  I  S  F  F  F  U  Y  F  F  F  L  Y  I  N
U  G  S  E  F  E  A  S  T  E  O  F  F  X  K
A  R  S  S  D  D  R  H  C  W  L  E  A  G  I
F  O  O  T  S  T  E  P  S  W  N  W  T  N  N
A  F  R  U  O  L  F  H  M  C  W  W  H  I  C
V  A  F  S  O  R  I  W  E  Z  Y  E  E  T  E
O  I  M  R  U  P  E  D  S  E  S  E  R  S  N
U  T  D  I  M  W  F  I  E  L  D  X  X  A  S
R  H  T  W  S  S  E  L  R  E  H  T  A  F  E
```

F's in the Bible

FAITH
FALSE
FAMINE
FASTING
FATHER
FATHERLESS
FAULTLESS
FAVOUR
FEAR OF THE LORD
FEAST
FELIX
FELLOWSHIP
FENCED
FESTUS

FIELD
FIERY
FIFTY
FIRSTLING
FLESH
FLOOD
FLOUR
FOLLOWED
FOOTSTEPS
FORGIVEN
FOURSQUARE
FRANKINCENSE
FRINGES
FRUIT

H	S	A	D	V	O	C	A	T	E	A	C	H	E	R
E	U	N	A	N	L	L	E	G	S	T	S	C	N	B
A	O	O	T	U	E	H	N	R	R	E	R	H	I	R
D	E	S	S	H	P	I	O	F	E	V	I	U	V	O
O	T	H	I	O	K	C	R	F	T	O	B	R	T	T
G	H	E	R	L	K	I	C	F	S	L	M	C	P	H
F	G	P	H	Y	S	I	C	I	A	N	A	H	E	E
O	I	H	C	W	I	S	D	O	M	J	L	I	A	R
D	R	E	R	A	N	S	O	M	E	N	U	T	C	E
R	L	R	O	T	A	I	D	E	M	L	R	D	E	M
O	O	D	M	E	S	S	I	A	H	R	I	O	G	E
W	L	I	G	H	T	I	B	B	A	R	E	F	O	E
S	A	V	I	O	U	R	E	R	E	V	I	L	E	D
R	D	Y	N	O	I	T	A	L	E	V	E	R	U	E
N	I	A	T	P	A	C	O	U	N	S	E	L	O	R

Who Is Jesus?

ADVOCATE
BROTHER
CAPTAIN
CHRIST
CHURCH
COUNSELOR
DELIVERER
DOOR
FRIEND
HEAD
HOLY
JUDGE
KING
LAMB

LIFE
LIGHT
LOVE
MASTER
MEDIATOR
MESSIAH
PEACE
PHYSICIAN
PRIEST
PROPHET
RABBI
RANSOM
REDEEMER
REVELATION

RIGHTEOUS
ROCK
RULER
SAVIOUR
SHEPHERD
SON
TEACHER
TRUTH
VINE
WAY
WISDOM
WORD OF GOD

```
S S R E D E M P T I O N D N M
Y R T N O I T P O D A E E O S
I T I R H O P E J B A K R S S
U N R E A W A L B T C T E D T
D C T E H E S A H I I N L E I
E H E E B P H T U F S W E I U
L I S C R I U Q Y U M A C F R
I L A A I C L R O F O L T I F
V D E E I S E E P R R K E R T
E R L P A C T S C O E S N O S
R E P I A H N I S A S F D L R
E N N R G I V E F I L E F G I
D T N I E N M I T Y O L E U F
S A R B R E T H R E N N E R S
L E T A N I T S E D E R P D F
```

Romans 8

ABBA
ADOPTION
BRETHREN
CALLED
CARNAL
CHILDREN
DEATH
DELIVERED
ELECT
ENMITY
FIRSTFRUITS
FREE

GIVE
GLORIFIED
HEARTS
HEIRS
HOPE
INTERCESSION
LAW
LIBERTY
LIFE
MORE
MORTIFY
PEACE

PLEASE
PREDESTINATE
PURPOSE
QUICKEN
REDEMPTION
RIGHTEOUSNESS
SAINTS
SIN
SONS
SUFFER
WALK

```
B D L E I F J M W V S B M M Z
E H X O F X J E O H V T I E O
E B A W G I G A R R Y O Z H P
R B E M W S T T I U I A P C H
S G Y Y A H A A F B S A E E I
H T A B E R N A C L E A H H M
E N Q N A I U D B W M X L S F
B A S R S I A M I D I H P E R
A D A I N M R C A R M E L E M
R R Q L A O O A J H M C L D Z
E O Y S N Q E M M P E P U H B
K J C E B A L B K A M B R T Q
K U H K I N W H I E S O R Z Z
S B E T H E L W T G N H U O M
L S N A A N A C G E U X D P N
```

Places Where Altars Were Built

ARARAT	JORDAN
ATHENS	MIZPEH
BEERSHEBA	MORIAH
BETHEL	RAMAH
CANAAN	REPHIDIM
CARMEL	SAMARIA
DAMASCUS	SHECHEM
EBAL	SINAI
GIBEON	TABERNACLE
HEBRON	TEMPLE
JERUSALEM	ZOPHIM

```
M E H E T A B E L X R U T H J
I A C O Z B I D L B S M E A A
R I R L H U L W O S Y A Q R E
I H Z Y A S H M R P N R J O L
A P P G M G A J U P T T L P E
M P O A A A H R H K Y H A P B
Q A R G A M G X A F C A H I E
T Y F A N C S D M H H V C Z Z
D R U S I L L A A T E H I C E
E I Z N A T H A H L J X M H J
B R N U R L H P U C E K F L O
O B P A X D T S Q D G N U O A
R X G A H T E B A S I L E E N
A A A B Z Z N X W V Y A V X N
H H T I D U J E H O S H E B A
```

Women in the Bible

ABI	JOANNA
APPHIA	JUDITH
BILHAH	LO-RUHAMAH
CHLOE	MARTHA
CLAUDIA	MARY
COZBI	MARY MAGDALENE
DEBORAH	MEHETABEL
DINAH	MICHAL
DRUSILLA	MIRIAM
ELISABETH	NAAMAH
EVE	RUTH
HAGAR	SARAH
JAEL	SYNTYCHE
JEHOSHEBA	VASHTI
JEZEBEL	ZIPPORAH

```
V H S T A F R M N W O D K C B
B I A J O F W E N T T H B J A
D H B R I U V H Y W T S A P D
T L T E A A A T T R B C U L G
G Q O H E N D R A W O T I A R
O N O H G R U E R B I G P C T
J G I E E I S I R K H S R E A
P E L D F B N H I T O O K M R
E S R G N I D N E C S E D W E
H U M S A E U D D B N E M S D
Z A O T B T C U R E A C H E D
W C R O D P H S W O L L I P A
Z E F N Q D R E A M E D R W L
C B P E E L S I R B Z P O Q H
H S Q S Q N L M M E D T L W V
```

Ladder to Heaven

Genesis 28:10–12

And **Jacob** went out **from Beersheba**, and **went toward Haran**. And he **lighted** upon a **certain** place, and **tarried there** all **night, because** the sun was set; and he **took** of the **stones** of that place, and put **them** for his **pillows**, and lay **down** in **that place** to **sleep**. And he **dreamed**, and behold a **ladder** set up on the **earth**, and the top of it **reached** to **heaven**: and **behold** the **angels** of God **ascending** and **descending** on it.

```
L M F A P S B C H L R F N E L
D N B R O T H E R R E D R E U
E E A W C I S H E A V A V G P
A Y R D L E X H Q K O R S J G
C B B D R E T U R N W E D T C
O P R V N O J E N S I V N C Y
U E A A M I J C T C L I A E V
N N O Y H F K A R N L L B E U
T B S H J A F E T L A E D S R
R E H T A F M L G T S D I A S
Y C U R C N U J I H E E E U N
C O I O O U D B E S T F E A I
K M F W B V J W S S A U O H T
W E S M I T E A E U E A R H T
R U L O R D P L K Y R J C T Q
```

Jacob Prays for Mercy

Genesis 32:9–11

ABRAHAM	ISAAC	RETURN
BANDS	JACOB	SAIDST
BECOME	JORDAN	SERVANT
BROTHER	KINDRED	SHEWED
CHILDREN	LEAST	SMITE
COUNTRY	LEST	STAFF
DEAL	LORD	THEE
DELIVER	MERCIES	THOU
ESAU	MOTHER	TRUTH
FATHER	OVER	WILL
FEAR	PASSED	WORTHY
HAND	PRAY	

Day 77

```
W H E N P H P E N I E L T W P
R A R L R H R C Z P F E H O L
E Q E C E E E A H J I A I L A
S F H T V C W L A X L R G L C
T V T D A N O L S H P S A O E
L P A E I I P E T T H I G H E
E A D M L R B D N E M D A Y O
D L E A E P M I S K Q T I T G
T O H N D I O G C A U G N U E
P N C L B J O I N E V N S S M
E E U P F A C E G R C O T C T
C R O O T C Q A V B P M G I E
X P T M H O G O D M S A P D L
E U Q E I B R E A K I N G C B
O P R E S E R V E D B L E S S
```

Jacob the Wrestler

Genesis 32:24–26, 28, 30

AGAINST
ALONE
BLESS
BREAKETH
BREAKING
CALLED
DAY
EXCEPT
FACE
GOD
HAST

HOLLOW
ISRAEL
JACOB
LEFT
LET ME GO
LIFE
MAN
MEN
NAME
OUT OF JOINT
PENIEL

PLACE
POWER
PRESERVED
PREVAILED
PRINCE
THERE
THIGH
TOUCHED
UNTIL
WHEN
WRESTLED

Day
78

```
I  U  S  G  R  A  I  N  I  K  S  R  Q  E  K
H  P  E  S  O  J  U  D  A  H  S  M  D  P  N
F  M  H  E  K  S  K  V  O  E  K  P  W  N  M
L  A  D  D  E  R  H  H  M  N  B  F  L  H  D
O  R  N  R  E  U  B  E  N  C  K  R  C  M  Y
C  R  C  C  A  N  A  A  N  W  H  E  F  U  Z
K  I  E  Y  S  F  X  T  I  R  T  P  Y  G  E
S  A  F  B  E  N  J  A  M  I  N  H  M  P  B
L  G  D  A  E  N  C  O  B  M  M  A  H  I  U
A  E  K  J  H  K  Z  C  F  R  F  R  M  F  L
V  S  T  A  R  S  A  M  I  H  A  A  U  B  U
E  R  H  Z  L  B  I  H  N  I  M  O  G  Q  N
G  A  D  E  K  M  U  A  M  R  I  H  A  L  M
F  T  X  R  R  H  S  X  B  H  N  W  J  K  I
I  S  R  A  E  L  L  E  W  R  E  S  T  L  E
```

Jacob and Sons

ASHER
BENJAMIN
CANAAN
COAT
DONKEY
EGYPT
EPHRAIM
FAMINE
FLOCKS
GAD
GOSHEN
GRAIN
ISRAEL

JOSEPH
JUDAH
LADDER
MARRIAGE
PHARAOH
REBEKAH
REUBEN
SLAVE
STARS
WELL
WRESTLE
ZEBULUN

```
S H S E S L T X Y S B A S I D
T A E M X Z E C S E H R M E N
Q R N G A C D R L E E E Y Y M
T R O P E R E I A R C T B X X
M I T Q O W E E A P N I A A P
O H S L Z V T E D U P V P X A
D E S Y E L B N O E W A J S L
S O U D G P C B M E T Y E J E
I P O I U C A M E L S H R N T
W S I C S T N A V R E S U O K
R F C Q B R F D N D P G S M S
Q U E E N A A N L R J N A O E
I U R L M O N E A O K I L L L
I C P E J R S H L B G K E O G
P R O S P E R I T Y H D M S Y
```

Visit of a Queen

1 Kings 10:1–13

APPAREL	LORD
BELIEVED	MEAT
BOUNTY	MEN
CAMELS	PRECIOUS STONES
CUPBEARERS	PROSPERITY
EXCEEDETH	QUEEN
FAME	REPORT
GOLD	SERVANTS
HARPS	SHEBA
ISRAEL	SOLOMON
JERUSALEM	SPICES
KING	WISDOM

```
F M Y R R H A M E T H Y S T C
C R C A R B U N C L E S S E I
C H A L C E D O N Y G O L D N
O R R N O N Y X L I G U R E N
N S Y Y K X J J Y B R A S S A
F A S S S I J A C I N T H B M
E R A I T O N R S E R U B Y O
C D R L S A L C K P R U A C N
T O D V P M L I E M E R A L D
I N I E I W P T T N V R L N I
O Y U R C S A L O E S H M U A
N X S S E G B E R Y L E U M M
U V P E A R L T O P A Z G L O
S A P P H I R E C A S S I A N
C H R Y S O P R A S E J L Y D
```

Precious Things

AGATE	FRANKINCENSE
ALMUG	GOLD
ALOES	JACINTH
AMETHYST	JASPER
BERYL	LIGURE
BRASS	MYRRH
CARBUNCLE	ONYX
CASSIA	PEARL
CHALCEDONY	RUBY
CHRYSOLITE	SAPPHIRE
CHRYSOPRASE	SARDIUS
CINNAMON	SARDONYX
CONFECTION	SILVER
CRYSTAL	SPICE
DIAMOND	SPIKENARD
EMERALD	TOPAZ

Day
81

```
T  H  M  M  I  R  H  T  T  T  S  R  I  H  T
F  M  R  H  U  N  G  E  R  N  E  V  A  E  H
A  E  R  U  P  E  A  C  E  M  A  K  E  R  S
L  R  G  N  I  D  E  E  C  X  E  I  L  E  S
S  C  O  M  H  E  E  S  E  X  E  N  I  W  E
E  I  D  E  X  X  T  S  D  A  L  G  V  A  N
L  F  X  L  M  E  X  C  S  M  X  D  E  R  S
Y  U  H  C  H  I  L  D  R  E  N  O  R  D  U
R  L  H  P  T  R  M  L  S  E  L  M  H  T  O
O  O  O  R  T  H  I  L  L  K  L  B  X  C  E
O  R  A  E  E  V  X  C  I  N  H  E  R  I  T
P  E  R  S  E  C  U  T  E  D  E  A  R  T  H
H  O  H  R  H  D  E  T  R  O  F  M  O  C  G
O  F  C  R  E  N  N  A  M  O  U  R  N  J  I
T  O  S  P  I  R  I  T  E  C  I  O  J  E  R
```

The Beatitudes

Matthew 5:3–12

BLESSED	HEAVEN	PERSECUTED
CHILDREN	HUNGER	POOR
COMFORTED	INHERIT	PROPHETS
EARTH	KINGDOM	PURE
EVIL	MANNER	REJOICE
EXCEEDING	MEEK	REVILE
FALSELY	MEN	REWARD
GLAD	MERCIFUL	RIGHTEOUSNESS
GOD	MOURN	SPIRIT
HEART	PEACEMAKERS	THIRST

Day
82

```
M O U I K S E F A I N T I Z C
R S G N I H C R A E S T Q U K
A D O C D O G L W I N G S L E
E W E R H E L H O J N G S U Q
N J F E B A R Z F Q N T W A V
Z J F A F R C S H I R W E K D
T L B S T T R U T E O D A T I
P O W E R H E S N A A Q R I H
Q R V T S F A G M X N R Y A T
W D O H M L T O I E H D D M Y
W N A J R H O L G V N M I O L
A L V E U E R V H N E J U N P
L B V U N Y N T T X U T M Q G
K E A G L E S E K Q H O H P P
R S Q W M P N V W S B T Y N G
```

Wings as Eagles

Isaiah 40:28–31

CREATOR	INCREASETH	SHALL
EAGLES	KNOWN	STRENGTH
EARTH	LORD	UNDERSTANDING
EVERLASTING	MEN	WAIT
FAINT	MIGHT	WALK
FAINTETH	NOT	WEARY
FALL	POWER	WINGS
GIVETH	RENEW	YOUNG
GOD	RUN	YOUTHS
HEARD	SEARCHING	

```
T H M Z E J T H G I R B O K T
H F H J R E R O F E B K I H Y
G A Y T D N S W M S Q X E O L
M S I V E O I E T W O R R U O
G T C S Y M M O H U E E U R D
W I E O A B O E Q F N V O Z G
T N N P R D N C O N L T F N E
D G P A P N P R A Y E R I M D
W O N U R P E T E R A N A L T
J C A I E M S L V D T N H H O
E L B E H O L D I H R P G C K
S N Y M T T H G I U E I A A C
O M I D I H O U S E S A E L B
H G L H H K L L A H S P R L Q
W M D A T U E K C U S Y A D T
```

Devout Centurion

Acts 10:30–32

And **Cornelius** said, **Four days** ago I was **fasting until** this hour; and at the **ninth hour** I **prayed** in my house, and, **behold**, a man **stood before** me in **bright clothing**, and said, Cornelius, thy **prayer** is **heard**, and **thine alms** are had in **remembrance** in the **sight** of God. **Send therefore** to **Joppa**, and **call hither Simon**, **whose surname** is **Peter**; he is **lodged** in the **house** of one Simon a **tanner** by the sea side: who, **when** he **cometh**, **shall speak** unto thee.

```
G R A V E N I M A G E D L O G
R E H T A G O O D N E S S A E
G M T G E O M M R R S S S H N
E R G H M S G G G T I N E T E
N H A A S H H I N S O S N O A
T Z B Z D E A E E I M E E G L
I G R Z A N M N T R A C L L O
L A I M T R E A Z Y Z A T O G
E L E S A G R Z N Z A R N G I
S I L G M E M Z G E G G E R E
G L G Z N R O N R E V O G G S
E E G E Z R H M H T A I L O G
Z E G A L A T I A N S M O D G
E G Z Z L E I L A M A G R R R
R G I D E O N H O G L R Y L G
```

G's in the Bible

GABRIEL
GAD
GALATIANS
GALILEE
GAMALIEL
GARMENTS
GATHER
GAZA
GEHAZI
GENEALOGIES
GENERATIONS
GENESIS
GENTILES
GENTLENESS
GETHSEMANE

GEZER
GIANTS
GIDEON
GLORY
GOD
GOG
GOLD
GOLGOTHA
GOLIATH
GOODNESS
GOSHEN
GOVERNOR
GRACE
GRAVEN IMAGE

Day 85

M I V O R G O D M Y C H E P L
S W R D U A N M O L A I R A S
E K O M O D S I W H G D U N O
V R N R Y R H W V C N T B Y C
E D E A D E E D O I I S A C S
B A M V H H A F H R G I J G Y
O K T I E T R O I G N D N A M
Y A W A N O T P N V I O Z S I
S D H Y M N S M L A S P I E P
G N I H C A E T S P M O T O B
S I B A D O L L A J A E T D L
E C A R G F A R E H T A F L N
D Y O J I L L S G F W A E E R
B L R E N A U E H R S W I T H
L G N I H S I N O M D A D S O

Whatsoever Ye Do

Colossians 3:16–17

Let the **word** of Christ **dwell** in **you richly** in all **wisdom; teaching** and **admonishing one another** in **psalms** and **hymns** and **spiritual songs, singing** with **grace** in your **hearts** to the **Lord**. And **whatsoever** ye do in word or **deed**, do **all** in the **name** of the Lord **Jesus, giving thanks** to **God** and the **Father** by him.

Day
86

```
S S A P G J O Y F U L L Y G N
S Y C O M O R E S Z D R O L O
H A L F Y N O I T A V L A S I
O H C I R A N D R C P E P Y T
U M V W E N W O S C P N U D A
S T U S E L O B N H R T B L S
E O L R I P N K A A E E L O U
K A U T M O J E M E S R I F C
F C T G S U S E J U S E C R C
D L I P H A R S R S T D A U A
E I E A C T V E V I G I N O E
M M T S P O E E D I C N S F D
A B S S L R M L V G C H O L I
N E A E T O B E H O L D O M B
H D H D S S T A T U R E V G A
```

Zacchaeus

Luke 19:1–10

ABIDE	JERICHO	RICH
AMONG	JESUS	SALVATION
ACCUSATION	JOYFULLY	SAVE
BEHOLD	LITTLE	SEEK
CLIMBED	LORD	SINNER
COME	LOST	SON
ENTERED	MAN	SOUGHT
FALSE	MURMURED	STATURE
FOURFOLD	NAMED	SYCOMORE
GIVE	PASS	TREE
GOODS	PASSED	WAY
HALF	POOR	ZACCHAEUS
HASTE	PRESS	
HOUSE	PUBLICANS	

Day
87

N R R E W O P R O M I S E F M
E E V A N G E L I S T S Q A Y
P H R H E A D T T R U T H I S
H T C D L U A P E A C E N T T
E E H H L O I N S A M E N H E
S G R I N I G H U C C I J C R
I O I F A T H E R S A H A B Y
A T S C H E A C Y S O R E A T
N H T E U E V L E B G J B R I
S G N I S S E L B O D E V A S
M E N T E P T A O D Q S H R E
D M A L S S H O L Y D U S M A
W N I O O C H U R C H S E O L
D W G P U T O F F W I L L U E
P L A C E S P I R I T L F R D

Important Words
in Ephesians

ALL	EVANGELISTS	MYSTERY	SEE
AMEN	FAITH	NIGH	SIT
APOSTLES	FATHERS	OBEY	STAND
ARMOUR	FLESH	PAUL	STRENGTHENED
BLESSINGS	GOSPEL	PEACE	SPIRIT
BODY	GRACE	PLACES	TEACHERS
CHILDREN	HAVE	POWER	TOGETHER
CHRIST	HEAD	PROMISE	TRUTH
CHURCH	HOLY	PUT OFF	WILES
EPHESIANS	JESUS	SAINTS	WILL
	LOINS	SAVED	
	MEN	SEALED	

Day 88

```
F E B R U A H S N A R E D E S
C N R T S A H W O E S R T N S
M E O C N Y R A S R E V D A I
W M K G O O A W Z A D E E M G
I Y E O U M O D D E S D P D H
C R N G V R E F S T K U A E T
K L H W R O U T R I N K I K R
E T E O E L R O O I H G N C A
D H S O J U Y P S N U L Q I V
W J F B C E Z H F Q O A L W A
O V Z T R J M F K D T U B A I
M W I C K E D W O R K S G T L
A O U I N I Q U I T Y O D H E
N I A T H A L I A H A M A N T
Q Q V F X A W M O H M J L M H
```

Woe to the Wicked

ADVERSARY
AHAZ
ALL HIS DAYS
ANGER
ATHALIAH
BROKEN
COME TO NOUGHT
DESTROYER
DESTRUCTION
DREADFUL
ENEMY
HAMAN
INIQUITY

PAIN
PROVOKE
PUNISHMENT
SIGHT
SNARED
SORROWS
TRAVAILETH
WICKED MAN
WICKED WOMAN
WICKED WORKS
WOE
WROUGHT

```
A B R A H A M A B O C A J S I
R E D S E A T D I V A D E U H
A C O U N T R Y M D D E R F H
S B E V I D E N C E I S I F P
A P E A P O E N O C H S C E E
M B E L I E V E D A S E H R S
U A F I L A I R T R H F O S O
E H I A G R A E F B I N S H J
L A L N R L S S A M S O N C E
A R K T I I E G G E B C O A P
C I T Y M B O N D S A A E O H
E O M O S E S O D E R A D R T
S T R A N G E R S E A S I P H
A P R O P H E T S D K I G E A
U S R E D L E S C A P E D R H
```

Hebrews Hall of Faith

ABEL	ESCAPED	PROMISE
ABRAHAM	EVIDENCE	PROPHETS
ARK	FEAR	RAHAB
BARAK	GIDEON	RED SEA
BELIEVED	HID	REPROACH
BONDS	ISAAC	SAMSON
CITY	JACOB	SAMUEL
CONFESSED	JEPHTHAH	SARA
COUNTRY	JERICHO	SEED
DAVID	JOSEPH	STRANGERS
ELDERS	LIFE	STRONG
EMBRACED	MOSES	SUFFER
ENOCH	NOAH	TRIAL
ESAU	PILGRIMS	VALIANT

```
E X G N E Z E M R M P Z B F F
B G C V V X Q S A I H D B U S
W T I P Y X C A I X E R O H R
J X W D T O B L D I G H T J D
T R Z D H J F G N M T I T E R
M W D F E W G N I Y A S H S O
N Z B E Y P V I L F U C E U L
L H Q J W M A Y B I U P N S R
E X H D Y O U R U O E U C J B
G L Q A H C L C T R T U E E L
C D B G C C H L S E Y E L T A
X O R A T A C C O R D I N G A
J T M J V H G F G F E S U O H
E E V E R X E D A V I D R Y C
Y K D F Y J G M E R C Y J I J
```

Eyes Opened
Matthew 9:27–29

And when Jesus **departed thence**, two blind men **followed** him, **crying**, and saying, **Thou** son of **David**, **have mercy** on us. And when he was **come** into the **house**, the **blind** men **came** to him: and **Jesus** saith unto **them**, **Believe** ye that I am **able** to do this? They said unto him, Yea, **Lord**. Then **touched** he **their eyes**, saying, **According** to **your faith** be it unto you.

```
O H P Z H E P Z I M I O B E Z
H H I N N O M Z O D D I G E M
Z P C S R E G N E S S A P N O
J J M I T T I H S J S H O S U
Z H E B R O N P H A A L G J N
H H S O R E K J L T A N R Z T
A D E R A Z J T H J I J L L A
M M M R O H C A A K J K Z L I
O M H A L E H A H T H P I J N
N E M S T F A R C Z I Z E K S
G Z R E T H G U A L S L L T J
O P E M I H S A R A H C N Z K
G H N O I S I C E D R A R E G
M I L O C H S E B V I S I O N
J J E Z R E E L J G I B E O N
```

Biblical Valleys

ACHOR
AJALON
BERACHAH
CHARASHIM
CRAFTSMEN
DECISION
ELAH
ESHCOL
GERAR
GIANTS
GIBEON
HAMONGOG
HEBRON
HINNOM
JERICHO
JEZREEL

JIPHTHAHEL
KEZIZ
KINGS
MEGIDDO
MIZPEH
MOUNTAINS
PASSENGERS
SALT
SHITTIM
SLAUGHTER
SOREK
VISION
ZARED
ZEBOIM
ZEPHATHAH

```
S E R P E N T C S N O E G I P
L G A F E W O A F S C O W E A
I K V F E A W I A L R Q S S R
A I E I X O C X L F W R T F T
U A N B L O F O N R O O V A R
Q S M L P R S G C H R O N U I
Q A A S C T C N I K R O C U D
L W A S R A E L E M A C X R G
S N F I E Z T R G L P K A P E
P E C Y G R R T E D S P A O R
I H T M N D U A L T O V A K E
D N N V B S O T B E K V E A F
E L G A E F G N L H I C E N I
R K E G A M B O B U C N O F E
N U T U R T L E D O V E S C H
```

Critters

APE	LION
ASP	OSTRICH
BEAR	OWL
CAMEL	PARTRIDGE
CATTLE	PEACOCK
COCK	PIGEONS
DOGS	QUAILS
DOVE	RAVEN
EAGLE	SERPENT
FROG	SPARROW
HEIFER	SPIDER
HEN	STORK
HORSE	SWALLOW
LAMB	TURTLEDOVES
LEOPARD	VULTURES

Day
93

```
L Z Q F R C L W B P Y E U L B
D U N T O L H E Y H E D M V W
E Y F T A W A Y R Z D I Y M V
B B E H O L D N N E K A M G V
R L S E T P E Q S N H S N K X
W W W S Q I T S F O I T H X T
V S K E T W A J S R A E T J K
C O K H C P R F W H O V A V G
B R E G S G N I H T M M E E E
I R Y E N O P U T B W E D X T
U O E I R E W U A E U T I T G
I W S M N O K U H R A T N L K
T H E I R G M Q T I L Q L X T
V J A D H O P C Z B E V K L P
M P S D N K F B Q N D B D J X
```

No Tears in Heaven

Revelation 21:4–5

And God shall **wipe** away all **tears from their eyes;** and there shall be no more **death,** neither **sorrow,** nor **crying, neither shall there** be any **more pain:** for the **former** things are **passed away.** And he **that** sat **upon** the **throne** said, **Behold,** I **make** all **things** new. And he **said unto** me, **Write:** for **these words** are **true** and **faithful.**

```
P R I S O N E R S E R V A N T
M O L I E W I T H M E O H M B
M V T O L M A S T E R I O A L
E E L I X H P N L O V C B S E
R R W G P H A R O A H E A T S
C S E O Y H E L O S Y O U E S
Y E R D H S A H X S I W E R I
Y E B D U T H R P W P R A S N
I R E O A N F S I E W E P W G
I S H M A E L I T E S B R I V
T H O D F M E E Y M U O D F S
P T I A I R D E L O R D J E J
Y A S E E A S L C C L O T Y Q
G R I R L G I Y A K E E P E R
E W H B D S S E N D E K C I W
```

Joseph's Temptation

Genesis 39

BLESSING	LORD
BREAD	MASTER
EGYPT	MASTER'S WIFE
EYES	MERCY
FIELD	MOCK
FLED	OVERSEER
GARMENT	POTIPHAR
GOD	PRISON
HEBREW	PRISONERS
HOUSE	PROSPER
ISHMAELITES	SERVANT
JOSEPH	VOICE
KEEPER	WICKEDNESS
LIE WITH ME	WRATH

```
B E N J A M I N O H A D U J M
O J M M T M N O E M I S G Y E
S B O W E D B R O T H E R X R
K I E J I L W X Q U R R A J R
C R N I R R E B M A H C C O Y
A T I S S S P I C E S J I S X
S H M R E A T M O N E Y O E G
N R A A R F N H I Y A M U P O
A I F E V O M C H X Q U S H D
I G R L A O T R E A S U R E T
T H R M N D J M B I D T O D A
P T R E T Y T M R A F R A I D
Y H O N E Y H I E P E A C E A
G O F A T H E R W A T W O M A
E F A I T H B S S D N O M L A
```

Joseph Entertains His Brothers

Genesis 43

AFRAID
ALMONDS
BENJAMIN
BIRTHRIGHT
BOWED
BREAD
BROTHER
CHAMBER
EGYPTIANS
FAMINE

FATHER
FOOD
GOD
GRACIOUS
HEBREWS
HONEY
ISRAEL
JOSEPH
JUDAH
MERRY

MONEY
MYRRH
OBEISANCE
PEACE
SACKS
SERVANT
SIMEON
SPICES
TREASURE
WEPT

```
A P P L E S S R E B M U C U C
P I T C H D G D A E R B H S U
C S L M N C K I D S O U E N M
H N Z O P R C O R N C T E V M
E O M G T O I L Z I A T S L I
E L E E K S L M I N L E E T N
A E K S S T R C A V W R Z U U
S M I N T G A R C T H I O T T
E I S O R C G R A P E S N O S
H L G I N E O L Q E A G T E P
C K I N M N U E C H T N W N P
T L F O E I R N V A V L I B C
I R P V B D D I T L L V C S V
F E H P V D S K G P G F P L E
H O N E Y C G B A R L E Y D R
```

Farm Products

ALMONDS	GRAPES
ANISE	HONEY
APPLE	KIDS
BARLEY	KINE
BREAD	LEEKS
BUTTER	MELONS
CALF	MILK
CHEESE	MINT
CORN	NUTS
CUCUMBER	OIL
CUMMIN	ONIONS
FIGS	POMEGRANATES
FITCHES	RIE
GARLICK	WHEAT
GOURD	WINE

```
P S E R G I U S P A U L U S P
Y R E C R O S I M O N P P U P
P P T V S J L P C C L L L M S
T S M R E J J H R L L U M I E
M N A S O N E I S H C L P H M
J E L Y M A S L S I O I C P A
J R E T E P U O U S L D C O J
J U S T U S S S N I M A A R L
A P J S J I T O H S R I M T E
S A T T M S J P N N S S J E I
O U R E S S N H O J N C T T L
N L O C O R N E L I U S E L A
R N M M S U I R T E M E D V M
H O L Y G H O S T S A E N E A
S T N I A T P A C F E I H C G
```

People in the Book of Acts

AENEAS
CHIEF CAPTAIN
CORNELIUS
CRISPUS
DEMETRIUS
ELYMAS
GAMALIEL
HOLY GHOST
JAMES
JASON
JESUS
JOHN
JUSTUS
LAME

LUCIUS
MNASON
PAUL
PETER
PHILIP
PHILOSOPHERS
RHODA
SCEVA
SERGIUS PAULUS
SEVEN SONS
SIMEON
SIMON
SORCERY
TROPHIMUS

Day 98

```
M H P G Z H G G N O L D A E H
H E A V E N O I T A T I B A H
O A H H H H H Y S S O P N A H
P T Z Y H E A L E D D D G M M
E H Z O A A L K U K K A B A H
S E Y R R L H M Z E R G H H H
S N K N E M E S R O H O S E A
E E Z H Y P O C R I T E S H R
N G H O M T H E A R T T M H P
I T T S S I T S S R S N N M E
L R Q H E N C E F O R T H H R
O Y Z F X S G M H E B R E W S
H O S A N N A I A G G A H X X
Y Z X T S E H G I H O N O U R
H E R I T A G E K C O L M E H
```

H's in the Bible

HABAKKUK
HABITATION
HAGAR
HAGGAI
HAM
HANDKERCHIEFS
HARPERS
HAZOR
HEADLONG
HEALED
HEARKEN
HEART
HEATHEN
HEAVEN
HEBREWS

HELL
HEMLOCK
HENCEFORTH
HERITAGE
HIGHEST
HOLINESS
HONOUR
HOPE
HORSEMEN
HOSANNA
HOSEA
HOST
HYPOCRITES
HYSSOP

S	K	R	O	W	G	I	V	E	B	V	B	G	E	G
D	H	C	S	E	M	I	T	N	E	V	E	S	C	K
P	A	E	L	N	E	Q	S	H	V	L	Q	I	G	X
Y	L	L	A	U	N	I	T	N	O	C	D	N	N	Y
W	X	B	F	V	I	A	W	T	L	A	S	G	I	K
S	T	H	G	I	E	H	E	X	T	O	L	I	V	S
E	L	F	C	R	H	N	V	E	Q	P	N	G	I	L
C	Y	E	B	O	C	T	A	I	Y	E	A	Y	G	I
I	W	O	N	F	D	R	Y	N	C	R	Z	Q	S	W
F	V	O	E	F	E	F	W	F	D	F	B	D	K	O
I	R	S	A	E	I	X	A	K	A	E	P	S	N	R
R	Z	S	D	R	Z	A	A	T	A	C	A	X	A	T
C	U	E	O	A	G	H	Q	L	V	T	K	R	H	H
A	B	L	R	E	S	H	O	U	T	F	D	S	T	Y
S	G	B	E	W	A	I	T	M	W	H	Z	Z	T	H

Praise!

ADORE
BLESS
BREATHE
CONTINUALLY
EXALT
EXTOL
GIVE
GLORIFY
HEAVEN AND EARTH
HEIGHTS
HONOR
LEAP
LOVE

OBEY
OFFER
PERFECT
SACRIFICE
SEVEN TIMES
SHOUT
SING
SPEAK
THANKSGIVING
WAIT
WORKS
WORTHY

**Day
100**

```
F O R E H E A D T O S Y B V G
I M Q U Y D P A Z E H A A O Q
G S A U L E R E R S T C L Z M
H Q E E Y G L V F T E I O O M
T M I N E Q A L L N A I U H T
T H L T I N K E A T R N M I S
S E L U T T S B H V T A R R S
T L I S I E S M A A B I E H A
O I K K V L O I I D S R A P D
N A S A I T T N L R A M A D S
E B E N E H O H A I M N I S D
S R G M G H M E A A H A I A S
G C L I T J L A H D R P V B I
J E E A B R G F I F U I R M A
H H G A A A W L A L D J E K B
```

David and Goliath

ABINADAB
AFRAID
ARMIES
BATTLE
BRASS
DAVID
ELIAB
FIGHT
FOREHEAD
GATH
GOLIATH
GREAVES
HEIGHT
HELMET
ISRAEL

JUDAH
KILL
MAIL
MOUNTAIN
PHILISTINES
SAUL
SERVANTS
SHAMMAH
SHIELD
SHOCHO
SLING
SPEAR
STONES
TARGET
VALLEY

```
S B U H L M U B S W X C A M E
I K R E Y A W H G I H C U L B
G R E A T L N U C G F T P Y J
H M C R H J E R I C H O I H P
T D E D K T E T Z B E T H A T
C E I A Q S E S A P D F M V F
Q W V S A X T R U I Q A W E A
Y O E I C N T M A S D H V U N
R L D H E I A F L Z O E D I S
W L M W M D P G F L A R M Z D
X O Y A E I M L E M E N U M N
U F E G N I G G E B H E O E I
J U H G J X B R M S E A H T L
S H T I W O C U Q H H W T T B
K O A M I Y N E E N U V N H V
```

Blind Man at Jericho

Mark 10:46–47, 52

And **they came** to Jericho: and as he **went** out of
Jericho with his **disciples** and a **great number** of
people, blind Bartimaeus, the son of Timaeus, sat by
the **highway side begging.** And **when** he **heard that**
it was Jesus of **Nazareth,** he **began** to cry out, and say,
Jesus, **thou** son of **David, have mercy** on me. . . . And
Jesus **said** unto him, Go thy way; thy **faith hath made
thee whole.** And **immediately** he **received** his **sight,**
and **followed Jesus** in the way.

**Day
102**

```
Y A E V E R Y B E D U C I F A
R L T A K E R E H W J H W Y L
G M A B A S E D P N A O H E L
N H T I W E R E H T Y N A A Q
U A S H W C T S I R H C T B U
H H X A I A E C R T I W S O R
R G S F T N O S I T V U O U Y
U X U J C N G Y P C U B E N A
E L I O T D I S Q E M O V D K
L S P E R O K H I P A L E E V
I T N I D H P S E S Y K R N I
H T E N E H T G N E R T S R W
M O L R E F F U S R M L A A U
E C B A N I N S T R U C T E D
N O D G K E R B O T H E O L E
```

Be Content
Philippians 4:11–13

Not that I **speak** in **respect** of **want**: for I have **learned**, in **whatsoever state** I am, **therewith** to be **content**. I **know** both how to be **abased**, and I know how to **abound**: **every where** and in all things I am **instructed both** to be **full** and to be **hungry**, both to abound and to **suffer need**. I **can** do **all things through** Christ which **strengtheneth** me.

```
S H E A L T I E L G V O I C E
C P B P R O P E T M P T I A S
T X A G T Z W O R D S L R G B
W M Z K H A B T R U A E S H C
H E R A E F C N Z V I T N T P
G S A F I L K U P D T I B T R
I S I P R Z E Q S E H H N U O
H A G G A I T B F Y A D I M P
C G A O B S N Z A E M H L C H
E E A Y S V A E P B E F O R E
D O G E T Q N L S O B F R T T
E Q M A A L M P H T E U D C T
S D E Y Y Z E O T S E I R P L
O H C N O S R E G N E S S E M
J O S H U A Q P M E O N O B Z
```

Haggai's Message
Haggai 1:12–13

Then **Zerubbabel** the **son** of **Shealtiel**, and **Joshua** the son of **Josedech**, the **high priest**, with all the **remnant** of the **people**, **obeyed** the **voice** of the LORD **their God**, and the **words** of **Haggai** the **prophet**, as the LORD their God had **sent** him, and the people did **fear before** the LORD. Then **spake** Haggai the LORD's **messenger** in the LORD's **message unto** the people, saying, I am with **you**, **saith** the LORD.

```
H T R O F G N I S A I V B J S
R A E F Y Y L U O S N W Z O S
E K J O C I F C R I E D F Y E
S H O S R F M O R A R F G F N
I E I K E E R I L U E P L U T
A A C R M N T T L R W S O L A
R R E O H S H E U H O S R N E
P T C W N Y T R E J P E I O R
H U I Q P H E A V P U L O I G
D E E L X T R L T I M B U S P
R M A S A F Z C B H Q I S E R
A C I W L V O E P S U T W C A
E X T O L L E D E R I F M I Y
H L O V I C D E V O R P N O E
B D L O H E B P I W C A A V R
```

Psalm 66

BEHOLD
BLESS
COME
CRIED
DECLARE
EXTOLLED
FEAR
FIRE
FLOOD
GLORIOUS
GREATNESS
HEAR

HEARD
HEART
JOYFUL NOISE
MERCY
OFFER
POWER
PRAISE
PRAYER
PROVED
REJOICE
RULETH
SEA

SING FORTH
SOUL
SUBMIT
SUFFERETH
VOICE
VOWS
WATER
WEALTHY PLACE
WORKS
WORSHIP

```
J F R Q S E N O T S D A V W P
S U W A H C T S A E F C I P H
E R D C D A Q R D B F S T A Z
C S Z G E E D I V A D D E L E
I O B I E M C I U O G W M A L
P L Q A F A Y L M V A A Q C C
S O R A T L A O E B O R U E A
W M R I G H I S E B N K E O N
R O O I E L S H O Y A I E V R
X N T A E E S H D E K N N H E
S G R A L Y E Q E H L G O Q B
E T R S V R O T G B M P E N A
V S O P R A Y E R H A M M U T
I Q F T H R O N E D L O G E W
W J S E C I F I R C A S A W T
```

Solomon

ALTAR
ARK
BATHSHEBA
CEDAR
DAVID
DEDICATION
FEAST
GOLD
HEART
ISRAEL
JUDGE
KING
LEBANON
PALACE

PRAYER
QUEEN
REHOBOAM
SACRIFICES
SHEBA
SOLOMON
SPICES
STONES
TABERNACLE
TEMPLE
THRONE
VESSELS
WISDOM
WIVES

Day 106

```
J U M F S E M Y L G Q R Z V T
M T O T F S J B A L A L I T R
W R R C O I Y S J F A V R N R
G A F U P R C H D L O H E B E
P E T H A N D O A D H E S N T
H H N M E H T R X G E C Z N A
T C Q E E E G E T C R I E D E
F F U V R E A N Z O E M A C R
O Q E M N A Y Z I N G F C W G
U N D E R S T A N D I N G V L
W I S D O M H I U E E Y K A U
T S O M T U A J O M A E T I S
W A N S O L O M O N P R C O G
N N L K O B H O Q W K P T X F
C D U Q I O I O V G W I T H E
```

Greater Wisdom

1 Kings 4:29; Luke 11:31

And God **gave** Solomon wisdom and **understanding exceeding much**, and **largeness** of **heart**, **even** as the **sand** that is on the sea **shore**. . . .

The **queen** of the **south shall rise** up in the **judgment with** the men of this **generation**, and **condemn them**: for she **came from** the **utmost parts** of the **earth** to hear the **wisdom** of Solomon; and, **behold**, a **greater than** Solomon is **here**.

```
A  H  H  H  T  T  S  E  I  R  P  H  Z  H  J
D  H  Z  K  S  D  R  D  K  D  A  K  E  E  Z
O  H  I  Z  O  A  H  U  H  I  Z  S  H  L  Z
N  M  M  M  H  D  H  B  H  R  E  O  S  I  H
I  O  B  A  A  N  A  A  M  D  S  T  T  H  A
R  S  T  O  I  A  Z  Z  T  H  R  K  H  O  Z
A  C  H  F  A  Z  Z  Z  A  A  Z  K  O  R  D
M  R  S  F  N  Z  R  P  K  R  R  K  U  E  S
Q  I  T  I  E  E  H  E  R  Z  I  R  S  P  L
D  B  Q  C  B  A  D  A  N  I  B  A  E  H  A
N  E  U  E  T  R  D  R  A  H  S  I  H  A  U
E  S  G  R  E  C  O  R  D  E  R  D  O  D  T
I  C  C  S  P  R  I  N  C  I  P  A  L  C  C
R  S  S  Q  M  T  Z  A  H  I  L  U  D  D  I
F  X  X  T  S  Y  E  T  U  B  I  R  T  G  V
```

Solomon's Advisors

1 Kings 4

ABINADAB
ADONIRAM
AHIAH
AHILUD
AHIMAAZ
AHISHAR
AZARIAH
BAANA
BENAIAH
DEKAR
ELIHOREPH
FRIEND
GEBER
HESED

HOST
HOUSEHOLD
HUR
JEHOSHAPHAT
OFFICER
PRIEST
PRINCIPAL
RECORDER
SCRIBES
TRIBUTE
VICTUALS
ZABUD
ZADOK

```
H J N J Z A B E H S R E E B B
E O U C I H F J R R Y J N E E
B P R K K I Q E O R E K T M T
R P G M L M Z Z J Y L H W I H
O A J R A E A S A E S C Z R L
N C X R G H E A B H U O Q A E
O B E T H E L I E T C Q H E H
L K O R O H O M S A C Z N J E
E M K H L L E E H E O T D H M
K Y S E I S D H G T T Y Z T E
H H E S H B O N I J H R W A G
S W L B S P G Z L M A E W I I
A S H D O D A L E Z B I C R D
O H C I R E J N A L O G A I D
L K N O E B I G D I B O N K O
```

Cities of the 12 Tribes

APHEK
ASHDOD
ASHKELON
BEERSHEBA
BETHEL
BETHLEHEM
BETHSHEMESH
DIBON
GAZA
GEZER
GIBEON
GOLAN
HAZOR

HEBRON
HESHBON
HORMAH
JABESHGILEAD
JERICHO
JOPPA
KIRIATHJEARIM
MEGIDDO
SHILOH
SUCCOTH
TYRE
ZIKLAG

Day
109

```
E D G O V E R N O R S O E J C
S C E P S A L T E R Y V U O D
K E A L C K I N G S R D R T F
C C C N I O F I R E G N R L Y
A H I N R V U E S E E E U R S
P C H S I U E N S T A T U R F
T A E L U R F R S S E F H V F
A R A O E M P O U E M A U S I
I D T O B S G R N E L L R W R
N A E S R E E E S D A L T E E
S H D E N R M H T I E N O J H
E S L D S R A L I R M C G R S
V U E H U C R A G E U A R E S
R B E O H H A R P R U S G E L
A S F T R E M I C L U D T E E
```

Three Men in a Furnace

Daniel 3

ABEDNEGO
ANGEL
CAPTAINS
CORNET
COUNSELLORS
DECREE
DELIVER
DULCIMER
FIRE
FLUTE
FOUR MEN
FURNACE

FURY
GOVERNORS
HARP
HEAT
HOT
HURT
IMAGE
JEWS
JUDGES
KING
LOOSE
MESHACH

MUSICK
PRINCES
PSALTERY
RAGE
RULERS
SERVE
SHADRACH
SHERIFFS
TREASURERS
TRUST

Day
110

```
S S F L O D C T D A L X Q N A
E Y I H O U S E A O E D A G B
U G A C S R Y L T U N T W R E
K E Y A H E D P P A I E I E T
O I R P N E K H L O M L F A H
H A N R T E M A N P A O E T E
I T U D O G X R L V F U F E L
E O R X R R G A N R U O J O S
J S M A E E G O Y M A R B A N
D C R T E U D H O R N A M E A
E K S U E P E E H S T Y Q R R
E I H D C B E K T R J N A Q A
S R B L E S S I N G G T U V H
C A N A A N V Q C N L Q Y O H
U M O C R X K U L A S B M E C
```

The Call and Blessing of Abram

ABRAM
ALTAR
BETHEL
BLESSING
CANAAN
COUNTRY
CURSE
EARTH
EGYPT
FAMINE

GOD
GREAT
HARAN
HOUSE
JOURNEYED
KINDRED
LAND
LORD
LOT
NAME

NATION
PHARAOH
PLAGUED
SARAI
SEED
SHEEP
SICHEM
SISTER
SOJOURN
WIFE

```
S C B M I A F A L G P I N Y L
P A I S L A N D E R G Y N P W
N R E O U H C F L H T O D O O
W U M F F T R A E W S E R B L
O C E T T E V I Y I M L L N S
R H H Y I P J L O A D E E C T
R T P T E P G P T O S S O P A
A E S H C A Y E F S I U J L M
S L A G E L B E I A R K C O M
S I L U D T V N R G R U D G E
E F B A O I G P E N R V Z S R
F E E N L Y I N G S B Y I G I
N D N K W U T T E R L N A A N
O A B R I D L E T H G A W R G
C P E H T E R E T T A L F B P
```

The Tongue

ARROW
BLASPHEME
BLESSING
BRAG
BRIDLETH
CANNOT BE TAMED
CONFESS
CURSE
DEADLY POISON
DECEITFUL
DEFILETH
FAIL
FALSE
FIRE
FLATTERETH
GRUDGE

LAPPETH
LYING
NAUGHTY
PEN
PRAISE
PRAY
SCOURGE
SING
SLANDER
SLOW
SOFT
STAMMERING
SWEAR
UTTER
WORLD OF EVIL

Day 112

```
I  I  R  O  N  O  I  T  C  U  R  T  S  N  I
A  M  N  E  N  E  Y  T  I  U  Q  I  N  I  T
M  M  M  S  G  M  M  N  I  N  W  A  R  D  C
T  E  I  A  I  N  C  E  N  S  E  Z  X  Z  H
H  D  M  E  N  O  I  T  A  R  I  P  S  N  I
A  I  P  R  M  U  P  N  D  E  R  U  J  N  I
T  A  U  C  N  N  E  I  S  S  U  E  I  A  E
I  T  T  N  I  H  M  L  E  A  M  H  S  I  A
A  E  E  I  N  V  I  S  I  B  L  E  A  S  D
M  L  D  I  N  S  U  R  R  E  C  T  I  O  N
Y  Y  I  N  G  A  T  H  E  R  I  N  G  I  A
R  T  T  E  C  N  A  T  I  R  E  H  N  I  L
O  I  I  I  E  L  B  I  S  S  O  P  M  I  S
V  I  N  D  I  G  N  A  T  I  O  N  I  I  I
I  Q  Z  N  O  I  S  S  E  C  R  E  T  N  I
```

I's in the Bible

I AM THAT I AM
IMAGE
IMMANUEL
IMMEDIATELY
IMPOSSIBLE
IMPUTED
INCENSE
INCREASE
INDIGNATION
INGATHERING
INHERITANCE
INIQUITY
INJURED

INSPIRATION
INSTRUCTION
INSURRECTION
INTENT
INTERCESSION
INVISIBLE
INWARD
IRON
ISHMAEL
ISLAND
ISSUE
ITCH
IVORY

```
H A I A S I B H A C I M G D H
M G N H A I M E R E J U N A A
V W D G A T A H I J A H B V I
S Z G G V J Y L E I N A D I N
B A K A E L I S H A K N E D A
H C E X J Z J R D K M W B M H
O H S A M U E L U H E J O O P
S A H I A O R K Q W D S O S E
E R E L V N H A I R A H C E Z
A I M A L A C H I E D I L S G
D A A G I T X A F H L D B N J
X S I D M H Q N Q E A I K O E
J E A D G A S O O D P W J R H
K B H A V N R J U I N A N A H
O D D I M A A L A B N L H A H
```

The Prophets

AARON
AHIJAH
AMOS
BALAAM
DANIEL
DAVID
ELDAD
ELIJAH
ELISHA
EZEKIEL
GAD

HABAKKUK
HAGGAI
HANANI
HOSEA
IDDO
ISAIAH
JEHU
JEREMIAH
JOEL
JONAH
MALACHI

MEDAD
MICAH
MOSES
NAHUM
NATHAN
OBADIAH
SAMUEL
SHEMAIAH
ZACHARIAS
ZECHARIAH
ZEPHANIAH

```
O T H N I E L K A N Q L N S Z
R J A W H W S B E H C M O A R
D W I R N P I H N A A L E M H
I J K J A M E S A O O B D U A
V B E I E M A S B M D B I E B
A W Z L I P I O O W G B G L I
D N E A B M H N B J O A A D A
I C H S N E S T D E B O R A H
H E O J R Z M A H A R B A N H
B L A J I O A U M A E E O I L
Q I O F S L D K L S H B H E E
R E T E P G A U H S O J X L H
L Y S J X R A M F C B N O F R
Q T O L A P K Q A P D N L H P
B D S B N I P J E R O B O A M
```

Judges and Leaders

ABDON	GIDEON	MOSES
ABIAH	HEZEKIAH	NEHEMIAH
ABIMELECH	IBZAN	OTHNIEL
ABRAHAM	ISAAC	PAUL
AHAB	JACOB	PETER
BARAK	JAIR	REHOBOAM
DANIEL	JAMES	SAMSON
DAVID	JEPHTHAH	SAMUEL
DEBORAH	JEROBOAM	SHAMGAR
EHUD	JOEL	SOLOMON
ELI	JOSEPH	TOLA
ELON	JOSHUA	

```
H A D A I O H E J H A I R U H
U R I J A H A R E H P I T O P
E E E B A A A L T S S I M J H
E L L I I I E H H H E A N J A
E I L L I A E Z R A R B S H S
L A E G Z Z A D O K A I H A H
L S H A I K L I H H I A E I A
H H R I M A T T A N A T R N B
A I A M A A S E I A H H E A I
I B Z U A U H Z Z J H A B N A
A U A U Z H A S A M A R I A H
H S R S I S S T I R M M A H M
C M I K A I L E L L H H H A I
I H A C H H H C E L E M I H A
M C H C H C H N I M A I N I M
```

Priests

ABIATHAR
AHIMELECH
AMARIAH
AZARIAH
BILGAI
ELEAZAR
ELI
ELIAKIM
ELIASHIB
ELISHAMA
EZRA
HANANIAH
HASHABIAH
HILKIAH

JEHOIADA
JETHRO
MAASEIAH
MAAZIAH
MATTAN
MICHAIAH
MINIAMIN
POTIPHERAH
SERAIAH
SHEREBIAH
URIAH
URIJAH
ZADOK

Day 116

```
G O D I L U S I D E S S E L B
F I P X I W J A X N E V A E H
O R U H I M A G E S I O G A C
W S U S H I Y A J S I I X R A
L E N I G H T D M E N D H T T
A A F F T H E U T N I O U H T
W S A I U T L N I K H I Y A L
S O I W A T E N S R E T A W E
R N I E I M G I N A X Y H Z K
A S R P A Y U Y A D E A Z J I
E C L M X Y Q D N A L Y R D O
Y Y R I F E M A L E A B S X Y
L I G H T L I F S I M X R Q U
F D O M I N I O N T T S A E B
C R E A T U R E A R W Q U R H
```

Creation

Genesis 1

BEAST	EARTH	LIGHT
BEGINNING	FEMALE	MALE
BLESSED	FIRMAMENT	MULTIPLY
CATTLE	FISH	NIGHT
CREATED	FOWL	SEAS
CREATURE	FRUIT	SEASONS
DARKNESS	GOD	VOID
DAY	HEAVEN	WATERS
DOMINION	HERB	WHALES
DRY LAND	IMAGE	YEARS

```
Z Q R L E A R S I J O G V T L
D C G F E C A Y D A E R E S S
L O R D M C N T T I V A O T V
K Z W K E O D W S U C N A I A
X G K Z L R R D E H L T E U E
H F J Y B D A F U N U E Q P Q
H L B U U I E P Q T T D H O D
P A K L D N C Z E S A P S N B
B C E H H G U S R R I F A T T
P N E H R G M V G A P H O V C
O N S C R I B E V Z A I T T E
H Q X I Y V T K N O D R B R O
R N K H S E I F T T A R R K V
H T M W W N M O S E S J R K S
X X Z F G V L J H P H V Q Q Y
```

A Prepared Heart

Ezra 7:6, 10

This Ezra **went** up **from Babylon**; and he was a **ready scribe** in the law of **Moses, which** the LORD God of Israel had **given**: and the **king granted** him all his **request, according** to the **hand** of the LORD his God **upon** him. . . . For Ezra had **prepared** his **heart** to **seek** the law of the LORD, and to do it, and to **teach** in **Israel statutes** and **judgments**.

```
P  H  U  N  D  R  E  D  T  S  N  I  A  G  A
R  I  V  E  R  M  E  S  H  O  U  L  D  A  R
E  N  O  D  U  S  R  E  R  U  S  A  E  R  T
S  U  W  D  M  U  C  H  T  S  C  M  K  Z  A
C  L  H  O  U  S  E  V  I  A  L  L  I  E  X
R  B  E  Y  O  N  D  G  W  A  L  A  N  R  E
I  B  A  T  P  W  H  A  T  S  O  E  V  E  R
B  A  T  H  S  O  F  W  I  N  E  R  N  A  X
I  D  I  L  I  G  E  N  T  L  Y  C  B  T  E
N  W  H  I  C  H  F  Y  L  I  D  E  E  P  S
G  O  D  O  F  H  E  A  V  E  N  K  S  R  I
O  T  N  U  R  E  Q  U  I  R  E  I  O  I  L
Y  S  A  L  T  H  T  A  R  W  C  N  N  E  V
D  E  D  N  A  M  M  O  C  N  T  G  S  S  E
M  E  A  S  U  R  E  S  C  R  I  B  E  T  R
```

Supporting the Temple

Ezra 7:21–23

AGAINST	HUNDRED	SCRIBE
ALL	KING	SHOULD
ARTAXERXES	LAW	SILVER
BATHS OF WINE	MEASURES	SONS
BEYOND	MUCH	SPEEDILY
COMMANDED	OIL	TALENTS
DECREE	PRESCRIBING	TREASURERS
DILIGENTLY	PRIEST	UNTO
DONE	REALM	WHATSOEVER
EZRA	REQUIRE	WHEAT
GOD OF	RIVER	WHICH
HEAVEN	SALT	WRATH
HOUSE		

```
R F T G N I N R E C N O C S L
N N I A T R E C Y G R E A T U
E E N U D E R J T A H A D U J
H N W J O M H M I S T F E H A
E H N W W N T E V Y H F S C F
M B T W N A E L I H E L E A P
I B U E I N R A T A R I T O R
A M R R I T B S P N E C A R O
H Q O O N T H U A A O T G P V
A S O N K E N R C N F I W E I
S S L P T E D E U I M O O R N
K X K L A H N J W E U N R H C
C A M E A S I F N T R Y D U E
T F E L D W S W C V P I S M W
A L S O U E L S I H C T F H B
```

The Report

Nehemiah 1:1–3

AFFLICTION	DOWN	ONE
ALSO	FIRE	PASS
ASKED	GATES	PROVINCE
BRETHREN	GREAT	REMNANT
BROKEN	HANANI	REPROACH
BURNED	JERUSALEM	SON
CAME	JUDAH	THEREOF
CAPTIVITY	LEFT	TWENTIETH
CERTAIN	MEN	WALL
CHISLEU	MONTH	WITH
CONCERNING	NEHEMIAH	WORDS

```
N E V A E H C L B Y R J A C Y
T E R R I B L E D C E U G O A
Y D A Y S Y F S E E Y D A M D
L C E P A O D S N R A G I M S
T N H R R T T R T R M N A E
P I P E O A O A U A P E S N Y
U G H W S Y B T O I X N T D E
R H D E A L T U M N S T T M C
R T Y L A A T T E N T I V E O
O M L R E R P E I N E P O N N
C W A E E T D S K E P T K T F
C G E Y A V H T E P E E K S E
A R O P E R N E R D L I H C S
M I A D T S S D R O L P A S S
E T A E R G T I H F A S T E D
```

The Burden

Nehemiah 1:4–7

AGAINST
ATTENTIVE
BEFORE
CAME
CERTAIN
CHILDREN
COMMANDMENTS
CONFESS
CORRUPTLY
DAY
DAYS
DEALT
EAR
EYES

FASTED
GOD
GREAT
HEAR
HEARD
HEAVEN
ISRAEL
JUDGMENT
KEEPETH
KEPT
LET
LORD
MAYEST
MOURNED

NIGHT
OPEN
PASS
PRAY
PRAYER
SAT
SINS
STATUTES
TERRIBLE
VERY
WEPT
WORDS

Day 121

```
Y Q E Z S E R H C L U P E S G
N T P C A B T S E U Q E R A E
I K I G N I E E S A C Q T M L
S B C C O A C F D O G E I G I
A M B I K I N G O V S T S A E
N C O N S U M E D R E A R T T
P S A N E C Q T T R E T F E H
W V F C T R Q F O N A K C C T
A E R X W H I F A X U N M A E
S R A P O M E F E T E O N L I
T Y I R R B E R O S H E C P T
E Z D A R D X Y E S W E N Y N
D A S Y O E N R S Y E A R I E
Z K F E S C P A T R A E H S W
D J U D F H P C N E V A E H T
```

Artaxerxes

Nehemiah 2:1–4

AFRAID
ART
ARTAXERXES
BEFORE
BEFORETIME
CITY
CONSUMED
COUNTENANCE
FATHERS
FIRE
GATES
GOD

HEART
HEAVEN
KING
LIETH
MONTH
NISAN
PASS
PLACE
PRAYED
PRESENCE
REQUEST
SAD

SEEING
SEPULCHRES
SICK
SORE
SORROW
TWENTIETH
VERY
WASTE
WINE
YEAR

**Day
122**

Z H C L P Y B D L S M F W G B
M A G E A Y E V N O C A I E S
S D O T L S G N O L L V Y S P
E U O T A P G T R L E O S I H
R J D E C Z I T L U N U R T A
V S L R E M V F H D O R O T P
A P R S B H E O V E R J N I P
N J U E K S N U D T Y S R N E
T O R I H K K N T N E I E G R
H D N A I T E D S A H G V T T
H G L N Q S A T E R A H O G A
S L G O U M O F R G N T G T I
W I L T E A C C O R D I N G N
M A K E E P E R F R E V I R E
T I L L N S M A E B R F G O D

The Request

Nehemiah 2:4–8

ACCORDING	GRANTED	PLREASED
APPERTAINED	HAND	QUEEN
BEAMS	JOURNEY	RIVER
BEYOND	JUDAH	SEND
CONVEY	KEEPER	SERVANT
FATHERS	KING	SHALL
FAVOUR	KINGS	SIGHT
FOREST	LETTERS	SITTING
FOUND	LONG	THEY
GIVEN	MAKE	TILL
GOD	MAY	TIMBER
GOOD	OVER	WALL
GOVERNORS	PALACE	WILT

```
I  J  E  H  O  I  A  D  A  H  A  N  U  N  V
A  M  A  L  L  U  H  S  E  M  J  S  O  D  L
V  E  Z  Z  F  S  O  N  S  S  M  H  S  L  V
A  H  A  A  M  A  L  C  H  I  A  H  A  T  M
B  A  R  C  U  S  F  A  N  I  E  L  A  E  O
U  T  I  C  R  F  L  I  B  M  A  Z  L  N  Z
I  T  A  U  D  L  H  A  A  P  G  A  E  E  M
V  U  H  R  U  T  H  I  S  L  T  B  N  R  A
V  S  N  N  E  S  A  T  H  I  S  U  I  H  L
E  H  O  N  A  H  G  S  A  K  E  H  M  T  C
C  O  L  H  I  L  U  H  L  O  T  S  A  E  H
H  C  U  R  A  B  S  M  L  D  I  A  J  R  I
P  E  D  A  I  A  H  D  U  A  V  H  N  B  J
S  E  T  I  O  K  E  T  M  Z  E  V  E  B  A
J  A  D  O  N  U  Z  Z  I  E  L  U  B  D  H
```

Builders of the Wall

Nehemiah 3

AZARIAH	HATTUSH	PEDAIAH
BARUCH	JADON	REHUM
BAVAI	JEHOIADA	SHALLUM
BENJAMIN	LEVITES	SHALLUN
BINNUI	MALCHIAH	SHEMAIAH
BRETHREN	MALCHIJAH	SONS
EZER	MELATIAH	TEKOITES
HANUN	MESHULLAM	UZZIEL
HASHABIAH	NETHINIMS	ZACCUR
HASHUB	PALAL	ZADOK

```
L O O P L C O R N E R R E V O
C I T Y H L C T A E R G W H A
O L D O R H A G A I N S T D O
G E R N S G F W T S E I R P P
S S G I T A A H A I R A Z A H
E U F A A R T S A E Y S Z G E
C O U T I D W A T E R M D N L
A H Q N R E H A E M U I A U H
N S G U S N A W L B O N V D Y
R G A O H H N Y I R M I I C E
U N T F E I A T A O R H D D L
F I E Z E G N H S O A T N O L
L K M C P H E G H D M E T W A
S R E W O T E I I E H N O N V
S B R O A D L M B C L I E T H
```

Landmarks of the Wall

Nehemiah 3

AGAINST	FOUNTAIN	OLD
ARMOURY	FURNACES	OPHEL
AZARIAH	GARDEN	OUT
BROAD	GATE	OVER
CITY	GREAT	POOL
CORNER	HANANEEL	PRIEST
DAVID	HIGH	SHEEP
DOOR	HORSE	STAIRS
DOWN	HOUSE	TOWER
DUNG	KING'S	VALLEY
EAST	LIETH	WALL
ELIASHIB	MEAH	WATER
END	MIGHTY	
FISH	NETHINIMS	

```
J R A H C A S S I R G Z C V W
A U I S H M A E L W L N Z F Z
P C D B F H N B E N J A M I N
H O A A I H A R H P E S O J U
E E G S H I D N J E W I L D L
T H J H S N L H O P H N I N U
H R Y E A P H R U E A T M S B
N E U R H C A A S I M Z E L E
J U A S E G O B L E V I E S Z
G B H E N K C A I N F B S D Y
S E K N I S T O X J A M E S O
E N Q O H H A M M I A R H P E
S U V R P E T E R E N C U C V
O J H A P M Q R B I N H O J Z
M A N A S S E H S R W G S B U
```

Blood Brothers

AARON	JAMES
ABEL	JAPHETH
ANDREW	JOHN
ASHER	JOSEPH
BENJAMIN	JUDAH
CAIN	LEVI
DAN	MANASSEH
EPHRAIM	MOSES
ESAU	NAPHTALI
GAD	PETER
HAM	PHINEHAS
HOPHNI	REUBEN
ISAAC	SETH
ISHMAEL	SHEM
ISSACHAR	SIMEON
JACOB	ZEBULUN

```
O R H T E J O L B M G L E A J
J H J J J H R I A N R E D U J
E H P M J O R I I Z N H J H E
S M J A L A N T S S M T T A A
U J V I J U S T I F I E D H L
S A A J J E M I M A H J R S O
N J J J J E R U B B A A L U U
B H H H T E H P A J J R J R S
A Z Q U J U D G M J A M E E S
O J A N N E S I J H S U W J J
J A M B R E S H D K O T R O J
J R J J J A V E L I N H Y Y Y
H U Y D R A P O E J A M S M J
M T N E M G D U J A S H E R O
Z H T E L I B U J S L E W E J
```

J's in the Bible

JAEL
JAILOR
JAMBRES
JANNES
JAPHETH
JAPHO
JARHA
JARIB
JARMUTH
JASHER
JASON
JAVAN
JAVELIN
JEALOUS
JEDIDIAH
JEMIMA

JEOPARDY
JERUBBAAL
JERUSHAH
JESTING
JESUS
JETHRO
JEWELS
JEWRY
JOAB
JOY
JUBILE
JUDE
JUDGMENT
JUNIA
JUSTIFIED

```
F W S W E C N A D N U B A W H
O O T A H K I N G D O M O O S
W R H S I U S E Y E A R T H S
L D I E S A N F E L L P O E I
S N R I E F S D S D E R H D X
E U T R A R R E R R E A E I T
C O Y E S U O E S E E E A S Y
A R F T I I R E W T D H R Y F
L G O S D T C O A O H F T A O
P D L Y E U S J O R S O O W L
Y O D M T E O V E T S R R L D
N O H I H Y C E H P O R P N D
O G O C A S E L P I C S I D S
T N I N U S E D U T I T L U M
S R T R I B U L A T I O N T H
```

Parable of the Sower and Seed

ABUNDANCE	HEART	SIXTYFOLD
DISCIPLES	HUNDREDFOLD	SOWER
EARS	JOY	STONY PLACES
EARTH	KINGDOM	SUN
ESAIAS	MULTITUDES	THIRTYFOLD
EYES	MYSTERIES	THORNS
FELL	PERSECUTION	TRIBULATION
FOWLS	PROPHECY	WAYSIDE
FRUIT	RICHES	WORD
GOOD	ROOT	WORLD
GROUND	SEASIDE	
HEAR	SHORE	

Day 128

```
G N I L I T T H Y E P L I R K
I D H A C H N N O D A T O D T
Z S P O G R Y E D U L H P S F
B D U I J O S K V T S E S W Z
D L M U E U Z A V I Y E B Y O
D O V V A G T T F T G R T Y V
W H I C H H N K S L O R N O D
Y E E R O F E B R U N W O D P
Z B N C C K W Q G M S L Q F Y
I U R S O U G H T D Z T S A U
F C U I N U T Y T X S X Q I Q
N W H E N A C H Z D L U H T P
K P N J R G E H I N C B S H E
Q M A S N I S M W I S T H E Y
I O X J R G Y G H F B X J R J
```

Men of Faith

Luke 5:18–20

And, **behold**, men **brought** in a bed a man **which** was **taken** with a **palsy**: and they **sought means** to bring him in, and to lay him before him. And when they **could** not **find** by what way they **might bring** him in **because** of the **multitude**, **they went** upon the **housetop**, and let him **down through** the **tiling** with his **couch** into the **midst before Jesus**. And **when** he saw **their faith**, he said unto him, Man, thy **sins** are **forgiven thee**.

```
C M A N Y B T I A L E S U E S
T O S T R A N G E T E I D O N
W L N O D C K E R A M E G H O
O T K E E U O Q J A R F B Z F
E E A N V V H M G Z V T J F K
N N S D R E T E M B S E H T U
O E F L A C D D I A Q Q N V F
X A W V C M E O C T N R U B O
H M E J L O S R C M L D V V T
J N P B U F I D B U R N E T H
Y T X M Q F P K O A T Q P D E
P R S Q I E S W M G A D P N R
V B T C D R E N G Z T L O E F
P S E I O E D E V I L S I W B
X V V C L D J E L L V W O M N
```

Idolatry

BAALIM
BROKEN
BURNETH
BURNT
CALF
CARVED
COMMANDED
CUT DOWN
DESPISED
DEVILS
EARTH
GODS

GRAVEN
HEAVEN
IDOL
IMAGE
INCENSE
MANY
MOLTEN
OFFERED
ONE
OTHER
SACRIFICE
STRANGE

Day 130

```
R C D L D R R T Z L S G E H W
O I I E E R O L M I U H H T D
B O G H H M I O X L F T L I E
T O T H O T D N U I F E S A Y
T A D R T G O E K E I D O F A
G A R Y N E J L E S C E L O R
R O E I N R O W C N I E O W R
W K K M Q N A U F M E F M L A
T H O U G H T I S A N C O S N
L E R U T A T S M N T K N V I
I N L I T T L E T E E H E K P
F Y L N E V A E H I N S E E S
E P D V S N R A B I B T S R S
K D I U J M F I R S T U G O D
A L U J Z N E V O T S A C W W
```

The Cure for Anxiety

Matthew 6:25–34

ADD	FIRST	RAIMENT
ARRAYED	FOWLS	RIGHTEOUSNESS
BARNS	GATHER	SEEK
BODY	GOD	SOLOMON
CAST	HEAVENLY	SOW
CLOTHED	KINGDOM	SPIN
CUBIT	LIFE	STATURE
DRINK	LILIES	SUFFICIENT
EVIL	LITTLE	THOUGHT
FAITH	MEAT	TOIL
FATHER	NEED	TOMORROW
FEEDETH	OVEN	

```
U I M A G I N E D H J O N E L
A N H T R A E L O V C J M M O
C N D A N L Q U F A C E H H R
O I A E P N O T H I N G E N D
N A M O R T E R M E A A Y P E
F L E G N S T A R I V E N D S
O P M B I X T D Q E O R N W D
U D T A R M L A N G U A G E E
N L O T I I M L N O P N I L R
D O W Q H I C X E D S I T T E
J H E C M J L K O B I H Q N T
O E R Q U S T O N E A S T A T
Q B I J K D E D L I U B W M A
J O U R N E Y E D I L O V E C
C I T Y A B R O A D E M I L S
```

The Tower of Babel

Genesis 11

ABROAD
BABEL
BEHOLD
BRICK
BUILDED
CHILDREN
CITY
CONFOUND
DWELT
EARTH

EAST
FACE
HEAVEN
IMAGINED
JOURNEYED
LANGUAGE
LORD
MORTER
NAME
NOTHING

ONE
PEOPLE
PLAIN
SCATTERED
SHINAR
SLIME
SPEECH
STONE
TOWER
UNDERSTAND

```
E G N I E B I J N F F A I T H
U L R Z D T H I S Q C E I R N
L R O O T E D E Y C P S V E S
S G X H U Y E L O U E U V O N
L T L D W N S R S T R A E H L
L R R O K M D P E E E C R L P
E W U E R I V E N H N H O T W
W L Q O N Y L N D A T F J V H
D F T G Y G I S M I Q A W L O
Z O T N U B T E W S Z M F M M
W U S E A D D H J S P I R I T
X V T S I R H C E I F L B G K
M O U H J O G I S N G Y N H R
H A O S A L A R U F E S I T P
B P O L H T C J S H M D P B E
```

Paul's Prayer for the Ephesians

Ephesians 3:14–19

For **this cause** I bow my **knees unto** the **Father** of our **Lord Jesus** Christ, of **whom** the **whole family** in **heaven** and **earth** is **named**, that he **would grant** you, **according** to the **riches** of his **glory**, to be **strengthened with might** by his **Spirit** in the **inner** man; that **Christ** may **dwell** in **your hearts** by **faith**; **that** ye, **being rooted** and **grounded** in **love**, may be able to comprehend the love of Christ.

Day 133

```
V W M C H R I S T J R G G B R
Q E H H O L D D E T K N N B I
Y R C I H N P D E S P I S E P
T L K N C R C N I A T S B A H
L S K N A H T E Y F H A X G J
I A X Y G R S B R R A E E W F
V R Q U R N A P I N T C N W H
E N P R O P H E S Y I N G S D
I V W Y T L V Q P O R N H S T
L L I W I E Z U J P R E G X Y
P D T G R S F E Z E A N V C J
X R H M I Q R N U S I I D E R
G O O D P L O C I H E L S U R
X R U V S E M H T U Q U R K S
E S T E E X T P E Z S M V L D
```

Hold Fast

1 Thessalonians 5:16–22

Rejoice evermore. Pray without ceasing. In **every**
thing **give thanks**: for **this** is the **will** of God in
Christ Jesus concerning you. **Quench** not the **Spirit**.
Despise not **prophesyings**. **Prove** all **things; hold
fast that which** is **good. Abstain from** all **appearance**
of **evil**.

S	O	U	L	F	G	F	A	S	T	I	N	G	A	P
S	R	E	S	U	R	R	E	C	T	I	O	N	H	E
E	E	F	G	T	E	E	A	A	Y	D	G	I	T	P
N	Y	R	I	U	A	E	C	E	R	E	E	S	I	U
I	A	J	V	R	T	D	B	I	R	T	H	H	A	R
P	R	E	E	E	N	O	L	O	V	E	S	F	F	E
P	P	C	E	E	E	M	E	T	S	E	U	L	S	R
A	J	N	V	O	S	Y	S	P	L	E	A	C	A	E
H	P	A	E	G	S	E	S	P	I	H	S	R	O	W
S	E	T	F	O	R	G	I	V	E	N	E	S	S	A
H	A	N	I	O	H	C	N	E	I	G	H	B	O	R
E	C	E	L	D	S	A	G	W	E	A	L	T	H	D
A	E	P	M	I	N	D	S	A	B	B	A	T	H	S
R	L	E	D	P	O	S	S	E	S	S	I	O	N	S
T	P	R	O	M	I	S	E	S	E	I	M	E	N	E

Jesus' Teachings

ANGER
BIRTH
BLESSINGS
DISCIPLESHIP
ENEMIES
FAITH
FASTING
FEAR
FORGIVENESS
FREEDOM
FUTURE
GIVE
GOD

GOOD
GREATNESS
HAPPINESS
HEART
HEAVEN
LAW
LIFE
LOVE
MIND
NEIGHBOR
OBEY
PEACE
POSSESSIONS

PRAYER
PROMISES
PURE
REPENTANCE
REST
RESURRECTION
REWARDS
SABBATH
SERVE
SIN
SOUL
WEALTH
WORSHIP

Day
135

```
A  J  R  P  B  X  B  C  S  E  S  O  M  S  J
N  A  T  H  A  N  A  E  L  P  L  Q  A  P  O
N  I  X  I  R  V  R  N  Z  E  M  A  R  Y  H
A  R  A  L  T  S  T  J  B  T  O  M  Y  K  N
O  U  G  I  I  E  H  A  D  E  F  P  M  P  T
J  S  J  P  M  T  O  M  A  R  T  H  A  H  H
T  L  E  M  A  O  L  E  G  I  N  U  G  S  E
H  A  P  A  E  L  O  S  C  K  L  M  D  J  B
O  Z  F  T  U  E  M  J  U  D  A  S  A  B  A
M  A  T  T  S  Z  E  J  O  H  N  P  L  A  P
A  R  D  H  W  N  W  O  U  X  D  B  E  P  T
S  U  M  E  D  O  C  I  N  T  R  Q  N  S  I
V  S  D  W  L  M  Y  C  K  Z  E  J  E  B  S
E  G  M  E  L  I  J  A  H  N  W  H  O  I  T
W  S  F  X  P  S  U  E  A  H  C  C  A  Z  A
```

Friends and Acquaintances of Jesus

ANDREW
BARTHOLOMEW
BARTIMAEUS
CLEOPAS
ELIJAH
JAIRUS
JAMES
JOANNA
JOHN
JOHN THE
   BAPTIST
JUDAS
LAZARUS

MARTHA
MARY
MARY
   MAGDALENE
MATTHEW
MOSES
NATHANAEL
NICODEMUS
PAUL
PETER
PHILIP
SIMON ZELOTES
THOMAS
ZACCHAEUS

Day
136

```
R O M B O C Y N D E G L F H O
I A J A E A R T H K A L E I M
T B O S N U P I E O Q U R S E
S U O E T H G I R N U S T W N
T N R E S H T V L O R D A N T
I D R D E F G S I H F Y E I S
B A C R U O Y U D E G I F H Y
K N O I L N I M O R T Q O S W
E T W S N E V A E H O U S E S
Y L I E E V O K E H T D E V E
M Y C R E M A R D N E I V E S
S A W A Y S N N I A L D A M A
O N O D R A P A D S T Y W S P
K I O O H H O B A A R D I P O
H O F T I V X E T D E K C I W
```

His Thoughts, His Ways
Isaiah 55:7–9

Let the **wicked forsake his way,** and the **unrighteous man** his thoughts: and **let** him **return** unto the LORD, and he will have **mercy** upon him; and to our God, for he will **abundantly pardon. For** my **thoughts are not your** thoughts, **neither** are your **ways** my ways, **saith the** LORD. For as the **heavens** are **higher than** the **earth,** so are my ways higher than your ways, **and** my thoughts than your thoughts.

```
W O V A J C J U T R U A N B E
A T A N U Y D L L A H S A O T
F G W L H A E K N P Y Q Z R S
E O A I B R C Y U G P N E S A
D O R A N T E E F N I F E T D
K D C Y U G B D O C D N U S E
Y F A G O N S R N C S A H O J
I D E K C I W O A U P M K H L
M O N U P L Y L O R A E F R E
D S T V U A V E S W I O X Y A
Z A C B F E T D H E R S S H J
I L E K S H A M U T L A E N O
P W O R G Q S U H R I O H Y E
J A L I T M K N P T S T S A R
A B R C E I U P H O L L A T S
```

Healing in His Wings

Malachi 4:2–3

But unto you that **fear** my **name** shall the **Sun** of **righteousness arise** with **healing** in his **wings**; and ye shall go **forth**, and **grow** up as **calves** of the **stall**. And ye shall **tread down** the **wicked**; for **they shall** be **ashes under** the **soles** of your **feet** in the **day** that I shall do this, **saith** the LORD of **hosts**.

```
M I D V U R T N E M T S U R T
H T E D N I F F A L T H G E E
Y H L W L D W K E A E T O C R
E V I E C R E P H B O E I E J
U D V L Q T R S J O F N B I W
P Z E L H E D F T U C R Q V A
U L R S S A N V G R R U Z E L
R E J E P F A A E E O T K X K
S A R D G I T A W T T Y S A E
U V B O T H S A L H U O E L T
E E E D E E R E J O I C E T H
T T I R T D E Q T Q V V M E H
H H E H E F D X A H W E E T M
O T H T M A N S W E R E T H J
H L H R E F U S E T H M H H L
```

Verbs from the Proverbs

ANSWERETH
DELIVER
DESPISETH
DESTROYETH
DWELL
EXALTETH
FINDETH
GATHERETH
GOETH
INCREASETH
LABOURETH
LEAVETH
LOVETH

MAKETH
PERCEIVE
PRESERVE
PURSUETH
RECEIVE
REFUSETH
REJOICETH
REWARDETH
SEEMETH
TRUST
TURNETH
UNDERSTAND
WALKETH

Day 139

```
H Y Y Q A E O S D Q N H D X A
C A D I R N E J E S U S E R L
X W T E E F S F L W T A I P E
T T H H S Z A W A H V S F O D
J T I O N N M D E I E C I O V
A D S D L X A E H R T D R W B
U V U M K E R E R D I H O H R
Q O A O G C I E L H D N L E D
Y D N T L V T F B C D E G N U
E H I X O U A G I V I N G Q L
M V W E R E N D K E A I U K L
X V A N Y H S C T R B N G O E
F F E S K N A H T E C A F V F
U D O R T B E S X H V Z I Z Y
O G B B N M C D O W N G R H G
```

One Gave Glory to God

Luke 17:15–19

And one of **them, when** he saw that he was **healed,**
turned **back,** and with a **loud voice glorified** God, and
fell down on his **face** at his **feet, giving** him **thanks:**
and he was a **Samaritan.** And **Jesus answering** said,
Were there not ten **cleansed?** but **where** are the **nine?**
There are not **found** that **returned** to **give glory** to
God, **save this stranger.** And he said unto him, **Arise,**
go thy way: thy **faith hath made thee whole.**

```
M O D G N I K E T U R A H K H
X X E L T T E K Z S Q P K K S
K K O Z K O R K L F E K Z D I
E K M T T M E E M E K E T E K
N A M O W S N I K I E G X L E
K K K X X R H Y Z H Z D X D N
A M K K E X A K X C I E K N I
B H Z K X K P I Z R A L L I K
Z A Z I H H P C H E K W K K I
E R K N K N U K Z K N O C K N
E O J D M J C J K H R N R Q D
L K J N K S H T A H O K S U R
S S Y E N D I K N O W I T I E
T K K S S E E N K I D S X X D
M S K S E T I N E K R S Y E K
```

K's in the Bible

KABZEEL
KEEP
KENITE
KERCHIEFS
KERENHAPPUCH
KERNELS
KETTLE
KETURAH
KEYS
KEZIA
KICK
KIDNEYS
KIDS
KILL
KINDLED

KINDNESS
KINDRED
KINE
KINGDOM
KINSWOMAN
KISH
KISS
KNEES
KNOCK
KNOW
KNOWLEDGE
KOHATH
KORAH
KOZ

Day 141

D	L	B	T	T	H	A	N	D	W	H	F	E	W	P
H	A	O	L	I	S	D	N	I	W	I	H	A	H	C
T	G	R	C	O	U	U	N	I	R	G	T	A	L	S
E	H	U	K	U	O	R	D	E	U	E	R	O	E	R
T	F	U	O	N	S	D	F	O	R	A	T	T	E	H
H	I	H	N	R	E	T	D	S	O	H	N	V	E	A
G	S	E	B	D	T	S	S	H	E	R	I	L	N	I
I	H	C	O	O	E	G	S	S	O	R	D	I	G	L
N	W	I	I	F	L	R	N	B	G	S	L	L	I	P
D	A	L	R	T	J	E	T	I	S	O	E	I	S	S
I	S	O	S	E	L	S	D	A	D	W	S	I	O	O
M	G	A	W	T	R	E	V	E	S	A	A	H	L	B
S	E	E	T	I	A	R	N	A	M	H	E	R	E	F
B	L	A	F	D	L	A	N	D	Y	O	E	N	M	N
S	C	U	S	N	A	I	C	I	G	A	M	S	K	S

Plagues in Egypt

Exodus 7–12

ASHES	FISH	LOCUSTS
BEAST	FLIES	MAGICIANS
BLOOD	FROGS	MAN
BOIL	FRUIT	MIDNIGHT
CATTLE	GOSHEN	PHARAOH
CLOTHES	HAIL	RIVER
DARKNESS	HAND	SIGN
DEAD	JEWELS	SWARMS
DOUGH	KNEADING-	THUNDER
DUST	TROUGH	WATERS
FIRE	LAND	WIND
FIRSTBORN	LICE	

```
B E L A C A I N A A M A N E R
E Z E L I A S D A N I E L L E
N E I E R Q H E V L H I O I H
J K N Z S A M U E L S S T J O
A I H A G G A I P H A E Y A B
M E T H U S E L A H O T S H O
I L O V E P L A B A J H W D A
N K B L N E Q J E H O A J I M
A M E N O M O L O S N S M V A
M B D J R N D S E S A A H A N
A P H S A S G A E W H M A D A
H Y C T A C I S A A C U I U S
A S H E R U O P R H O G A H S
O A K V Q M L B C A N Z S E E
N E H E M I A H E Z E K I A H
```

Men of the Old Testament

AARON	EHUD	ISAAC	MOSES
ABEL	ELI	ISAIAH	NAAMAN
ABRAHAM	ELIAS	ISHMAEL	NEHEMIAH
ADAM	ELIJAH	JACOB	NOAH
AHAZ	ELISHA	JOASH	OBED
ASA	ENOCH	JOEL	OTHNIEL
ASHER	ESAU	JONAH	REHOBOAM
BENJAMIN	EZEKIEL	JONATHAN	SAMUEL
CAIN	HAGGAI	JOSHUA	SAUL
CALEB	HAMAN	LOT	SETH
DANIEL	HEZEKIAH	MANASSEH	SOLOMON
DAVID	HOSEA	METHUSELAH	

```
M A T T H E W E R D N A H E N
R T A S I X E F E L I X W T E
F H Y H T O M I T H O N O J H
O E N I M N O N E S I M U S P
T Y S P H I L I P A U D A E E
S H U T R X O P Y D E B H M T
A A I J U D H J P K A P P A S
M N L Y A S T U U N A M E J E
E O E I R A R L R D E U S O U
D M N Y S T A A M S A M O H T
H E R O D S B Q N M I S J N Y
R L O S T I T U S H A M A P C
E I C T Y C H I C U S R O I H
F H O R P A U L E S O B K N U
A P O L L O S A I N A N A E S
```

Men of the New Testament

ANANIAS	JUDE
ANDREW	LUKE
APOLLOS	MARK
AQUILA	MATTHEW
BARNABAS	ONESIMUS
BARTHOLOMEW	PAUL
CORNELIUS	PETER
DEMAS	PHILEMON
EUTYCHUS	PHILIP
FELIX	SILAS
FESTUS	SIMON
HEROD	STEPHEN
JAMES	THOMAS
JOHN	TIMOTHY
JOSEPH	TITUS
JUDAS	TYCHICUS

```
A S B Q J N V T L O L H V D X
N T U L H E V A H O M L T H Y
U E Q S C S R E Y A R P I I H
I H K D E A I U Z X O D R W W
N I W A E J K A S E R V I C E
A Y L A S H E C T A H T P Z M
W O D M E J S C R U L Q S B J
Y U O E B S D E L I V E R E D
J R D N A S H P R Z F E M P E
C H R I S T S T H F T K E R E
N K N T E R U E W H E A G V O
O T M G Y I O D R H C R O H J
S C O M E V T E V E I L E B L
F T R O A E N V U E N C N H X
Y L F Y Z F U G D J N T H E M
```

Pray for My Rescue
Romans 15:30–33

Now I **beseech** you, **brethren**, for the **Lord Jesus Christ's sake**, and for the **love** of the **Spirit**, that ye **strive together** with me in **your prayers** to God for me; that I may be **delivered from them** that do not **believe** in **Judaea**; and that my **service which** I **have** for **Jerusalem** may be **accepted** of the **saints**; **that** I may **come unto** you with joy by the **will** of God, and may with you be **refreshed**. Now the God of **peace** be **with** you all. **Amen**.

Day
145

```
G L C C H T A R W Y M F O Y B
N G L H S R E N I F E R Q U S
I N B A C I N E L L I E R C P
T I O R W E F G K O C N O H D
L R U I P D J L I A T K T E E
E U G O I E K O M S L F N A L
M O K T L R S G A E H I U R D
T V I O L E N C E S A B D T N
S E H S A I R H C R O T E H I
K D I B R I M S T O N E V U K
P R M E F P J O T H G I R B E
A C F I Y B D E L A E V E R M
R F C O N S U M I N G U S P A
O E T A L P T S A E R B E Y L
I Z L A N R E T E C A N R U F
```

Fire

ASHES
BREASTPLATE
BRIGHT
BRIMSTONE
BURNT SACRIFICE
CHARIOT
CONSUMING
DEVOURING
ETERNAL
FLAME
FURNACE
HEARTH
HORSES
KINDLED
LAKE

MELTING
OFFERING
PILLAR
RAINED
REFINERS
RESERVED UNTO
REVEALED
ROAST
SIGN
SMOKE
TORCH
TRIED
VIOLENCE
WALL
WRATH

Day
146

```
Q U N T O H P E O P L E W O H
K C T H F T G X C E K E L X P
Y C X I D A M V A D G A X V R
G T M S R H T R L U N Y X I X
O O G U W E S H L D O W E S N
H L O J S I H U E C R H J N Q
A C H D G T H N D R T O C R B
C L R B A T H G I S S E S O M
U O H T R W H I C H T H I W P
L V R E D N A C U S A I T S Z
R E U V I I Q A H L U Y P I D
U Y R U U J A U T H E M Q Z W
S G T O Q M N S Y A D V N Q R
P V S C E I K E V I G A S O M
L U U P E Z F G C P G X S L L
```

Take the Land

Deuteronomy 31:7

And **Moses called** unto **Joshua**, and **said** unto him in the **sight** of all **Israel**, Be **strong** and of a **good courage**: for thou **must** go **with this people** unto the **land which** the LORD **hath sworn unto their fathers** to **give** them; and **thou shalt cause them** to **inherit** it.

Day 147

```
M C U Y I E I P S W D R V N G
Q O A T A S D S O E X D A G R
M V K U A D R R T S Q L L A S
N E F O U N D A T I O N O T U
R N S H V E R S E V O S U E O
A A Y S V C E N E L H F R S W
W N M I E I O S C O U N T R Y
Y T L S R N S L R S P I E S K
Q R N P S E G N G O L D A S I
Q O U G L S T E P M U R T S N
C J O S H U A K R A N E V A D
I K M C A Q L R B S E V P P R
T E L P O E P O B D V L Q M E
Y E C I O V R Q R X E I O O D
B A H A R X T T L D S S R C U
```

The Conquest of Jericho

Joshua 6:1

ARK
BRASS
CITY
COMPASS
CONSECRATED
COUNTRY
COVENANT
DAY
FOUNDATION
GATES
GOLD

ISRAEL
JOSHUA
KINDRED
LIVE
LORD
MESSENGERS
PEOPLE
PRIESTS
RAHAB
SEVEN
SHOUT

SILVER
SPIES
TREASURY
TRUMPETS
VALOUR
VESSELS
VOICE
WAR
WORD

```
F K D E L P O E P E W Q B I E
M O Z H M B O C H I M W I L L
H N K S A I D N L K C Y C I E
F C E A D J C A A I V U B L G
U J O R E K S T G G P R G E N
L W W V D R B I L J O S H U A
P A E A E L B R I U S M D X T
C U N H V N I E G R S O I J O
G A T D A W A H S H E T D T T
I A M C H W T N C U S V N I Q
F K L E A R S I T W S U E Q A
G L C G K Q H L A M J V H N O
J F Q Y H W W R O O E N W F T
S T E P N M E R E R U O Y D G
S Y H T I W F I Y P D S M T V
```

Everlasting Covenant

Judges 2:1, 6

And an **angel** of the LORD **came** up **from Gilgal** to **Bochim**, and said, I **made** you to go up out of **Egypt**, and **have brought** you unto the land **which** I **sware** unto **your fathers**; and I **said**, I **will never break** my **covenant with** you. . . . And **when Joshua** had let the **people** go, the **children** of **Israel went every** man **unto** his **inheritance** to **possess** the **land.**

```
F T C P U R E H D E T F I L S
P U P P E R C H A M B E R G T
R O L S T N E M R A G G H A A
E H P L S A I N T S T N B V O
S G A L O P E T E R A I D E C
E U L D Y F U L C P T P E H E
N O M E W D G T P H R E Y I H
T R S L I J D O A I S E A S T
E H D E D B J A O S C W R H G
D T E E O Q R G A D E S P A N
A N E N W I D I E D W H I N I
L W D K S A C R O D K O S D W
I O S E N T T W O M E N R N E
V N N K C I S S A W E H S K H
E K O P E N E D H E R E Y E S
```

Tabitha Raised to Life

ALMSDEEDS
DIED
DISCIPLE
DORCAS
FULL OF GOOD WORKS
GARMENTS
GAVE HIS HAND
JOPPA
KNEELED
KNOWN
   THROUGHOUT
LIFTED HER UP
LYDDA

OPENED HER EYES
PETER
PRAYED
PRESENTED ALIVE
SAINTS
SENT TWO MEN
SHE SAT UP
SHE WAS SICK
SHEWING THE COATS
"TABITHA, ARISE"
UPPER CHAMBER
WEEPING
WIDOWS

**Day
150**

```
M I G H T T R P W W H E M C P
S D T R U T H L E P S O G R S
E S N T H E R E F O R E E I P
I P S A E D A R K N E S S G E
T I A H T I A F E E T H S H E
I R L H S T R O N G O E T T A
L I V E E H E L M E T D N E A
A T A E E M M L O R D D O L
P U T W S W O R D G U H E U P
I A I R E W O P E H H R K S T
C L O E U I O M E C M E C N S
N H N S M L R R S T A R I E A
I L L T H E E Q L Q S E W S E
R Z Y L X S D R E D R R P S R
P Q U E N C H X S H I E L D B
```

Armour of God

Ephesians 6:10–17

ARMOUR
BREASTPLATE
DARKNESS
FAITH
FEET
GOSPEL
HELMET
LORD
MIGHT
PEACE

POWER
PRINCIPALITIES
QUENCH
RIGHTEOUSNESS
RULERS
SALVATION
SHIELD
SHOD
SPIRITUAL
STAND

STRONG
SWORD
THEREFORE
TRUTH
WICKEDNESS
WILES
WORLD
WRESTLE

Day 151

```
D Y M M Z A M B E E R N T J D
C E O O X M R E U J T F U F T
R A V U U O A E K I L N R Z J
D S E O N N K H F E T G N G X
R E H O L G T Y E I N U I V F
L N D A H E R A L I L I E S C
P I R Q D A B W I X Q K M X H
W V C E F O V A T N A I I B I
P A E S S U W E T T S E X O F
R F K U P O N S L R E K Z I E
H C K A B D Y A E S P O I L Y
R E H T E B P J T R A H X I B
K Z A R Q R B Q Z J R T H L A
T H O U Q U B N Z G G R E M H
T V V W V C W D W Q S U V W A
```

Little Foxes

Song of Solomon 2:15–17

Take us the foxes, the **little foxes, that spoil** the
vines: for our **vines have tender grapes.** My beloved
is **mine,** and I am his: he **feedeth among** the **lilies.**
Until the day **break,** and the **shadows flee away, turn,**
my **beloved,** and be **thou like** a roe or a **young hart**
upon the **mountains** of Bether.

Day
152

```
A R E H T S E P R O P H E T S
O B A R A K H A R O B E D I A
L A R U I M O A N O S M A S M
E H U A R A E X E E A N P A U
I A T M H A O N S J P A O I E
K R H S N A L O O O E H W A L
E S I N E B M B H S A T E H S
Z L C O H E N O C H S A R A H
E M S R E L U R H U R N B J A
N A C A M D H T I A F O E I H
O L H A I E A R Z E B J L L T
E A A O A R N V I S T O A E H
D C N V H S D M I C A H C I P
I H O L L E I N A D A N S A E
G I J E R E M I A H P E S O J
```

Old Testament Heroes

AARON
ABEL
ABRAHAM
BARAK
CALEB
CHOSEN
DANIEL
DAVID
DEBORAH
ELDERS
ELIJAH
ELISHA
ENOCH
ESTHER

EZEKIEL
EZRA
FAITH
GIDEON
ISAAC
ISAIAH
JACOB
JEPHTHAH
JEREMIAH
JOB
JONAH
JONATHAN
JOSEPH
JOSHUA

MALACHI
MICAH
MOSES
NAOMI
NEHEMIAH
NOAH
POWER
PROPHETS
RAHAB
RULERS
RUTH
SAMSON
SAMUEL
SARAH

```
W O N E R D L I H C W W V S F
J A B A S K E T S O A E P I D
L E V D L A E H M T D I S E W
P O S E W R I E E O R H S M A
C R A U S L N R R I E E D U L
D I A V S O F E T S R T E L K
G I T Y E G H A T T E H S T S
A O S I D S E M I R P N A I T
R K H C E E M A A T S H E T N
M C I S I S L S S C H O S U E
E I P E G P E L T S O J I D M
N S V N E N L L I R A M D E G
T I I V N E M E L F A R E I A
G R I E I O W T S U O P G R R
B F G D E S S E L B F N A C F
```

Miracles in Matthew 14

APART
BASKETS
BLESSED
BRING
CHILDREN
CITIES
COME
CRIED
DESERT
DISCIPLES
DISEASED
FAITH
FILLED

FISHES
FIVE
FRAGMENTS
FULL
GARMENT
GENNESARET
GIVE
GRASS
HEAL
HEM
HEROD
JESUS
JOHN

LOAVES
MEN
MULTITUDE
PRAY
SHIP
SICK
SPIRIT
TWO
WALK
WATER
WAVES
WOMEN

**Day
154**

```
L A Y I N G O N O F H A N D S
Y U T H G I L A M E C H T S D
L S C L E M A L A K E E E R E
L N O I M Z D X X L C N L E D
O O S R F S D T S N S A U R N
T I M H P E E P A U M H C U A
L T L D C E R L O P O T R O H
L A B A N L L I L L O A E B T
I T L L A V L T S S I L A F
A N M H T I P I L N E V O L E
R E O O C L L E A H E F I L
S M L S D E N E V A E L A M B
M A A N L M L A W L L K C A L
A L A N G U A G E L A K U M L
H L G N I R E F F U S G N O L
```

L's in the Bible

LABAN
LABOURERS
LACE
LACK
LADDER
LAKE
LAKUM
LAMB
LAME
LAMECH
LAMENTATIONS
LAMP
LANCET
LAND
LANGUAGE
LASCIVIOUSNESS

LAW
LAYING ON OF HANDS
LEAH
LEAVENED
LEFTHANDED
LEPROSY
LEVIATHAN
LIAR
LIFE
LIGHT
LONGSUFFERING
LOT
LOVE
LUCIFER
LUCRE

Day
155

```
R T T F O R B E A R I N G T H
C E R E C O N S I D E R A U L
O A C O N T R O H X E R M I D
M T B E F D N I K G R B O E E
M S R O I M E E H Y L B N S D
A E E U U V O R C E E Y E A N
N L T C T N E C H A T A B E I
D P S A L H D A R E E R O R M
M I I R A F S B L S A P D C E
E C N E W S U I E L U R Y N K
N S I L E R B M I N D B T I I
T I M M D E D I F Y O W M E L
S D B E R W A S H F E E T I D
H L N T F O R G I V I N G I T
E S Y H O S P I T A L I T Y P
```

Love One Another

ABOUND	KIND
ASSEMBLE	LAW
BEAR BURDENS	LIBERTY
CARE	LIKEMINDED
COMFORT	MIND
COMMANDMENT	MINISTER
CONSIDER	ONE BODY
DISCIPLES	PEACE
EDIFY	PRAY
EXHORT	RECEIVE
FORBEARING	SUBMIT
FORGIVING	TARRY
HOSPITALITY	TENDERHEARTED
HUMBLE	TRUTH
INCREASE	WASH FEET

Day 156

```
D H U D S D E S S I K W K M K
B E H O L D A E W C U X E M C
V C H O Y P E M I C D T O M Q
T H A T H S E T V N Z U U G Q
A I Y S I T Y A N S B J N A D
E L M R D A E H C I R O O Z E
M W A S H E F H M E O G T Q S
A H R B H J A S N O U N E J T
P W F T A I U N I U G I A Y J
W G Q N R S I N A T H P R X E
H O U S E S T O D M T E S P S
W K R J P M A E M P O E I T Y
D N I H E B A V R O B W D U F
P E K N Z P P D E M N T A Q D
Y W T E E F F Z C D B K Q M A
```

Who Loved Him Most?

Luke 7:37–38, 50

And, **behold**, a woman in the **city**, which was a **sinner**, when she **knew** that **Jesus** sat at **meat** in the **Pharisee's house**, **brought** an **alabaster** box of ointment, and **stood** at his feet **behind** him **weeping**, and began to **wash** his feet with **tears**, and did **wipe** them with the **hairs** of her **head**, and **kissed** his **feet**, and **anointed** them with the **ointment**.... And he said to the **woman**, Thy **faith hath saved thee**; go in **peace**.

```
D O F Z O M A D A M T J E M D
J A N E H E M I A H X E E O A
E T V O S J X R N O I L V S N
R K P I N O A H V N C W T E I
E T I B D S P E E H S M H S E
M A G E U E Z L I S A A C J L
I O E L T P E Z S E R P E N T
A G O G T H E L I J A H Z K J
H E N A K D M F I M E V O D E
N P B E E A A G A S Z I X S A
B A G K H B X R L F H E H N U
M C J A S O L O M O N A Q A H
A S R E D R E F I E H K B R S
L B U L L O C K P K J W O Z O
A J O N A H X L E I K E Z E J
```

Biblical Types and Foreshadows of Christ

ABRAHAM
ADAM
BULLOCK
DANIEL
DAVID
DOVE
EAGLE
ELIJAH
ELISHA
EZEKIEL

EZRA
HEIFER
ISAAC
JEREMIAH
JONAH
JOSEPH
JOSHUA
LAMB
LION
MELCHIZEDEK

MOSES
NEHEMIAH
NOAH
OX
PIGEON
RAM
SCAPEGOAT
SERPENT
SHEEP
SOLOMON

Day 158

```
F  I  C  Q  U  Y  R  E  H  T  O  N  A  P  K
S  F  N  Y  O  L  N  B  E  L  O  V  E  D  G
Z  B  G  T  F  T  I  E  O  I  H  S  J  P  H
O  M  W  B  O  L  Z  V  T  U  G  O  X  U  K
I  M  R  W  Q  L  E  A  E  T  U  O  V  P  Y
S  Y  A  V  T  T  I  C  X  V  O  U  Q  Q  J
P  R  L  N  H  T  D  E  T  B  R  G  A  V  Y
D  E  G  N  I  E  R  E  H  E  H  H  E  I  U
I  P  K  P  O  F  B  T  G  C  T  T  M  B  F
Z  W  O  R  L  D  E  O  I  A  S  A  V  K  H
G  R  C  F  H  W  S  S  M  U  D  T  H  V  J
P  E  U  C  O  R  I  L  T  S  N  K  N  T  I
E  R  Q  N  Q  H  N  A  D  E  U  G  K  X  J
O  Q  K  G  T  Q  S  Q  S  Q  D  O  W  G  M
G  E  X  Z  D  U  C  A  J  D  X  O  S  C  B
```

God Is Love

1 John 4:8–11

He that **loveth** not **knoweth** not God; for God is
love. In **this** was **manifested** the love of God **toward**
us, **because** that God sent his **only begotten** Son **into**
the **world**, that we **might live through** him. **Herein**
is love, not that we loved God, but **that** he loved us,
and **sent** his Son to be the **propitiation** for our **sins**.
Beloved, if God so loved us, we **ought also** to love
one **another**.

```
T H T L U F I C R E M M T Y Y
D I U A C O A T L O O S F R S
S E R N E E L I M U R I E R M
C R S E G R E L R I R T I O P
H R E T H E G N H O L G D G E
I E O K R N R T L U H G S I R
L J K S A O I G D T N I A V F
D O E F S M Y A E I O E L E E
R I E S T H E O K T T F T A C
E C M S E F U C L C I H F K T
N E A A I S H E A I A T G E F
I E V L N T J O T E F N T I R
L E L E R N E V O L P L D L L
N E S A P R O P H E T S U L E
D S E D D E T R O F M O C F E
```

More Sermon on the Mount

Matthew 5

ADULTERY	GREAT	MOURN
CANDLE	HEAVEN	OFFER
CHILDREN	HUNGER	PEACEMAKERS
COAT	INHERIT	PERFECT
COMFORTED	JOT	PROPHETS
CROSS	KINGDOM	REJOICE
DESTROY	LEAST	RIGHTEOUSNESS
EARTH	LIGHT	SALT
FILLED	LOVE	THIRST
FULFIL	MEEK	TITTLE
GIVE	MERCIFUL	
GLORIFY	MILE	

Day 160

```
L A K E S R E V I R G R E A T
S T R E A M S T I L L L L E W
A W A Y D B C J N O H I G L I
B S Q F C A F O S H A U G I D
U M E D I T E R R A N E A N E
N I U E S R V D A G L J L O J
D G P E T O E A N P T T I H A
A H H P E R G N I V I L L S B
N T R O R C I L I C I A E I B
C Y A S N I A T N U O F E K O
E T T O R O N T E S Z L C F K
Z G E N N E S A R E T S D T A
U L S O V E R F L O W I N G N
C H I N N E R E T H N O N R A
A P P O J A Z E R K M A R A H
```

Waters

ABUNDANCE	GENNESARET	MIGHTY
ARNON	GIHON	NILE
CHINNERETH	GREAT	ORONTES
CILICIA	JABBOK	OVERFLOWING
CISTERN	JAZER	RED
COLD	JOPPA	RIVERS
DEAD	JORDAN	SALT
DEEP	KANAH	SEAS
EUPHRATES	KISHON	STILL
FIRE	LAKES	STREAMS
FOUNTAINS	LIVING	WELL
GAD	MARAH	WIDE
GALILEE	MEDITERRANEAN	

```
R Z N Z E F G U N K M X W O U
K R I D A C N O O I C B I Q V
Q W K I H F I E L D S O L D E
R S L L A T S H I I E H L S S
A K A A A D G Q V K N E A F T
T A W V N I M N E L I E I L W
W G L I H R R M E Y V E K I L
T A H T Q E L B F R U I T A W
S C H G H J L M P W T H A L M
X D M T Z O R G O P E S E N N
J Q I I S I U H E R D Y M P I
T E T S N C O G E N F E E T Y
N R O V J E B X H H O F X K T
I M E I V Z A D R O L P N X Q
Q I S E C A L P S E D V U G C
```

In High Places
Habakkuk 3:17–19

Although the fig **tree** shall not **blossom, neither** shall **fruit** be in the **vines**; the **labour** of the **olive** shall **fail**, and the **fields** shall **yield** no **meat**; the **flock** shall be cut off **from** the **fold**, and **there shall** be no **herd** in the **stalls**: Yet I will **rejoice** in the Lord, I will joy in the God of my **salvation**. The Lord God is my **strength**, and he will make my feet **like hinds' feet**, and he **will** **make** me to **walk upon mine high places**.

Day
162

```
A A V L R J O H S N O S V K J
P E O P L E C V O W T R M L M
O S T N A I G O E I B E L A C
P J G T H A N N L R V P C M W
E R E W G C T L O E C P M N I
X E Y I M A E R V R L O X B O
P E Z T F D R Q A E T H M C G
U W H H L O O Y G H T S S E K
N J R Y Y L F B A T H S A R U
U S Y M O S E S I N E A V S Y
I N R U Y Q B W N S I R I X E
S I V U O E L K S T R G T L H
W L L N O A O T A H F B C T
C B W H V J P Y N T I A N A K
E C Y M G E Z B E Q H D T X N
```

Promised Land Spy

Numbers 13:30–31, 33

And **Caleb stilled** the people **before Moses**, and said,
Let us go up at **once**, and **possess** it; for we are **well**
able to **overcome** it. But the men **that went** up **with**
him **said**, We be not **able** to go up **against** the **people**;
for **they** are **stronger than** we....And **there** we saw the
giants, the **sons** of **Anak**, **which** come of the **giants**:
and we were in our own sight as **grasshoppers**, and so
we **were** in **their sight**.

```
R E C O M P E N S E D P A J H
B L G W A Y S F H F G H M R O
C B L D S G N I H T J B E H L
A A T A E N A W I U O T N U D
M H H Z H L T I D H G B V R X
A C R L C S W G N S W U Y B L
B R O A I X M O K G D R G Q F
H A U U R E V E N R M I H P T
N E G D N N T I O K V Q A M L
X S H T T S D L W E H S T J K
V N S K R N E M N S T R H M T
C U D I I E M L I C P T W O M
F G F F Q E V F L N E J X H P
B F Y H O B A H M O D S I W I
P K D J Y S J G L O R Y O P F
```

Riches of God

Romans 11:33–36

O the **depth** of the **riches both** of the **wisdom** and **knowledge** of God! how **unsearchable** are his **judgments**, and his **ways past finding** out! For who hath **known** the **mind** of the **Lord**? or who hath **been** his **counsellor**? Or who **hath first given** to him, and it **shall** be **recompensed unto** him **again**? For of him, and **through** him, and to him, are all **things**: to **whom** be **glory** for **ever**. **Amen**.

Day 164

```
O J D S P O T E S U O H S L R
K E E I K E A W G F D I A I Z
F T K M A R O N O I T A C E C
S S L O X R O M S M P A R D A
U U A N D I F C U P K X O D E
H I W I S N I A O C E T D B S
C L R I O P N J O A E Y Z N A
L E V S L R O C K H L N S S R
A N I E E U H A N T I O C H E
M R F P R V J O C I L G O E A
P O A N T B U O D B A E X E Y
S C E Y W E R D N A G N Y T N
H Y S A I R E B I T T W G O E
A E N E A S R E H S I F F E D
H S I F E N A M E S H T E G L
```

Peter

AENEAS
AFRAID
ANDREW
ANGEL
ANTIOCH
BOAT
CAESAREA
CAPERNAUM
COCK
CORNELIUS
DENY
DISCIPLE

DORCAS
DOUBT
EAR
FISH
FISHERS
GALILEE
GETHSEMANE
HOUSETOP
JOPPA
JOURNEY
LYDDA
MALCHUS

PRISON
RHODA
ROCK
SHEET
SIMON
SWORD
TABITHA
TIBERIAS
VISION
WALKED

```
T S S P M K I E N C D D L D S
C L C R X Z F P X L U E E S O
D E D N E H E R P P A N N L L
D S L E E P I N G Q I E H A D
I E Y R A M E C O M H V G D I
E R H O D A H E A L D A R N E
E Z O S O A C X K E R E M A R
S A K N I Y E F K M T L N S S
O O S N G N B C E E I N N E Q
U L S T O A O N P C H U R C H
G D E S E N T T G N I Y A R P
H J E G K R H E S N O S I R P
T Q O A N H G W K A D O R E H
E B O H T A I J A M E S O F O
L E X D N H L X J Z N K A S M
```

Peter's Escape from Prison

Acts 12:1–19

ANGEL	KEEPERS
APPREHENDED	KNOCKED
ASTONISHED	LIGHT
CHAINS	MARY
CHURCH	PETER
DEATH	PRAYING
EASTER	PRISON
EXAMINED	RHODA
GARMENT	SANDALS
HEROD	SLEEPING
IRON GATE	SOLDIERS
JAMES	SOUGHT
JOHN	UNLEAVENED

```
E  P  P  D  U  T  T  A  H  W  W  Z  P  N  W
H  I  M  S  E  L  F  W  M  I  R  H  M  I  O
A  Z  G  J  E  M  H  Q  L  O  E  I  W  W  I
T  W  T  B  W  O  R  L  D  I  N  P  W  I  D
H  C  Y  L  R  E  B  O  S  D  E  G  O  K  L
U  H  O  O  A  G  C  M  F  R  W  H  O  X  E
Y  G  Q  N  U  E  Y  T  F  S  I  G  Q  L  V
M  U  N  G  F  R  D  E  D  G  N  R  B  U  O
E  O  A  I  E  O  C  M  H  H  G  A  D  A  R
T  R  J  V  D  T  R  L  D  U  T  C  R  H  P
P  H  E  E  K  R  Y  M  S  P  N  E  F  T  D
J  T  G  N  E  M  O  R  E  A  X  T  H  I  S
T  K  I  U  V  K  A  C  H  D  K  A  O  A  F
I  H  D  O  O  G  C  T  C  N  T  H  G  F  P
T  E  R  U  S  A  E  M  L  A  W  T  N  V  D
```

Change for the Better

Romans 12:2–3

And be not **conformed** to **this world**: but be ye **transformed** by the **renewing** of **your mind**, that ye may **prove what** is that **good**, and **acceptable**, and **perfect**, **will** of God. For I say, **through** the **grace given unto** me, to every man **that** is **among** you, not to think of **himself more highly than** he **ought** to think; but to **think soberly, according** as God **hath dealt** to **every** man the **measure** of **faith**.

```
G P M A J H A S T B R O B F X
F J D C X L Q P C B O H M N E
U D D G S L L N C Q T H O U I
D E S O R M K I M D A N R F Z
U N G T W M P C O B H S F H F
R A G A I N S T O B T H T U D
P I B S V D D V R R G R S U E
Q V A V J E E I V I O L E N T
H E T D S E N R H F Z N I D F
S X H S R G D G E N M A M E I
M A E V E O D V E V D I E R L
O L M T S A L V A T I O N H D
B T H T E V I L C D H L E E Y
H E L P O E P G S L S F E S Y
C D F H M E G M V S O M V D F
```

Prayer of Praise

2 Samuel 22:47–49

The Lord **liveth**; and **blessed** be my rock; and **exalted** be the God of the **rock** of my **salvation**. It is God that **avengeth** me, and that bringeth **down** the **people under** me. And that **bringeth** me **forth** from **mine enemies**: thou **also** hast **lifted** me up on **high above them that rose** up **against** me: **thou hast delivered** me **from** the **violent** man.

Day
168

```
E M M T M S T N E M U N O M S
E N S S E T A R T S I G A M R
S M E O E R U S A E M R A R E
I J I M A J E S T Y A G M S G
D J R E M J L M A N N A A N N
N S E L H M E A A I W M G A A
A S T D J Z A T F Q O A N I H
H E S D H J H I R U D G I C C
C N Y I H A C M R M A O F I Y
R K M M C E I R R I E G Y G E
E E J J N M M R S S M J H A N
M E R C I E S H H A P Z I M O
M M E T H U S A L E H L A E M
M O N E Y N O I T A T I D E M
M U S I C I A N S Y J Z Z H J
```

M's in the Bible

MAGICIANS
MAGISTRATE
MAGNIFICENCE
MAGNIFY
MAGOG
MAJESTY
MANNA
MARANATHA
MEADOW
MEAL
MEASURE
MEDITATION
MEEKNESS

MENE
MERCHANDISE
MERCIES
METHUSALEH
MICHAEL
MIDDLEMOST
MIRIAM
MIZPAH
MONEY
MONEYCHANGERS
MONUMENTS
MUSICIANS
MYSTERIES

Day 169

```
S T R A I G H T W A Y E G P S
T A N S W E R E D L I T T L E
R S J B O I S T E R O U S I A
E P E T E R A T P T I R I P S
T A S R E T A W P H T R O F C
C K U G N I N N I G E B F H H
H E S C D T W H H U M M E T F
E Y S E C M A A S A T E A U D
D U M A L S L N R C R H R R A
P M D S Y P K D O E O T O T W
I B O E H I I N W D U L N A C
N W O D O A N C O F B P L R Q
M Q G H R W G G S X L K I U E
K Q U F A I T H Z I E E U H V
H E A R L C S A I D D D Z L S
```

Christ Walks on the Sea

Matthew 14:26–33

AFRAID	GOD	SPAKE
ANSWERED	GOOD	SPIRIT
BEGINNING	HAND	STRAIGHTWAY
BOISTEROUS	HEAR	STRETCHED
CAUGHT	IMMEDIATELY	THEM
CEASED	JESUS	TROUBLED
CHEER	LITTLE	TRUTH
CRIED	LORD	WALKED
DISCIPLES	PETER	WALKING
DOWN	SAID	WATER
FAITH	SAYING	WERE
FEAR	SEA	WORSHIPPED
FORTH	SHIP	

Day 170

```
L V H S H E Y X O L M X B X J
C L W J R E B D K W U L R M E
S S E W E J P Y E B I A F P P
K U R W I T B B Q N L N E H
A R E H T A F C E O O L F R N
R D I H H O L E G L C D G T R
R C E T T F N R O R I D N H X
H Y O T A O O T E S E E Z E G
L Y S T R A M A C M R E V R H
Z C H R E O K I A H Y L K E M
S E A I B N P N T G S O K Y D
N V U M R L A E H P U S O Z T
Y Z D O E U R M R Q P R M H L
X O U A D B E H O L D X P T T
C S C C D R P G E W C M X H I
```

Jewish Mother, Greek Father

Acts 16:1–2

Then **came** he to **Derbe** and Lystra: and, **behold**, a certain **disciple** was **there, named Timotheus**, the son of a **certain woman**, which was a **Jewess**, and **believed**; but his **father** was a **Greek: which** was **well reported** of by the **brethren that were** at **Lystra** and **Iconium**.

Day
171

```
U T H G I L P O S S E S S E D
P N U M B E R S H E A V E N O
R A D E E A A G E C A R C H W
I S M E D D I E L R K C N O N
S C W D R H S G L E M O Y E S
I E C N E S E R P T H M S V I
N N E A V E T E D A E P T E T
G D I H O A D A E R R A H R T
T N U O C R A T N T O S G L I
T R Y M E C R K O D F S U A N
N O P A T H K W I M E E O S G
Y T H O U D N I H E B S H T W
G P R E C I O U S H M T T I A
N E T T I R W T A N O P U N Y
Y L L U F R A E F S W I N G S
```

Psalm 139

ASCEND	HAND	PRESENCE
BED	HEAVEN	SEARCH
BEFORE	HELL	SECRET
BEHIND	HID	THOUGHTS
COMPASSEST	HIGH	UNDERSTANDEST
COUNT	KNOW	UPON
COVER	LEAD	UPRISING
DARK	LIGHT	WAYS
DOWNSITTING	NUMBER	WINGS
EVERLASTING	PATH	WOMB
FASHIONED	POSSESSED	WRITTEN
FEARFULLY	PRAISE	
GREAT	PRECIOUS	

Day
172

```
I M B H A W A Y D E A R T E H
N E V I G R O F E H W E K A S
G C T H T A H V D F N G D H G
N N L S H T I W O D N N H N Z
I Y I A I H E L E J I A I R Q
V R B L M R L R B K G K M F U
I U P T L O H M N N A A S N L
G O L H W E U C I E L T E H J
R V X E A W M R P I S V L K K
O A R R J L E S C L E S F L A
F S T E K F S E T D I S O A Q
N E J F F W N O B E F V X W S
D V Q O F A N O T H E R E V D
S A C R I F I C E D O W O P O
V C N E R D L I H C N X S M D
```

Walking as Children
Ephesians 4:31–5:2

Let all **bitterness**, and **wrath**, and **anger**, and **clamour**, and **evil speaking**, be put **away from** you, **with** all **malice**: And be ye **kind** one to another, **tenderhearted**, **forgiving** one **another**, **even** as God for Christ's **sake** hath **forgiven** you. Be ye **therefore followers** of God, as **dear children**; and **walk** in love, as **Christ also** hath **loved** us, and **hath** given **himself** for us an **offering** and a **sacrifice** to God for a **sweetsmelling savour**.

Day
173

S A V I O R T G R C R D E P E
T S B K H S H I E L D T Q R C
U J C H R D C E K X A W A F O
B O N I O K M O R N I S H E M
R R E H T A F Y O J D M T C F
C O J S C S T I W N U I U R O
A L A S I F S V E D J P R E R
B E M O V S L I L I G H T R T
A S P O A Z R W C E Q M R E E
B N J P X F V L A V C F L V R
N U M S S E R T R O F I O I R
W O M U Y M T T I L F A I L O
C C E P O H E E M E A R B E T
R E D E C R E T N I I C A D Y
F M E R C I F U L C O M M U N

The Character of God

COMFORTER
COMPASSIONATE
COUNSELOR
DELIVERER
FATHER
FORTRESS
FRIEND
HOPE
INTERCEDER
JOY

LIFE
LIGHT
LOVE
MERCIFUL
MIRACLE WORKER
ROCK
SAVIOR
SHIELD
TRUTH
VICTOR

Day
174

```
O M V Z S Q S H A M H Q S Z Y
L M I E M O T B B O T E I I R
N E M A L U E I Z H E C M K A
L A U O R H L A K S B I E Z M
J E M M S H O M P R A N O I J
R O A H A B P F Q E S U N P E
N O T H B S Q E A G I E O P Z
B A H A Z I A H A S L B Z O E
B E T I M O T H Y D E V C R B
H A N N A H M O S E S N A A E
R R O J J O C H E B E D A H L
L E A H A P L I Z O C B S T G
L E H H D M H A R A S Y I B H
Z N B S A A I K L E H C A R B
E V E A A B N N A J J O H N C
```

Biblical Mothers and Sons

ABEL	EVE	RACHEL
AHAZIAH	GERSHOM	RAHAB
ASENATH	HANNAH	RUTH
ASHER	ISAAC	SAMUEL
BATHSHEBA	JAMES	SARAH
BENJAMIN	JEZEBEL	SIMEON
BILHAH	JOCHEBED	SOLOMON
BOAZ	JOHN	TIMOTHY
DAN	LEAH	ZILPAH
ELISABETH	MARY	ZIPPORAH
EPHRAIM	MOSES	
EUNICE	OBED	

```
L I G N F D B L E S S I N G S
L O N H U E R A T M A A O L W
E F Y M T O P O U R T I W E A
R H A O I P R J L I U O T N I
Q N W T T E E D O S J G F H B
Z F A Q H N T N I G O D A A W
V Z J O E E U F M N K U D V I
T B U N S U R I E I A W N E N
O S D I Q Q N S H R H N V T D
E F X A W E M O H E M J C L O
M L V D E B B O R F A W V E W
J P B U A Y T E X F H V M Q S
K Q P P L Y I P R O V E E R S
Q W M P L N S N L O V B T N N
G Z T E F P S E I B B X V V C
```

Will a Man Rob God?

Malachi 3:7–10

ALL	LORD	RETURN
AWAY	MAN	ROB
BLESSING	MINE	ROBBED
DAYS	NATION	SAITH
FATHERS	NOW	STOREHOUSE
GOD	OFFERINGS	TITHES
GONE	OPEN	UNTO
HAVE	ORDINANCES	WHEREIN
HEAVEN	POUR	WHOLE
INTO	PROVE	WINDOWS

```
S L N X D T S A P L R U F D A
Y E S M C T J R L E A R S I W
U O L H E P O Z Q M T G L C I
N J C P A D A E J A B E Z Y Z
W G H A I N F H A H D C R H P
D E I G I C N H T A I A D A O
N M A D S N S A N R M T V J R
I L O D E I A I H B A J W I Y
L R V Y L O E M D A O M C L D
B Y U E T L N E B H D H J E B
P S A M S O N R N O M O L O S
A U H S O J R E X A R O C E R
U V L A P P I J N C A A S I H
L A Q P A S U R I A J O B E W
B C A N D Y J Q F Q A V J Y S
```

People Whose Prayers Are in the Bible

ABRAHAM	ISAAC	MARTHA
APOSTLES	ISRAEL	MARY
BLIND	JABEZ	MOSES
DANIEL	JACOB	PAUL
DAVID	JAIRUS	PETER
DISCIPLES	JEREMIAH	PRODIGAL
ELIJAH	JOB	RICH MAN
ELISHA	JOEL	SAMSON
EZRA	JOHN	SOLOMON
GIDEON	JOSHUA	STEPHEN
HANNAH	MANIAC	

```
V A B E L C I D O F U G Y H I
E J I K O L M P I U N A E Q R
S U T C V W A N T I N G S U W
Y Z A E O T N I W B U I C D Y
E I F T I U Y O J A H G S O I
H J I E K G N I H T O N U M P
S I N L A K R T O W O R K S R
R C E A L E I N S I L E L U E
E M H P M A E W T C E F R E P
V O W E F R F A E N D G E R H
I L S R H D T R T S A H D A O
D I T T N P B I L O N T V I F
A C E B M E R U I U O E S D G
H R R E E E M H T E K R O W E
B A T R Y I N G H G O B C I S
```

Count It All Joy

James 1:2–4

My **brethren, count** it **all joy when** ye **fall into divers temptations; knowing this,** that the **trying** of **your faith worketh patience. But let** patience **have** her **perfect work,** that ye may be perfect and **entire, wanting nothing**.

```
T L K E S K C O L L U B E P O
U H O Y N A R E D L U O H S I
N S G E L W B X L F S A H H L
L F G I F S O T T N E F C Y E
E L M O R A Y C O V R E R Q D
A A A S A Q T E O A C A A S I
V M R H C T G D N N N R I X E
E B W E H I E K R D R A B X N
N R F E P L I O I U I S G P I
E E K P T N C N O J W K S M W
D A T R C T W L D A E H T U D
R S U E F A F R F A R S I R A
I T N L R C I E M Z K N U W E
B S A D N P R S W R I V R S R
E C S I E I P C I E D Z F G B
```

Things That Were Offered

BIRD	FRUITS	PIGEONS
BREAD	GOAT	RAM
BREAST	HEAD	RIGHT
BULLOCKS	INWARDS	RIPE
CALF	ISAAC	RUMP
CAUL	JESUS	SHEEP
CORN	KID	SHOULDER
COW	KIDNEYS	TURTLEDOVE
EWE	LAMB	UNLEAVENED
FAT	LEGS	WAFER
FLOUR	OIL	WINE
FRANKINCENSE	OILED	

Day
179

```
A M R A M O U N T R T F L A C
L E V H A R O P P I Z L P E S
D R E H P E H S Y E R E D K S
F K I L L S O N G N S E A O E
C O M M A N D M E N T S P P N
O D L O G I E T L A N D R S R
V U Z A U R B A S K E T O D E
E S R A E H E N A I D I M A D
N S E E S B H S U B D A I E L
A L P Q N P C Y J U I N S L I
N E B O O C O T Z R H I E I W
T G L O R Y J R L N N S D N P
W A P H A R A O H I S P I E S
W L D E A T H F F N S A V E D
F I R S T B O R N G E K O R B
```

Moses

AARON
AMRAM
BASKET
BROKE
BURNING
BUSH
CALF
COMMANDMENTS
COVENANT
DEATH
EGYPT
FIRSTBORN
FLEES
FORTY

GLORY
GOLD
HEARS
HIDDEN
JOCHEBED
KILLS
LAND
LAW
LEADS
MIDIAN
MOUNT
NEBO
NILE
PHARAOH

PLAGUES
PROMISED
RED
SAVED
SEA
SEES
SHEPHERD
SINAI
SONG
SPIES
SPOKE
TEN
WILDERNESS
ZIPPORAH

Day
180

```
D J T A H C A O R P E R Z E T
R U D E S U F E R O P S D G T
A T P Y G E F H Q I E P R C M
W T J F P N L C I S C E G H B
E B D G P Z I V O O A H S R P
R J B R L D C M M T R V E I E
R E S P E C T E E W E T R S O
Y B F L A C I R H E H E U T P
W O L F S G O E D G T Z S H L
Y A J J U E N M U O A S A U E
C W D N R S A A P D R R E F A
B S R A E Y D S Y E A Q R Q N
C H O O S I N G O O N Y T T B
Y E R V F A I T H N O C A D J
Z C B Y W Q G S B L Q R E D G
```

Lawgiver

Hebrews 11:24–26

By **faith Moses, when** he was **come** to **years, refused** to be **called** the son of **Pharaoh's daughter; choosing rather** to **suffer affliction** with the **people** of God, than to **enjoy** the **pleasures** of sin for a **season; esteeming** the **reproach** of **Christ greater riches** than the **treasures** in **Egypt:** for he had **respect** unto the **recompence** of the **reward.**

```
M O R H D M E S T T H G I E H
O V E E L U S A S S A R F P A
G E A A M I F I A I C A R R Y
H T F E R U T A E R C I P E H
H L E S S O E V E H N R Y S C
S R O R E U Q N O C C E R E I
S D E E U S G N I H T T E N H
A E E W L H T P E D H A V T W
L D V O A C A L O R D R A Y A
I A O P F L D M O V O A L P E
R U L M I S O U R H D P I E R
I S H T I N G V A V R E F I L
M R I E N H H A E S U S E J K
B E C S L E G N A D O J Q T R
S P E T P E D E A S E O T U A
```

The Love of God

Romans 8:37–39

Nay, in all these things we are more than **conquerors through him** that **loved** us. For I am **persuaded**, that neither **death**, nor **life**, nor **angels**, nor **principalities**, nor **powers**, nor **things present**, nor things to come, nor **height**, nor **depth**, nor any other **creature**, shall be able to **separate** us from the **love** of **God, which** is in **Christ Jesus our Lord**.

Day 182

```
A X M Y F H A C I M I D I A N
H B K E A K H T E W I M Y L R
T V F P R C U M F J X R A V P
R V Z R A C P H U S W K I R M
A I D H C H U K E E T A M A K
M A S M I E O R H S I A R A M
F E I S O H D T I M S A I A A
M L Y N A R T E A U N A L Z C
A H E O O A D T S A S A N Z H
R I N A M D O E T I S L H A I
Y A R C H P E H C U H A H M M
M E J A O C A C H A I C E L B
Y U N S R C I T A R I D L G A
R V E L J E A M O M I B A E O
A M A G Z M M M F A S E S O M
```

"M" Names

MACEDONIA	MERARI
MACHI	MERCURIUS
MANASSEH	MESHACH
MANOAH	MESOPOTAMIA
MARA	MICAH
MARANATHA	MICHAEL
MARK	MIDIAN
MARTHA	MIRIAM
MARY	MIZPAH
MATHUSALA	MOAB
MATTHEW	MORDECAI
MEDIA	MORIAH
MELCHISEDEC	MOSES
MEMPHIS	MYRA

```
H E A Y U M Y H T O M I T J M
E A P B E N J A M I N U A E B
Z J N H T U R I B J O B L V A
E J P N E J O S E P H C E U B
K P E A A S A U L K H L N V Y
I D T O M H U F Q I P A I M M
A M E M W P B S S O H M S A O
H H R I G O L E E T M U A H S
J A C N C E D P A L R A I A E
A I L A H E N A A D S A R S
H M J C C S O I G Y Y E H B O
S E A J I J P A E Z R A R A R
I R E W A Y H B D I V A D S P
L E E W I D O W O F N A I N A
E J S A M S O N S W I F E S H
```

Bible People Who Wept

ABRAHAM	JEWISH PEOPLE
BABY MOSES	JOB
BENJAMIN	JONATHAN
DAVID	JOSEPH
ELISHA	MELCHISEDEC
EPHESUS ELDERS	NAOMI
ESAU	ORPAH
EZRA	PETER
HAGAR	RACHEL
HANNAH	RUTH
HEZEKIAH	SAMSON'S WIFE
ISAIAH	SAUL
JACOB	TIMOTHY
JEREMIAH	WIDOW OF NAIN

```
L N O R D O F A L H S E I D Y
A D E O R V E S T E A S T L D
S A W V E M S R G T U T H I G
E O A P A R A M E N Q G U E R
B O D N P E W Y I E I S N V E
W S A G A I H N D H U H I O C
H D S E M T S I R H C G T B T
E O G E U O O E O A I E D A Y
R L E N F Y D D L V A S E Y H
E S B K R N T H E R O A R M S
F U L E U S O N U T U O G H R
O S V E L A P C M E L T O I W
R E H T A F I A V G E A T G E
E J G F O E R G O D L A X H R
T O S I T S E D L U O H S E J
```

A Name Above Every Name

Philippians 2:9–11

Wherefore God also hath **highly exalted him,** and **given** him a **name** which is **above every** name: That at the name of **Jesus** every **knee** should **bow,** of **things** in **heaven,** and things in **earth,** and things **under** the earth; and that every **tongue should confess** that Jesus **Christ** is **Lord,** to the **glory** of God the **Father.**

```
L T H A T H T H S D X H T I W
W P T Y T O R O A R E K E G J
R K R U T S M I C A I E D D T
F D O A O I N E R O F E B R C
X M F Q C T U T I W A P H T F
Q F R P I T L Q F A M P P T H
Y N S E W O I L I P S E K Z A
V I S J R G F S C N Z L H W N
W U T D K N T S E W I C K E D
V A L H X I I S P E T E V W S
C T H P E N N E K A G H U W J
X H B M Z E G B W R R L I V E
R H G N C V X Z E E O S M N H
Z D W N R E Y A R P O W W R G
O R I N C L I N E P D G X H G
```

Prayer for Safekeeping

Psalm 141:2–4

Let my **prayer** be set **forth** before **thee** as **incense;** and the **lifting** up of my **hands** as the **evening sacrifice.** Set a **watch,** O LORD, **before** my **mouth; keep** the **door** of my **lips. Incline** not my **heart** to any **evil thing,** to **practise wicked works with** men **that** work **iniquity:** and let me not eat of **their dainties.**

Day 186

```
T F E Z I T P A B T Y R R A T
W L L C Y A L S E U G A L P E
E I E E A F Y R E D N A W H N
A T N W E R R F L E D Y V T T
R E H D D I G E S M K T R A N
Y D Y N B D N D N B N S E E W
R O G L R I I G O O J R G H O
U B E O A W H E I R G I N F R
F A W T K A C T T N H H A O H
L S S Y L S A F A I T T M E T
Q U N E U T E M T N A O A C R
S H D R P E R A I C R R R A E
O G I M O X P N B U W I C F V
D A E R B H I N A K C G H P O
H T E I R C T A H T E C I O V
```

In the Wilderness

ABODE
ANGER
BAPTIZE
BORN
BREAD
CRIETH
DIE
DRY
DWELT
EDGE
FACE
FED YOU
FLED
FLEEING
FURY

GRACE
GREAT
HABITATIONS
HEATH
LED
MANNA
MARCH
OVERTHROWN
PIT
PLAGUES
PREACHING
RAN
SEEK
SLAY
SUSTAIN

SWORD
TARRY
TEMPTATION
TENT
TERRIBLE
THIRSTY
THORNS
VOICE THAT
WANDER
WASTE
WAY
WEARY
WIND
WRATH

```
L H P E Q D S R T I P A D N C
M A L V M E F W Z E B E W R O
B T A R N B S N J V G R A A N
R E N O W P R N O S A E S C Y
L E T J E O K A M W H K P M E
O S H A B E G A C R G E I D X
V G K T E E S W S E U W X L H
E N M P A I Q K D F A T K L L
E S O L L G J O T R L A Y C N
W E B E N D W G D A N C E R D
E J N P E N L Y J I P L U C K
S C T E V F Q I R N S O K C M
E R I E A H L Q U A M H E A L
G G N W E V Q O O B E D V X B
H T I M H E S D N E R Y S S P
```

A Time for All Seasons

Ecclesiastes 3:1–8

AWAY	HEAL	PLUCK
BORN	HEAVEN	REFRAIN
BUILD	KEEP	REND
DANCE	KILL	SEASON
DIE	LAUGH	SEW
DOWN	LOSE	SILENCE
EMBRACE	LOVE	SPEAK
GATHER	MOURN	STONES
GET	PEACE	WAR
HATE	PLANT	WEEP

Day 188

```
O Q U F Q N H Y R Q E V K S P
M G Z D U I L N V H Y R U S S
D Z L H T I W D C W E B U E I
K E D S A H S X S V S E N Q F
T R U S T C I Y E T S O D R R
U L P G C I K N A A B T E P O
X Q E Q P G U N E W O R R A M
C Q A V O S C R O F L A S T Z
T W L K A E C T F W X E T H G
O Z R E D N N X Z T L H A S T
W M H H I U D R O L S E N T R
P L B F R U O N O H E R D W A
L I P Z E E F E A R L A I G P
I V B Y C H E L A W U S N F E
H E A L T H L W I V E L G A D
```

Honor God

Proverbs 3:5–9

Trust in the LORD with all thine **heart**; and **lean** not **unto** thine own **understanding**. In all thy **ways acknowledge** him, and he shall **direct** thy **paths**. Be not **wise** in thine own **eyes**: **fear** the LORD, and **depart from evil**. It **shall** be **health** to thy **navel**, and **marrow** to thy **bones**. **Honour** the LORD with thy **substance**, and **with** the **firstfruits** of all **thine increase**.

```
Z C X J W R J G K R M V T G M
M Z D T S T W K R S T N I A S
T N M H H R O G A E N H R W E
J V H O F U A D M H A V I N G
F A U O V E R K E R E T E S A
V J F B C P E A P L H H E V M
B G W K T D B S L B G R K E I
Y S I A J S M O D M V N H J N
V N F G Y Z U D U A I T I E C
G N I Y A S N J N L C G T M G
L S R B E A S T W K T T H P T
A Y E H T R D E A O O D G T X
S J T S M R E H F G R J N G Y
S I N G O W D W E E Y K O O X
K G L L E M A N F P D A S U E
```

Praying by the Crystal Sea

Revelation 15:2–3

And I saw as it **were** a sea of glass **mingled with fire**: and **them** that had **gotten** the **victory** over the **beast**, and over his **image**, and over his **mark**, and **over** the **number** of his **name, stand** on the sea of **glass, having** the **harps** of God. And **they sing** the song of **Moses** the **servant** of God, and the **song** of the **Lamb, saying, Great** and **marvellous** are thy **works, Lord** God **Almighty; just** and **true** are thy **ways, thou King** of **saints.**

**Day
190**

```
N R W Y Z V J Z Y E L R A B H
R E B G C M Y M S W O L L A F
H A G N I H S E R H T K E Z A
J P E I B I N D I N G K V G P
K I L W D E W O N N I W O L P
V N K O H W O R R A H A H E L
D G C S W O P G F E F T S A O
Q T I P W I K A A H S E S N P
H H S C E S N T J O Y R S I L
P G D N U O R G R A I N I N F
X U L B W X U F U R R O W G A
B O E H A R V E S T J D D H E
K R I L N R O C I M O W E R H
M D F Y M F N B S E V A E H S
W T B Y G L E N I M A F S G H
```

Agriculture

BARLEY
BARN
BINDING
CORN
DROUGHT
FAN
FALLOW
FAMINE
FIELD
FLAX
FROST

FURROW
GLEANING
GRAIN
GROUND
HARROW
HARVEST
MOWER
PLOW
PLOWING
REAPING
SEED

SHEAF
SHEAVES
SHOVEL
SICKLE
SOWING
THRESHING
WATER
WHEAT
WINNOWED

```
M O D G N I K F E S R V S K H
C H U R C H E S S N J T N T W
W G G R T R U O Y O R A E N R
V L Y F S A N C B I H D R E W
R O G L C E B C B T N E H M M
I R F E G E L U B U T T T G W
G Y B A V N L V O C O N E D J
H M H E I A I B E E K U R U K
T U R T T T A D B S E O B J G
E Y T I R A H C E R N C N I R
O R O O L O E C N E I T A P O
U N U W W A W E J P C Q H Y W
S D A D C A U O Z R Q X S A E
M Y T H N K R M A N I F E S T
S S U F F E R D G B W H I C H
```

Growing in Love

2 Thessalonians 1:3–5

ABOUNDETH
ALWAYS
BECAUSE
BRETHREN
CHARITY
CHURCHES
COUNTED
EACH
ENDURE
EVERY
EXCEEDINGLY

FAITH
GLORY
GROWETH
JUDGMENT
KINGDOM
MANIFEST
MEET
OTHER
OURSELVES
PATIENCE
PERSECUTIONS

RIGHTEOUS
SUFFER
THANK
THAT
TOKEN
TOWARD
TRIBULATIONS
WHICH
WORTHY
YOUR

**Day
192**

```
V E M D T S M C H A S T I S E
Q I U E T C D B U R N I N G R
S E N O C R E I Z S W W B F O
O F R C O N N P L A B H O R R
R E R W R S E A S O N G W U R
R O S U V E I L C E Y M Y I E
O A L K I N A Q I I R L Y T T
W K T D N T H S E T E S R Z A
N I A V T W F L E F S P U S L
B Y N I A R D U A M E E F E O
P N E W G G D S L N C E P I S
E T R A E H U B D O D S Y M E
A A F L E E O E V F U L L E D
C D L I W R S E U G A L P N S
E I E M U S N O C S T S A E B
```

Cursings and Blessings

Leviticus 26

ABHOR	FULL	SAFELY
AGUE	FURY	SEASON
BEASTS	HEART	SLAIN
BURNING	INCREASE	SORROW
CHASTISE	LAND	STORE
CONSUME	NEW	SWORD
DESOLATE	OLD	TERROR
DUE	PEACE	VAIN
ENEMIES	PESTILENCE	VINTAGE
EYES	PLAGUES	WILD
FLEE	RAIN	YIELD
FRUIT	RESPECT	
FRUITFUL	ROB	

```
I L I N E N I O R E H T A G Y
C N G O O D E A R S I O U E X
H O T T E E R C S I D I A W E
A O P E P L E N T Y I R N B Q
R P H A R A O H I Y S E V E N
I H W Q U P T H I N E A R S I
O X Q I D R E A M S W I S E
T X K L A T S E A A T G O L D
H A N G E D O X T G O O W E W
S N R O C O S W O I R I A N I
I O U R R O A D O C E D I I N
R U L E R F I X U I N N N M D
E A V K Q U D D K A K O P A I
P I P A P E G O B N W W I F L
R I B B F W Q G X S K I N E J
```

Pharaoh's Prophetic Dream

Genesis 41

BAKER	GOLD	PLENTY
CHARIOT	GOOD EARS	RIVER
CORN	HANGED	RULER
DISCREET	INTERPRET	SEVEN
DREAMS	KINE	STALK
FAMINE	LAND	STORE
FED	LINEN	THIN EARS
FOOD	MAGICIANS	WIND
GATHER	PERISH	WISE
GOD	PHARAOH	YEARS

**Day
194**

```
W I S T S R L A M F B O C R S
A D I H T A G F I O G H T I O
S J A K M N O P O R G N I R B
Q L I R I I E A R T H E E S I
L I C H D A E S F H G P H I L
J H T K S R L D W N S M O N O
I P T O W I O Z O O Q E T U B
C I W E O W L T R D E F E Y O
O E H G N T A P D I Y O S D R
R A N A S R L D M O U T H A S
E T O S U E U D I O V O D R U
V E W Y A B D T F G C A H I J
K R A S L O M P E N E C Q V Y
X N E V A E H T E R E T A W Z
Y A D O B C E G B F H I K O Y
```

God's Word Shall Prosper

Isaiah 55:10–11

For as the **rain** cometh **down**, and the **snow** from **heaven**, and **returneth not** thither, but **watereth** the **earth**, and maketh it **bring forth** and **bud**, that it may give **seed** to the **sower**, and **bread** to the **eater**: So **shall** my **word** be that goeth forth out of my **mouth**: it shall not return unto me **void**, but it shall **accomplish** that which I **please**, and it shall **prosper** in the **thing** whereto I **sent** it.

Day
195

```
J M B D E K A W A X K C Q M O
H W E B R N T G B Y C S W F F
A T O H U O H D A T A H T F J
J B E O T W M U E I B U O H T
I V B P N X Q O D M N M H S C
L O R D E U E L P O E P U D A
E M J R V E T A N C L M A K M
Y C P I D L L X O K Y W A S K
M G G U A J G S O E N T H C S
H Q T U R N E D N D A E D R B
G B N I E S S R X L A D R W K
N Y I R P M U S K R K I G Z L
Q M O J H O E I T H E R S B D
V I X E J H N H N H A S T Q D
K K M M J G F T T G Q H F E R
```

Test on Mount Carmel

1 Kings 18:27, 37

And it **came** to **pass** at **noon**, that **Elijah mocked them**, and **said**, Cry **aloud**: for he is a god; **either** he is **talking**, or he is **pursuing**, or he is in a **journey**, or **peradventure** he **sleepeth**, and **must** be **awaked**. . . . Hear me, O LORD, hear me, that **this people** may **know** that thou art the LORD God, and **that thou hast turned their heart back again.**

```
N N N S E N A T I A L O C I N
E Y Y T I V I T A N I K P A N
V E T I R A Z A N A M E B N O
E Z N H X A B R D N N A O A U
R H E M G R N O A H L I N M R
T X T U N U R H N E S T N E I
H X T H Z M A A T O N E N L S
E S L A I R R N M E T Z E B H
L L E N S J S E B H X V N O M
E I S N O S L A I T A B E N E
S R Z X X B J N S N O I T A N
S T M J A O I N I N E V E H T
R S M T T M Y T I S S E C E N
Q O O H H R N E I G H B O U R
G N I D N A T S H T I W T O N
```

N's in the Bible

NABAL	NEST
NAHOR	NETHINIM
NAHUM	NETTLES
NAME	NEVERTHELESS
NAPKIN	NICOLAITANES
NATIONS	NIMROD
NATIVITY	NINEVEH
NAUGHTY	NOAH
NAVEL	NOBLEMAN
NAZARITE	NOISOME
NEBAJOTH	NOSTRILS
NEBAT	NOTABLE
NECESSITY	NOTWITHSTANDING
NEIGHBOUR	NOURISHMENT

```
H R E M O V E D N O T H I N G
E M A C S S E D A W H B A Z U
N M P A G N E D H G I T U V N
C U I R R R E A M D N P I O E
E D O U E R T A R I G I O A D
F W T H E S R D T S S S Y W F
O E T W O V E M G C A S T A A
R I S E E R O N T I U R F Y S
W N V L E U E K T P F A P Y K
A E L G N I V E I L E B Y I E
R E N T C J I F F E Y R S I P
D U A I O Y E D R S E V A E L
H I T S B D C S Y L N O N V U
N Y N A H T E B U L I O K E U
T A G N I N R O M S D Y E R F
```

The Barren Fig Tree Cursed

Matthew 21:17-22

ANSWERED	FAITH	ONLY
ASK	FIG	PRESENTLY
AWAY	FRUIT	RECEIVE
BELIEVING	GROW	REMOVED
BETHANY	HAVE	RETURNED
CAME	HENCEFORWARD	SAID
CAST	HUNGERED	SAYING
CITY	JESUS	SEA
DISCIPLES	LEAVES	SOON
DONE	MARVELLED	THINGS
DOUBT	MORNING	WHATSOEVER
EVER	MOUNTAIN	WITHERED
	NOTHING	

Day 198

```
W  T  I  M  B  U  S  R  K  S  D  L  J  L  C
H  D  H  I  S  I  N  N  E  R  S  L  J  X  U
Z  A  W  E  P  V  V  R  T  S  I  S  E  R
J  L  N  X  R  V  L  I  A  H  H  W  M  T  D
J  E  E  D  S  E  P  F  U  R  U  G  O  M  O
N  X  L  E  S  A  F  Q  K  D  D  W  U  A  U
G  H  I  R  L  L  O  R  D  E  S  R  A  B
U  P  U  R  I  F  Y  H  R  C  S  V  N  B  L
F  O  S  C  N  C  U  Z  X  E  N  S  I  Y  E
Y  K  T  O  L  M  X  R  N  D  A  Y  N  L  I
T  E  R  L  B  S  F  I  E  M  E  H  G  I  N
D  P  A  L  I  B  V  N  K  F  L  D  A  T  F
L  H  E  G  W  A  R  D  A  R  C  E  N  F  R
S  X  H  N  E  U  Z  Z  Y  V  S  I  W  I  O
U  T  D  H  T  D  T  M  P  R  N  H  F  L  M
```

An Uplifted Life

James 4:7–10

Submit yourselves **therefore** to God. **Resist** the **devil**, and he will **flee from** you. Draw nigh to God, and he **will draw nigh** to you. **Cleanse** your **hands**, ye **sinners**; and **purify** your **hearts**, ye **double minded**. Be **afflicted**, and mourn, and **weep**: let your **laughter** be **turned** to **mourning**, and your joy to **heaviness**. **Humble yourselves** in the **sight** of the **Lord**, and he **shall lift** you up.

```
N E F R U E J F O U N D T O G
M H O U S E E V D M S T U F F
K T U B L P A L A A L U A P W
K E S B O N E M B E I R R A G
H W U O I U M U T S T O L E N
P O R T I O N R A H T S O R R
D S Y J N D E T I D L H U Q J
F B Z F A A I N I E E E I Q A
V Z J N S S G M R F F K K E D
T B C U F M H M O E U E T U F
O E R I D O B I U N V L E N D
Q Y E Q V D O F X C E L L R A
W D M O H S U M J E H Y I Y L
M Y L G N I R A P S L C V S V
J P B U Y W T X M Q H K Q P P
```

Money Matters

ABUNDANCE	REAP
BOUNTIFULLY	RICH
DEFENCE	SATISFIED
DOUBLE	SHEKEL
FARTHING	SILVER
FOUND	SOWETH
HOUSE	SPARINGLY
LEND	STOLEN
LITTLE	STUFF
MAMMON	THIEF
MONEY	TREASURY
MUCH	USURER
NEIGHBOUR	USURY
POOR	VANITY
PORTION	WISDOM

```
Q  U  S  A  N  K  K  O  C  U  Y  H  P  C  I
L  E  S  H  O  U  L  D  P  N  C  J  M  B  K
T  R  T  E  I  O  D  J  O  O  Q  V  Q  N  R
T  U  O  H  T  I  W  M  N  C  K  D  S  W  S
L  S  K  E  A  R  I  E  V  E  I  L  E  B  H
K  V  E  H  L  T  A  W  V  L  E  N  R  E  J
W  Q  E  T  S  B  G  N  I  T  V  K  E  F  Y
N  M  S  E  N  N  I  G  S  Y  Q  D  W  O  N
R  U  T  M  A  D  E  S  S  L  W  V  A  R  L
M  M  R  O  R  N  S  E  S  B  A  F  R  E  L
C  H  I  C  T  X  U  I  P  O  O  T  D  I  G
X  U  T  L  T  G  A  G  H  U  P  E  E  X  A
M  F  Y  I  G  H  C  M  N  T  A  M  R  D  H
G  P  L  E  A  S  E  D  R  T  I  T  I  G  Q
H  M  F  N  T  F  B  M  H  B  L  W  E  T  M
```

A Man Who Pleased God

Hebrews 11:5–6

By faith **Enoch** was translated that he **should** not
see **death;** and was not **found, because** God had
translated him: for **before** his **translation** he had **this**
testimony, that he **pleased** God. But **without faith**
it is **impossible** to please him: for he that **cometh** to
God **must believe** that he is, and that he is a **rewarder**
of **them that diligently seek** him.

```
A H R N Z T P G Q U E N Q C W
M B K E V A H Q B V E L H W H
O N L Y W R T A E T O M H U G
S I Q G M I Z R T V D O A Y N
E T E R N A L O E H S T M C W
S N F Q D A G D B O K N H N Y
W M I R S E M M E W H E V A G
K E L T B I D V L R O P G P T
P D I N G L E N I I N R C I F
E N W H U R E V E N K E L Y C
G O T O S D C R V C T S S D F
D C H V L I F T E D S B A S T
S S H G U O R H T K U A V N O
C T O N E V A E H H M O E J E
T M G H M X T B P L L S D M G
```

God So Loved

John 3:13–17

ASCENDED	HATH	PERISH
BEGOTTEN	HAVE	SAVED
BELIEVETH	HEAVEN	SENT
CAME	LIFE	SERPENT
CONDEMN	LIFTED	SHOULD
DOWN	LOVED	THAT
ETERNAL	MIGHT	THROUGH
EVEN	MOSES	WHOSOEVER
EVERLASTING	MUST	WILDERNESS
GAVE	ONLY	WORLD

Day 202

```
J O E L M M B I H C A L A M E J
H H L A M E N T A T I O N S X O
A B O J E R E M I A H R O S O S
I S E L C I N O R H C M P I D H
A L R E H T S E P S A L M S U J
S Y S E T S A I S E L C C E S O
I M G R U T H A I M E H E N Z N
S O N G O F S O L O M O N E E A
B N O I A G G A H H O J A G P H
R R A K I N G S M I C A H X H L
E E U H A B A K K U K M U O A E
V T H J U D G E S R E B M U N I
O U S S U C I T I V E L G E I N
R E O G E N I H A I D A B O A A
P D J M A R Z E C H A R I A H D
H O S E A X J O T L E I K E Z E
```

Old Testament Books

AMOS	ISAIAH	NEHEMIAH
CHRONICLES	JEREMIAH	NUMBERS
DANIEL	JOB	OBADIAH
DEUTERONOMY	JOEL	PROVERBS
ECCLESIASTES	JONAH	PSALMS
ESTHER	JOSHUA	RUTH
EXODUS	JUDGES	SAMUEL
EZEKIEL	KINGS	SONG OF
EZRA	LAMENTATIONS	SOLOMON
GENESIS	LEVITICUS	ZECHARIAH
HABAKKUK	MALACHI	ZEPHANIAH
HAGGAI	MICAH	
HOSEA	NAHUM	

```
T  H  I  A  N  S  S  T  H  I  R  D  T  T  Y
H  S  N  A  I  H  T  N  I  R  O  C  M  G  R
S  N  F  Y  H  T  O  M  I  T  R  E  S  A  A
N  A  E  P  H  E  S  I  A  N  S  I  E  L  C
A  I  G  S  L  H  B  R  A  M  H  S  C  A  H
I  S  P  S  M  T  S  R  I  F  T  N  O  T  N
N  S  E  E  L  L  O  O  E  T  T  A  N  I  O
O  O  T  M  K  R  A  M  E  W  S  I  D  A  I
L  L  J  A  S  H  W  A  B  O  S  P  S  N  T
A  O  N  J  A  N  E  N  C  Z  O  P  R  S  A
S  C  U  P  S  H  H  S  E  H  H  I  E  M  L
S  D  P  U  T  O  T  X  E  K  U  L  T  U  E
E  P  T  O  J  E  T  X  R  M  G  I  E  K  V
H  I  M  R  W  N  A  A  C  T  S  H  P  M  E
T  O  T  S  N  O  M  E  L  I  H  P  S  L  R
```

New Testament Books

ACTS	MATTHEW
COLOSSIANS	PETER
CORINTHIANS	PHILEMON
EPHESIANS	PHILIPPIANS
FIRST	REVELATION
GALATIANS	ROMANS
HEBREWS	SECOND
JAMES	THESSALONIANS
JOHN	THIRD
JUDE	TIMOTHY
LUKE	TITUS
MARK	

Day 204

```
C S T O N E S T R A D A S S U
A G A Q X N Q U I V E R W T D
P N R Z R O T G H K E Y O D T
T I E U U E Z L G L T H R W Z
I L B Q O G N V K F M Q R A S
V S S P M R T C E S M H A S H
I K G D R E U O E L E A X L I
T O J O A B Y R Q L K N I F E
Y O N J O A A O M V N D W P L
W H R W B H P E I S H S S U D
T V R C S Y T J T E R T S L S
Q N C W H S R U H O F A A I U
C P O B R E F Y L I K V E O Z
H L K B Z Y S F L A M E W P P
P R U N I N G H O O K S P S S
```

Weapons

ARMOUR	HOOKS
ARROWS	KNIFE
AX	PLOWSHARES
BOW	PRUNINGHOOKS
BUCKLERS	QUIVER
BURN	SHIELDS
CAPTIVITY	SLINGS
DART	SPEARS
FLAME	SPOIL
HABERGEON	STONES
HANDSTAVES	SWORD
HELMETS	TORCHES

```
A  L  Y  U  C  O  N  F  E  S  S  M  P  V  M
V  F  B  P  A  O  H  N  R  S  S  A  T  D  W
A  R  F  P  M  H  M  A  E  U  N  F  L  V  M
I  U  A  L  T  B  C  M  V  O  O  A  N  T  L
L  R  Z  I  I  W  U  R  I  E  U  Y  C  H  L
E  Z  A  S  S  C  N  N  U  T  D  B  J  E  A
T  F  H  P  H  E  T  E  C  H  T  R  K  M  H
H  T  I  W  R  I  G  E  V  G  C  E  O  A  S
Z  G  H  D  N  A  F  K  D  I  N  N  D  L  U
D  C  S  G  T  F  Y  R  D  R  G  I  F  W  P
K  H  T  N  E  V  R  E  F  T  M  R  S  Q  S
C  A  L  L  W  N  L  W  R  E  H  T  O  N  A
I  E  U  J  S  A  V  E  R  S  E  E  I  F  L
S  U  A  L  E  M  V  R  E  V  O  S  Y  N  M
W  R  F  H  X  E  Y  L  S  E  L  D  E  R  S
```

Power of Prayer

James 5:13–16

AFFLICTED	FAULT	RAISE
AMONG	FERVENT	RIGHTEOUS
ANOINTING	FORGIVEN	SAVE
ANOTHER	HAVE	SHALL
AVAILETH	HEALED	SICK
CALL	LORD	SING
CHURCH	MERRY	SINS
COMMITTED	MUCH	THEM
CONFESS	NAME	THEY
EFFECTUAL	OVER	WITH
ELDERS	PRAYER	YOUR
FAITH	PSALMS	

Day 206

```
S G N I W P H I N E H A S Z A
L E L E E L A Z E B L T H W Q
A Y N O M I T S E T P I E C M
S M D P R J B R D C S P E N S
P X A Q H Y G A E B M I P T H
T H V S T F O U R R I N G S I
A O I O G V L F U C B O O D T
E P D L X M D P T A U R R O T
S H W O I E E R P H R K U R I
Y N A M X S N Q A M E E M E M
C I R O M N T V C I H L C M W
R T Y N Z W V I E C C P O E O
E E L P M E T O N E P D B R O
M S T A V E S O V E R L A I D
G N I C I F I R C A S W Q N K
```

The Ark of the Covenant

BEZALEEL
CAPTURED
CHERUBIMS
DAVID
EKRON
ELI
EMERODS
FOUR RINGS
GLORY OF THE LORD
GOLD
HOPHNI
MERCY SEAT
MICE

OVERLAID
OXEN
PHILISTINES
PHINEHAS
SACRIFICING
SHEEP
SHITTIM WOOD
SOLOMON
STAVES
TEMPLE
TESTIMONY
WINGS

Day 207

```
E Q P Y H H T W B E Y T A O F
H D F R G D C E J A H L L R V
Y F Y O P G S N W E A R S M T
K P N D E L T T I L W E O I Z
M E N E T S H R N F M H T E V
V B O L H G J S P A F T I F X
X M O L I W U T J T V O A C F
V E X A B R O Y E H T R R R H
V H R C N Z R T L E A B E Y W
D T Z A J E E T P R S F N S W
S E M U H B R E D N U H T S J
T E R T P E E G O C O T F E L
D S R I D D W S E J F V O Y R
C A A T H E N C E S H I P E L
F M R Y M E N D I N G L Y Z R
```

Sons of Thunder

Mark 1:19–20; 3:17

And **when** he had **gone** a **little farther thence,** he
saw **James** the son of **Zebedee,** and **John** his **brother,**
who **also were** in the ship **mending** their **nets.** And
straightway he **called** them: and **they left their father**
Zebedee in the **ship** with the **hired servants,** and **went**
after him. . . . And James the son of Zebedee, and
John the brother of James; and he **surnamed them**
Boanerges, which is, The **sons** of **thunder.**

```
I  R  Z  B  R  U  Y  X  G  P  S  D  F  B  I
E  U  S  T  E  M  I  N  D  N  R  A  E  F  M
P  B  L  V  D  E  I  W  O  O  P  F  C  R  U
E  W  O  R  L  D  H  I  O  M  O  E  E  D  R
D  L  O  X  R  I  T  T  I  R  I  P  S  G  W
E  L  B  O  C  C  A  H  E  P  K  T  X  I  U
L  C  C  H  I  H  H  K  E  A  P  S  S  V  O
L  C  A  L  I  R  M  S  R  R  D  O  D  E  H
A  G  F  R  D  I  A  U  I  T  E  N  W  N  T
C  F  N  E  G  S  R  U  A  M  F  U  E  H  H
A  R  V  J  B  T  O  E  X  K  A  H  O  O  R
C  A  L  L  I  N  G  J  L  E  H  P  L  R  S
S  V  T  L  E  P  S  O  G  R  S  Y  G  W  E
R  P  U  R  P  O  S  E  D  N  A  G  E  B  A
Z  B  M  J  O  V  Y  U  G  V  Z  F  D  W  I
```

The Right Spirit
2 Timothy 1:7–9

For God hath not given us the **spirit** of **fear**; but of **power**, and of **love**, and of a **sound mind**. Be not thou **therefore ashamed** of the **testimony** of our **Lord**, nor of me his **prisoner**: but be **thou partaker** of the **afflictions** of the **gospel according** to the power of God; who **hath saved** us, and **called** us **with** an **holy calling**, not according to our **works**, but according to his own **purpose** and **grace**, **which** was **given** us in **Christ Jesus before** the **world began**.

```
S M U Y O F W F A H E O M M F
D N W L E Z O A Z U S D B D D
T E W L E B E R N G J C B C D
W R I U H G R E A T L Y K V F
H H G F G U R J H P N Z O C X
E T A H I D T O H T W A U E S
N E P T L T N I T R F O H T K
Q R T I S F S C U E H B R T J
E B H A B O A E R T V A S O Q
P C A F P M E D T A N E V H T
M A T M E K U V F G O R N E E
R O Z B E L O V E D Q S H Z Z
D D R E T A E R G R R E T I P
W D Y J U T S E K L A W V T X
A F C K F T F N Q R N L J M A
```

Walk in Truth
3 John 1:3–5

For I **rejoiced greatly, when** the brethren **came** and **testified** of the truth that is in **thee, even** as thou **walkest** in the truth. I **have** no **greater** joy **than** to **hear that** my **children** walk in **truth. Beloved,** thou doest **faithfully whatsoever thou doest** to the **brethren,** and to **strangers.**

```
O B S C U R E M N O I N I P O
A R A G E M O C C A S I O N S
T N Y N N U O M A R O P P R U
H A O I A Q M M U D N E F F O
S N L R N E C N E I D E B O I
U O Y P O R H C O R U O D O D
R I M S Y T I N U T R O P P O
O T P F O F O O D E N E P O B
H A A F F N O I T A R E P O L
P P S O F F S C O U R I N G A
I U M H H O P P R E S S S S T
S C O N I O N S R I H P O T I
E C H S S T N E T O P I N M O
N O I T A V R E S B O O A K N
O P P O S I T I O N S X O D S
```

O's in the Bible

OAK
OATH
OBEDIENCE
OBLATIONS
OBSCURE
OBSERVATION
OCCASIONS
OCCUPATION
ODIOUS
ODOUR
OFFEND
OFFICE
OFFSCOURING
OFFSPRING

OLYMPAS
OMAR
OMEGA
OMNIPOTENT
ONAN
ONESIPHORUS
ONIONS
OPENED
OPERATION
OPHIR
OPINION
OPPORTUNITY
OPPOSITIONS
OPPRESS

```
U Z W I N E T C E F R E P E E
L P N R C U R S E D L R T A C
R I R L M M Q A O O E D D S N
S N S I V O R G R S E E N T E
O A N U G E R D E I N A N D S
F K T F B H V N F N E H R D E
F E N A I S T I I D F O A D R
E D A C N E T S L N W U Z N P
R E V E G C N A J S G S F I V
E A R D N A H O N H L E O W E
D D E A E C B W T C L S R A A
N H S B G G R E A T E S T M R
O C A H E A R T S M F I H K T
N S O N S S B D R I N K I N H
E X I W A L K I N G E S O R A
```

Job's Trials

AROSE	GOD	PRESENT
CHALDEANS	GREATEST	SABEANS
CURSED	HAND	SANCTIFIED
DAUGHTERS	HEARTS	SATAN
DEAD	HEDGE	SERVANT
DRINK	HOUSES	SINNED
EARTH	JOB	SONS
EAST	LORD	SUBSTANCE
EATING	MORNING	SWORD
EVIL	NAKED	UPRIGHT
FACE	NONE	UZ
FEAR	OFFERED	WALKING
FELL	PERFECT	WIND
FORTH	PRESENCE	WINE

Day 212

```
C K N O W L B O G O O D S Z Y
H Q N I G Y F H Y N V P O X A
I M S O R Y T Z H B I M Y J Y
L O N E C E Z E S R U E H O K
D R V O K K A Y I C I R B S T
R E C E I V E T H X T Y T U Q
E E E C E P H T E D N I F A Z
N S F N T T R G H N E V I G Z
N F L F Z U E O N O P E N E D
Y Y L C O S H N C L R C B Q D
H L I Y G O T N U S E H R F S
T O W F T I A O Y A S K E T H
G H L T B A F H N I K V A L A
G P E J N E H T F E I D D B L
R N X M O S Z T S L S E C W L
```

Ask, Seek, Knock

Luke 11:9–13

ASKETH	GOOD	SEEKETH
BEING	HEAVENLY	SERPENT
BREAD	HOLY	SHALL
CHILDREN	KNOCKETH	SPIRIT
EVERY	KNOW	STONE
EVIL	MORE	THAT
FATHER	MUCH	THEM
FINDETH	OFFER	THEN
FISH	OPENED	UNTO
GIFTS	RECEIVETH	WILL
GIVEN	SCORIPON	YOUR

```
K E P T G O D R F N E V A E H
E T E R N A L S A V E I Q N R
Q A W O L L O F Z G O O D G U
I D E R E R A E B H E A R D L
K U M S E T U B I R T S I D E
N L O Y R E V E W F A T H E R
O T C V O H R I C A L L E S T
W E A L O U T I R E H N I M L
E R R N S N T M F M O T H E R
S Y O A E I A H C E R T A I N
T U E S M S T E A L R O O P E
R R S M T H E S L A F G P X N
T L O E C S O R R O W F U L O
A C R I J L I F E L L I K P N
Y X R C O M M A N D M E N T S
```

The Rich Young Ruler

Luke 18:18–23

ADULTERY	GOD	NONE
BEAR	GOOD	ONE
CALLEST	HEARD	POOR
CERTAIN	HEAVEN	RICH
COME	HONOUR	RULER
COMMANDMENTS	INHERIT	SAVE
COMMIT	JESUS	SELL
DISTRIBUTE	KEPT	SORROWFUL
ETERNAL	KILL	STEAL
FALSE	KNOWEST	TREASURE
FATHER	LIFE	VERY
FOLLOW	MASTER	WITNESS
	MOTHER	YOUTH

Day
214

```
W I S D O M A F I N D E T H G
Q S G P E O P L E L O V E T H
R R I U S A T I S F I E D I M
E K U L A U G H T E R X E R S
C K P O V H E A R T R A S I E
H O N U B E E E I A I T J P H
I M N O I A R N B O G I O S C
L K U S W C L U V Z H O Y V I
D R P E I L N R Z I T N F A R
H C L U N D E R T H E S U N E
O L U O A J E D K Q O D L I W
O I W N O Z O R G E U N L T A
D F C I O F T Y E E S A Y Y R
D E C U S G H A N D O F G O D
D E V I C E Q U I T Y O U T H
```

Vanity of Vanities

Ecclesiastes 2–11

ABUNDANCE	JOYFULLY	RIGHTEOUS
CHILDHOOD	KNOWLEDGE	SATISFIED
CONSIDERED	LABOUR	SILVER
DEVICE	LAUGHTER	SPIRIT
ENJOY	LIFE	UNDER THE SUN
ENVIED	LOVETH	VANITY
EQUITY	NEIGHBOUR	VEXATION
FINDETH	PEOPLE	WISDOM
FOOL	REJOICE	WISE
HAND OF GOD	REWARD	YOUTH
HEART	RICHES	

K	D	Q	O	A	T	T	E	N	D	P	R	Y	P	P
Y	E	H	T	I	F	R	O	M	E	G	U	F	E	R
E	Z	G	N	I	V	I	L	R	D	E	D	C	M	A
D	V	U	U	D	T	Q	S	E	S	O	H	P	O	I
A	E	B	I	R	B	E	I	T	A	D	N	T	B	S
G	L	A	O	W	C	R	R	E	F	B	O	A	T	E
S	S	P	L	U	C	O	M	P	A	S	S	H	D	R
O	U	H	T	F	N	A	Z	B	T	D	I	T	R	O
V	J	O	A	G	N	T	O	W	B	R	R	X	C	H
Z	R	C	E	L	G	U	I	R	R	E	P	O	Z	V
S	U	R	X	T	T	T	I	F	O	V	Z	L	L	G
H	H	O	I	F	H	N	A	B	U	I	K	V	A	X
E	N	A	H	T	G	G	R	V	G	L	L	E	N	B
S	O	U	L	T	R	B	I	N	H	E	L	R	D	J
V	V	U	B	L	A	U	N	R	T	D	X	Y	U	S

David Prays for Refuge
Psalm 142:5–7

I **cried** unto **thee**, O LORD: I **said**, Thou art my **refuge** and my **portion** in the **land** of the **living**. **Attend unto** my cry; for I am **brought very** low: **deliver** me **from** my **persecutors**; for **they** are **stronger than** I. **Bring** my **soul** out of **prison**, **that** I may **praise** thy **name**: the **righteous shall compass** me **about**; for **thou shalt deal bountifully with** me.

Day 216

```
D L O H E B I R E O D R E I J
C A Z X A N E H T A E H C F P
O X U T L V P N N J M V A S K
S D T G I L U O O C O M E T H
Y L U R H X I I I H U V P N A
E C O L T T C W N A C U G U V
M E H W A E E Y I R Z C I P I
O E S V L F E R M I L Y C O N
R I L R O Y V N O O L K I N G
F A S A O V O N D T S U J N N
S K L E S H E C A S P Q I O E
O H A T G U A E E H T D E L K
Q T A E P H R A I M I E I D O
H F L L P G T E J R L K F X S
D B G Q L S H J J E C X W R N
```

The King Is Coming

Zechariah 9:9–10

Rejoice greatly, O daughter of **Zion**; **shout**, O **daughter** of Jerusalem: **behold**, thy **King cometh** unto **thee**: he is **just**, and **having salvation**; **lowly**, and **riding** upon an ass, and **upon** a **colt** the **foal** of an ass. And I **will** cut off the **chariot** from **Ephraim**, and the **horse** from **Jerusalem**, and the **battle** bow shall be cut off: and he shall **speak peace unto** the **heathen**: and his **dominion shall** be **from** sea even to sea, and from the **river even** to the **ends** of the **earth**.

```
P H E R O D I A S L G L T C D
R O B U R E V I R N A D R O J
E N Z Y G T N P V M S U A W I
P E Z M Y O I R B Z F T Z I S
A Y S T S U C O L L H E S L N
R T U I W T F P Z N Y C A D V
E T R Q A G T H Y M L N I E B
Y P G Z O L D E A B R A R R D
E D H D M O D T A N L T A N E
T J Y C R Z I Y E L F N H E Z
H H T E B A S I L E K E C S I
E E H Q O J E S U S T P A S T
W I T N E S S R V M V E Z I P
A W B W G N I H C A E R P Q A
Y T T R E J A D E D A E H E B
```

John the Baptist

BAPTIZED
BEHEADED
DAMSEL
ELISABETH
HEROD
HERODIAS
HONEY
JESUS
JORDAN RIVER
LAMB OF GOD

LOCUSTS
OATH
PREACHING
PREPARE YE THE WAY
PRISON
PROPHET
REPENTANCE
WILDERNESS
WITNESS
ZACHARIAS

Day 218

```
N M J V E H K D R E V E X Z Q
S E W C G R Q E R T V G T Z Q
J O I T U O V K N O W N X L J
B V M T H T C C L A W A Y U X
S E Q O H I P I H T E D I B A
O R G O A E N W T H E R E O F
V C E I P G R G E J X E Q P R
H O B H N I L S S L A P T G O
L M W U T N U F S Y U F A B M
H E O T Y A I I A V N S H G X
V Y E H C Q F N P S T W T O G
K N A E T B M Y G N O R T S P
Y V B O X E B H T R X G E K W
E E Z V K A O L L I W Z E M Z
H H R T F Z K D O Z C G F N J
```

How to Live Forever

1 John 2:14–15, 17

I have written unto you, **fathers**, because ye have
known him that is **from** the **beginning**. I have **writ-
ten unto** you, **young** men, **because** ye are **strong**, and
the **word** of God abideth in you, and ye **have over-
come** the **wicked** one. Love not the world, **neither**
the **things** that are in the world. If any man love the
world, the **love** of the Father is not in him. . . . And
the **world passeth away**, and the **lust thereof**: but he
that doeth the **will** of God **abideth** for **ever**.

```
K E P A R A N L E I L E H A N
W I L D E R N E S S O F S I N
F J B I Q Z P A R D A N J C B
B E E R M I D I H P E R N T A
C A V R O T A B E R A H E Q M
I B R M A T T A N A H Q H V O
A A T J V N H A S S A M S D T
N R E D S E A H A Z E R O T H
I I K V J L Q J A H A Z G Q N
S M O U N T H O R T H T O B O
T H Z V L Z O Z W H T M O A B
N N T H K P R U Z P M A R A H
U I Q J H T M V G J L Q V J S
O Z A R E D A Z A R N O N A E
M E R I B A H L H K A D E S H
```

Route of the Exodus

ARNON
BAMOTH
BEER
ELIM
GOSHEN
HAZEROTH
HESHBON
HORMAH
IJEABARIM
JAHAZ
KADESH
MARAH
MASSAH
MATTANAH

MERIBAH
MOAB
MOUNT HOR
MOUNT SINAI
NAHELIEL
OBOTH
PARAN
RED SEA
REPHIDIM
TABERAH
WILDERNESS OF SIN
ZARED
ZIN

**Day
220**

```
D R M O D W E S D N C W S G S
Q A S O R N O G L S O W A R G
E D N A S F K N O T N R F B N
K K T C C E I I G A S L A C I
A H N M I R S R V R E N O A R
R D V I A N I E E S C R L F R
B T R T R E G F I G R V A O A
G S L O X D I F I U A O L R E
A A Z Y L V P O P C T M T G G
V E R E P E N T E D E S T I O
E F H Z O P E N S I N D E V D
E G Y P T D P R P E A C E E S
J P L A Y K U U K A E R B B D
M E D N A H Y B L E A R S I A
G R A V I N G T O O L D N A L
```

Aaron's Golden Calf

Exodus 32

AARON
ALTAR
BRAKE
BREAK
BURNT
  OFFERINGS
CONSECRATE
CORRUPTED
DANCING
DRINK
EARRINGS
EGYPT

FEAST
FIRE
FORGIVE
GAVE
GODS
GOLD
GRAVING TOOL
HAND
ISRAEL
LAND
LORD
MOSES

PEACE
PEOPLE
PLAY
REPENTED
SACRIFICED
SEED
SELF
SIN
STARS
WAR
WRATH

```
W X I N D Q E Z I C E D B T B
I H A R X L L A H S P T V R
W M O U N T U P U A S S C Z U
E L H S S M T N I G Z D A Y S
D I Z O O I X D Y T R M L P E
D E L I V E R A N C E K L O Y
L Q R I O J V I D L M D Z V D
O D T E E N H E A J N O L V D
H Y Q M V M C S R N A X H F Z
E S O H T I U B R I N G D W U
B C N O A R L D J A T E D N M
O S L O E T L E U G A O T G W
L T S J K A H J D A B S Y P Q
M W M N E H W K A R M Y Z A P
S Y E M I T T X H W H K H X E
```

Call on God

Joel 2:32; 3:1

And it shall **come** to **pass,** that **whosoever** shall call on the **name** of the LORD shall be **delivered:** for in **mount Zion** and in Jerusalem shall be **deliverance,** as the LORD **hath said,** and in the **remnant whom** the LORD shall **call.** . . . For, **behold,** in **those days,** and in **that time, when** I **shall bring again** the **captivity** of **Judah** and **Jerusalem.**

Day 222

```
K W D J R C B T H A T S R L Y
U A L V X E U S P A K E G W Y
C C O I T C I N H H T E C O A
K R H W Y L L C T F T D U F D
E J E L B I Z I A O W R M R L
O E B A R B W F K L T M A E U
N C T E T S A E B I O W V E X
U S S N S U N J K J D P J T A
E X L U A Y R E V E G U N T G
Z D G Y Y N O E S N S W U X D
V U W H I S E R I K O D S T V
M O R F N H N V D F M A A R W
M L T E G A I O O H D Z H K P
T C A T T L E Y S C K P Q L R
G H S C I L A Y D M Q U V Z U
```

The Promise

Genesis 9:8–10, 13

And God **spake unto Noah,** and to his **sons** with him, **saying,** And I, **behold,** I **establish** my covenant with you, and with **your seed after** you; and with every **living creature** that is with you, of the **fowl,** of the **cattle,** and of every beast of the earth **with** you; **from** all **that** go out of the ark, to **every beast** of the earth. . . . I do set my bow in the **cloud,** and it **shall** be for a **token** of a **covenant between** me and the **earth.**

Day 223

```
J G H E L I S H A H I P S C C
D J A G S Y M I S U R H T A P
H O M H E A P V E P Y C P S M
A H R P B T R A A M A H M L B
L Z A M A O H H C P T E I U Y
A T G L I R F E C O M T M H M
S X O D T N M K R E N H A I I
A L T A R S H I S H B A N M B
S I I U O F M H H H R A A G A
H M B V B K G A T U D K G Q H
K I T T I M V T D O T B I L E
E D N O D I S B D I H H U R L
N U X U L P O A H T A H P I R
A L M A S H R S Y L G R U A D
Z U H U Q S A B T E C H A H N
```

Noah's Great-Grandsons

ANAMIM
ASHKENAZ
CAPHTORIM
CASLUHIM
DODANIM
ELISHAH
GETHER
HAVILAH
HETH
HUL
KITTIM
LEHABIM
LUDIM
MASH

NAPHTUHIM
NIMROD
PATHRUSIM
RAAMAH
RIPHATH
SABTAH
SABTECHAH
SALAH
SEBA
SIDON
TARSHISH
TOGARMAH
UZ

**Day
224**

```
P G N I Y S E H P O R P P S P
P E N T E C O S T T E A E E A
R L S T S E I R P O T R S T M
S B A E C A L A P R A T T I P
S A L S S R S L I H L I I H H
P R L P P R E M S P I C L T Y
P A I X Z X O W U E P U E E L
H P C P P N O B P A S L N L I
A A S H Y L L R S R U A C E A
R R I P P I M M L I R E P X
I A R L C T S S P S T X Y R Z
S D P A R T I T I O N Z X A T
E I N N N R E T T O P T Y T
E S H C R A I R T A P E R E S
S E U G A L P D E H C A E R P
```

P's in the Bible

PALACE
PAMPHYLIA
PARABLE
PARADISE
PARTICULAR
PARTITION
PATRIARCHS
PATRIMONY
PEARLS
PELETHITES
PENTECOST
PEOPLE
PERES

PESTILENCE
PHARISEES
PLAGUES
PLOWSHARES
PONTIUS PILATE
POTTER
PRAYER
PREACHED
PRIESTS
PRISCILLA
PROPHESYING
PUBLICANS

```
E D U T I T L U M M B L O R D
C X E H T N U M B U E F L E E
N P C A M E S T F R H E R L Y
E L H E A R D M A W N E U S R
H H I S E S U A C E B E A R M
W I L T M D V B E M E V W Q U
P O R H V E I T U V H C A L L
E C E O E M A N N A O L A R T
L H T U L Z A N G E L U B E I
D I H A E I Z G H L D C C H P
Y L S C A U A C M D Y E I T L
R D I A M N N R T U N T O I Y
R A G A H O T P A V T L A H S
S H M I S T R E S S E E D W P
A F F L I C T I O N O S A I D
```

Hagar

Genesis 16:8, 10–11

And he **said, Hagar,** Sarai's **maid, whence camest thou?** and **whither wilt** thou go? And she said, I **flee** from the **face** of my **mistress Sarai.** . . . And the **angel** of the LORD said **unto** her, I will **multiply** thy **seed exceedingly,** that it shall **not** be **numbered** for **multitude.** And the angel of the LORD said unto **her, Behold,** thou **art** with **child,** and **shalt bear** a **son,** and shalt **call his name Ishmael; because** the LORD hath **heard** thy **affliction.**

```
D P L B S B W R K R W B H F N
S U F G T I R I P S T H F X I
N R O B C A N N O T P L E T D
Z V E V E G U P R E E H T N I
E B F H D H R E T S C P O C A
H E H O T H C A H I X C M Y S
S U M E D O C I N L E V R A M
Z G K I T A M Q H S A I T H F
S Q U N T O G F U W W V R S Q
T H I G H X N A O X A E S U Q
J P Z S A H P M I L T R R S V
F M U S T O B N B N E I A E Q
D E K S I Q O D E G R L M J D
B Q B L M N M S G G W Y N P V
N L K F Z T S B Q N W L U N Q
```

Questions at Night

John 3:4–7

Nicodemus saith unto him, How can a man be born **when** he is old? can he enter the **second time** into his **mother's womb,** and be born? **Jesus answered,** Verily, **verily,** I say unto thee, **Except** a man be born of **water** and of the Spirit, he **cannot enter into** the **kingdom** of God. That which is born of the flesh is **flesh**; and that **which** is born of the **Spirit** is spirit. **Marvel** not **that** I **said unto thee,** Ye **must** be **born again.**

Day 227

```
Y Z V F S Y E S O H W L N M D
N R R P A U E V F Y M A F G R
J W E Z G T V I M G E N O X P
R U H O I K H O U S E D T L W
R U T R K L L E W D S H E X Y
U N O V E W C O R Y I I W S Y
U M S Y P H H N Z S H C D A S
A E L O O I T O D X T P P E Q
F L O O D C E E M A R W R B D
A E S F G H V U H W L V P O F
W E S E U R I T O W E Q M G Q
H R Z N E A L L O R D R B Z S
D C G S T R L L R M L C H M X
O R Y Z Z U E I V G P O B K U
W K C Q L O H W H E B C S Z O
```

Whom Will You Serve?

Joshua 24:15

And if it **seem evil unto** you to serve the LORD,
choose you **this** day **whom** ye **will** serve; **whether**
the gods **which your fathers served that were** on the
other side of the **flood,** or the **gods** of the **Amorites,**
in **whose land** ye **dwell:** but as for me and my **house,**
we will **serve** the LORD.

**Day
228**

```
S  W  I  S  D  O  M  R  M  O  E  A  L  H  E
P  S  V  C  H  A  E  S  E  B  U  Y  E  T  H
I  T  I  C  K  H  M  X  R  R  U  B  I  E  S
N  E  R  E  O  P  E  R  C  E  I  V  E  T  H
D  S  T  R  E  N  G  T  H  E  D  K  W  N  W
L  H  U  L  F  W  S  K  A  K  L  I  E  A  O
E  S  O  D  E  O  G  I  N  H  L  L  D  L  R
C  E  U  O  E  V  O  N  D  L  O  L  E  P  K
I  L  S  O  H  S  I  D  I  E  O  N  O  S  E
O  L  O  G  J  P  S  N  S  H  R  U  O  Q  T
J  E  J  T  U  F  G  E  E  I  L  E  B  U  H
E  T  Z  R  H  L  F  S  L  Y  L  I  T  Q  R
R  H  P  A  Y  I  U  S  A  B  A  K  N  H  V
Z  L  J  E  F  O  N  K  S  C  A  R  L  E  T
E  D  T  H  H  T  E  G  N  I  R  B  D  B  N
```

Virtuous Woman

Proverbs 31:10–31

BLESSED	HOUSEHOLD	SELLETH
BRINGETH	KINDNESS	SILK
BUYETH	LINEN	SPINDLE
CLOTHING	MAKETH	STRENGTH
CONSIDERETH	MERCHANDISE	VINEYARD
EXCELLEST	PERCEIVETH	VIRTUOUS
FOOD	PLANTETH	WILLINGLY
GOOD	PURPLE	WISDOM
HEART	REJOICE	WORKETH
HER	RUBIES	
HONOUR	SCARLET	

```
S Y C E H P O R P F O T F I G
N C T D S T S E T A E R G H N
I J H N S E O F A I T H E T O
A M I I A S U H T U R T C E L
T I N K L I N G C Y M B A L H
N E K N G D D M N H E T F I T
U N E O A E I Y A O N Y O A E
O V T W H N N S C P T T T F R
M I H L G D G T H E B I E R E
E E N E U U B E A T E U C E F
V T O D O R R R R H H Q A V F
O H E G R E A I I N A I F E U
M N V E H T S E T A V N N N S
E O I U T H S S Y M E I F G G
R T L P U D E F F U P T O N S
```

1 Corinthians 13

BEHAVE	MAN
CHARITY	MEN
CHILDISH THINGS	MYSTERIES
ENDURETH	NEVER FAILETH
ENVIETH NOT	NOT PUFFED UP
FACE TO FACE	REMOVE MOUNTAINS
FAITH	SOUNDING BRASS
GIFT OF PROPHECY	SUFFERETH LONG
GREATEST	THINKETH NO EVIL
HOPETH	THROUGH A GLASS
INIQUITY	TINKLING CYMBAL
KIND	TONGUES
KNOWLEDGE	TRUTH

Day 230

```
B F N R B C M O U N T A I N S
L G I U A S K L V F L O C K S
E H M S S F J K I N G S F L Q
S I A K P O S M S N Z E E P L
Q J J A E O R S H I E L D O O
E D N V A H E E A K N B G N R
K I E M R E H H M I A D U M D
A S B X Z S C C G S R T H E R
E H Q G I R R A A H E R I R R
P K P A R O A E R O M A J O S
S L N T E H I R W N M E L Z J
D I O E B D E B O R A H I M A
S S I S E R A T X Y H C V L E
B M N Y H M I G H T Y B E K L
A A W A K E H U P R A I S E U
```

Song of Deborah

Judges 5:2–31

ARCHERS	HEBER	PRAISE
AWAKE	HORSEHOOFS	REUBEN
BENJAMIN	JAEL	SHAMGAR
BREACHES	KINGS	SHIELD
DEBORAH	KISHON	SINAI
DISH	LIVES	SISERA
FLOCKS	LORD	SPEAK
GATES	MEROZ	SPEAR
HAMMER	MIGHTY	SUN
HEART	MOUNTAINS	

```
C H T I A F Y A L F O U N D M
U P V S G S C T S R O O F E H
E N P R D O H Y I U I Q L H R
Y M D A M A E O L R S X T N G
U J P E M N I T U N O E Z E G
T Z T L R S H T H L O H J H N
Y H T R O W N F H D D V T W I
T N A V R E S Z S E O E O U V
Q Y Z Q C R C O L W M R S U A
W Y Y D O E L L L O D I H T H
H E A L E D E D G L G L A L K
T Z M K I V D R O L A Y V A S
T I W E R I E A N O T H E R V
F X R A A A P E M F S P S C C
W S M S T I A H J R S O E G Y
```

Faithful Centurion

Matthew 8:8–10

ANOTHER	HAVE	SERVANT
ANSWERED	HAVING	SHALL
AUTHORITY	HEALED	SHOUDEST
CENTURION	HEARD	SOLDIERS
COMETH	ISRAEL	SPEAK
DOETH	JESUS	THEM
FAITH	LORD	UNDER
FOLLOWED	MARVELLED	VERILY
FOUND	ONLY	WHEN
GOETH	ROOF	WORD
GREAT	SAID	WORTHY

Day
232

```
K N M W L D M I R A C L E S T
K N O W L E D G E K N W U H N
S O D S A E R A S E A C E W H
A I S D T O N G U E S S I H O
L T I M K N M E L A S U R E J
I A W S A I R A M A S H W A D
S T N O N D D A L R S A O L I
P E P L T P D O F R P C R I S
E R C L I P N A E O E S K N C
T P O O O I I D S P A P I G E
E R R P C T L T R H T I N N R
R E I A H E L M P K H R G W N
P T N U B E R E A R E I T S I
T N T L S T C H H M N T H E N
R I H S E H T Y Y R S S S S G
```

The Church

SPIRITUAL GIFTS:

DISCERNING [OF]
   SPIRITS
FAITH
HEALING
INTERPRETATION
KNOWLEDGE
PROPHECY
TONGUES
WISDOM
WORKING [OF]
   MIRACLES

LEADERS:

APOLLOS
APOSTLES
CEPHAS
ELDERS
JOHN
PAUL
PETER
SILAS

LOCATIONS:

ANTIOCH
ATHENS
BEREA
CAESAREA
CORINTH
DAMASCUS
JERUSALEM
SAMARIA
THESSALONICA

```
N W S R M O R U L G N D Z W U
U O A W L C O M E I F E J M B
D L I H C H Z V D V I W H S A
Y L D T T B A O T E R E H T Q
T N F L C V R W T G E T K S H
Y K P T H I N E I N Q D H A T
O S S H A L L D M L U D N Z Z
D M X P O I O F R E L D P I X
H Q Q R P C G O F Z M F S L X
E V D A E H B A K A L B U T C
X Z B W Y B L S I S S P E V Q
J W Z B L H S D Y T O G F R B
B R C U A P Y A I S R A I Z X
P E Z I S O D T N O P U L J Y
W M K Z O F C R F H R W M F L
```

Hannah's Prayer for a Child

1 Samuel 1:11

And she **vowed** a vow, and **said**, O LORD of **hosts**, if **thou** wilt **indeed look** on the **affliction** of thine handmaid, and **remember** me, and not **forget** thine handmaid, but **wilt** give unto **thine handmaid** a man **child**, **then** I **will give** him **unto** the LORD all the **days** of his **life**, and **there shall** no **razor come upon** his **head**.

Day 234

```
T H T N E S U A C E B O R O X
C T S A R X D P Z N R V H Y B
S E X A L T E D R L E E H T V
C C X N I K U H E A V R H P Y
N I R C K D E G R R Y A O T L
H O L Y E A D R X G A E E M D
H J I Z R E O E H E C B D M U
R E E T L G D N A D T A Y M O
R R M W A E M I N E I T H E R
R Y O N H V K M N R O C K B P
C N C G S T L R A G N G E K A
K Y I W O O U A H P S S R S Z
H E K G R O A O S E I M E N E
W L V D Y G X L M D R B K T T
F X N W J U C G E N O N V C L
```

Hannah's Prayer of Thanks
1 Samuel 2:1–3

And **Hannah prayed**, and **said**, My **heart rejoiceth** in the LORD, mine **horn** is **exalted** in the LORD: my mouth is **enlarged over mine enemies**; **because** I rejoice in thy **salvation**. There is none **holy** as the LORD: for there is **none beside thee**: **neither** is **there** any **rock like** our God. **Talk** no **more** so **exceeding proudly**; let not **arrogancy come** out of **your mouth**: for the LORD is a God of **knowledge**, and by him **actions** are **weighed**.

```
B C T D W X G C A K P N W S D
A F I R K I N Q L Z S E L I M
R M S R T A L E N T L S D Q W
M Q H N A G M E A S U R E W C
U C E C P D N T P S A C N F B
G R K S A R E I S C Y U A U D
I C E T C R L E H S U B R F Q
Y A L M E G D M R T E I I Q E
H A F M O F A X O K R T U M S
Y I O U A H E N A M E A S Q V
U F P T R H A H P E D W F Z V
M E H Q B L R Z L R A N I M V
T O T C W X O R A T N X U G S
M J A I L L C N N H Z P C O R
E B B I M H S P G J K V I L P
```

Measurements, Weights, Money

BATH
BEKAH
BUSHEL
CAB
COR
CUBIT
DARIC
DENARIUS
DIDRACHMA
DRACHMA
EPHAH

FARTHING
FATHOM
FIRKIN
FURLONG
HOMER
LOG
MANEH
MEASURE
MILE
MINA
MITE

OMER
PACE
POUND
QUADRANS
REED
SEAH
SHEKEL
SPAN
STATER
TALENT

**Day
236**

A	M	S	T	H	A	P	C	N	M	I	L	L	M	W
F	B	A	W	V	A	Y	R	G	A	S	I	V	I	A
U	E	C	T	O	H	R	S	B	U	P	R	N	J	G
G	L	M	D	T	K	T	R	G	L	V	N	C	S	O
H	K	P	A	E	O	D	A	O	G	O	X	D	H	N
S	C	N	M	B	T	C	W	X	W	L	M	Y	O	V
H	I	L	G	I	M	S	K	I	E	S	I	E	V	E
O	S	R	A	E	H	S	N	E	F	I	L	E	E	U
K	T	T	K	A	Y	G	Z	O	P	V	L	U	L	T
A	O	T	R	Q	F	S	R	Y	L	U	S	B	S	W
H	N	E	E	A	I	K	C	O	U	L	T	E	R	N
L	S	D	N	R	C	P	H	G	P	L	O	U	G	H
F	T	L	W	I	N	S	W	U	X	U	N	G	J	N
O	I	M	C	V	Y	O	K	B	T	W	E	K	O	Y
R	B	R	I	D	L	E	A	Y	Z	E	S	I	F	O

Farming Tools

AXE
BIT
BRIDLE
CART
COULTER
FILE
FORK
GOAD
HAP
HARROW
MATTOCK
MAUL

MILL
MILLSTONE
PLOUGH
PLOWSHARES
SHEAR
SHOVELS
SICKLE
SIEVE
WAGON
WINNOWING FAN
YOKE

```
C D D V S L B H T F R L D U E
T V R Q Q L T U N T O B Q Q H
D T O S L A W D O W J E T H W
L A E I A E Q L X U R H I P U
M M W V A E D U H E E Z R L Q
P A A E E S U O H R C T E W F
Z A N N R I K W E J E X H A R
Z V M Y S E L F V M I Y T G I
H A T K N I E E X Q V H I A C
L U Z X T R O U B L E D H I R
S U P L A C E N M R K X W N L
E R U P H O M T S Q U A Z S A
J V E Z T M S G J K W O N K A
T R A E H E I E F A G R Y K X
P E G H L P T L B P Q X N Z A
```

I Will Come Again

John 14:1–4

Let not **your heart** be **troubled**: ye believe in God, **believe** also in me. In my **Father's house** are **many mansions**: if it **were** not so, I **would have told** you. I go to prepare a place for you. And if I go and **prepare** a **place** for you, I **will come again**, and **receive** you **unto myself**; that **where** I am, **there** ye may be **also.** And **whither** I go ye **know,** and the way ye know.

```
Q Q U U Q U U S M S S K Q K Q
S Y R K S K R U Q E K U K U U
T L X X U E G N I K A U Q S I
T T Z Z T K K R S I Q U U S E
T E H R R K R S L S I S A E T
Q I A K A A S S S C S N R N N
U U U U U Q U K K Q U E R T O
Q Q S Q Q H U S K U K E E E I
U Q Q U U C A K K K K U L I N
I H H T E N E K C I U Q K U R
V Q Z Z D E Q I K U E M U Q E
E X X S S U U S R Q M K Q I T
R E V I U Q U I C K L Y A Q A
E Y U S N O I T S E U Q Q U U
D X R Q S R T B L T S M R Q Q
```

Q's in the Bible

QUAILS
QUAKE
QUAKING
QUARREL
QUARRIES
QUARTERS
QUARTUS
QUATERNION
QUEEN
QUENCH
QUESTIONS

QUICK
QUICKENETH
QUICKLY
QUICKSANDS
QUIET
QUIETLY
QUIETNESS
QUIT
QUIVER
QUIVERED

```
I Y N A M S E J W G I P N S O
C H R D T B F K H R R O E N L
D B O O P R I D E E G N L R D
L E Y L L I L K A A O E L O M
I T A C Y G O L D T L M A H E
O A L O N H I R S I D O F T N
G L S R A T S E V L E W T U L
N P L R C E Q J D G N S H V U
I N J U F O S O K D B U S E F
T E E P E U T I H H F O I A I
N D D T R S E C W T A U R G T
I L P I U N K I P O L T U I U
O O K B D E T N Q M N R O V A
N G R L N S S G N I K I L E E
A N O E E S A I V W J V F N B
```

Crown

ANOINTING OIL
BEAUTIFUL
CORRUPTIBLE
ENDURE
FALLEN
FLOURISH
GIVEN
GLORY
GOLD
GOLDEN
GOLDEN PLATE
GREAT
HEAD
HOLY

KINGS
LIFE
MANY
OLD MEN
PRIDE
REJOICING
RIGHTEOUSNESS
ROYAL
STONES
THORNS
TWELVE STARS
VIRTUOUS WOMEN
WISE

Day 240

```
D F C E M A C I T S D I D V V
G E O V A O Q H S L E T D L A
E G N U Q R N A A W G O W R X
S N S E R E T D Y N W S I E O
W Y I R T F T H I N G S L L A
C H D M R S O Y N D E Z D A K
E J E V E N A O G D R C E M Y
C O R N E R S F T N R A Y C J
I P E L P Y T I C E H S E A Q
O P D H C W Y L E C D T S H R
V A U H V R E P R S T S E E N
Q M N O I S I V T E H A T E Z
F O W L S N R E A D V E E X E
Q R Y E G O A P I E P B E R L
X F V W X C E C N A R T T T G
```

Interrupted Prayer

Acts 11:5–7

I was in the **city** of **Joppa praying**: and in a **trance** I saw a **vision**, A **certain vessel descend**, as it had **been** a **great sheet, let down from heaven** by four **corners**; and it **came even** to me: Upon the which **when** I had **fastened mine eyes**, I **considered**, and saw **fourfooted** beasts of the **earth**, and **wild beasts**, and **creeping things**, and **fowls** of the air. And I **heard** a **voice saying** unto me, **Arise**, **Peter**; **slay** and eat.

Day 241

```
A C F I B D P D Q M O H W R O
H S L E G N A X E Y O Z A O B
G I L C O I R Y O N M A S R G
U H A I D J R T O K W N L M E
O R A S T O N U V J I O G W Y
R E W O L U R B E A G I R I C
H D E G E F N S O N S T A C G
T I J H D M U N I O E A C A Y
E C A B A S N G S E F V E S R
J A E N M A N Y D F M L Y T S
I K J F A I O H E T S A T R M
S G N I R E F F U S A S C E R
K L Y B E E S G N I H T A E D
I E M O K J P R O D A I R S B
D N I A T P A C R S N Q M T O
```

Perfect Through Sufferings
Hebrews 2:9–10

But we see **Jesus**, who was **made** a little **lower** than the **angels** for the suffering of death, **crowned** with **glory** and **honour**; that he by the **grace** of **God** should **taste death** for every **man**. For it **became him**, for whom are **all things**, and by whom are all things, in **bringing many sons unto** glory, to make the **captain** of their **salvation perfect through sufferings**.

```
S H A P H A T V B D O U B L E
B A R L E Y U S E V E N S U X
U S P I R I T R T Z W G S Y F
R V L N G R E O H C I R E J S
I C O W A T E R E B D F N L S
E S W I S R A E L T O O K E E
D E I I M N D P N B W L C M N
O L N R A E E U T I E C I R D
G I G M L A O E N A M Y S A N
M J A A C M H L Z M J A E C I
A A E E L P R A Y E O T F O L
N H U I O A H Q X O D A E R B
T J O R D A N A W E P T B N V
L E P R O S Y R O T C I V N V
E A I R A M A S Y R I A P A X
```

Elisha

AX	ISRAEL	PROPHET
BARLEY	JERICHO	SAMARIA
BETHEL	JORDAN	SEVEN
BLINDNESS	LEPROSY	SHAPHAT
BREAD	MAN	SICKNESS
BURIED	MANTLE	SNEEZED
CARMEL	MINISTERED	SON
CORN	MOAB	SPIRIT
DOUBLE	MOUNT	SYRIA
ELIJAH	NAAMAN	VICTORY
FAMINE	OIL	WATER
GOD	PEACE	WEPT
HAZAEL	PLOWING	WIDOW
HEALED	PRAY	

```
O E F Y I W S D G N P U D R L
T H O U D O O G S K D T Q Z I
N E O T U P O N U W P Z D B F
U G H L C D R P M H D E I I T
R E A D Y P C E M L K R V N F
E D M L P G V P S M M R A A P
E N I H T O W U B E E V D E S
R A C D T M O V J J R E C T H
D T R O R E C R O E C V J J O
T O H W T H T I S G I I E I W
L V L N M T C S L W F G J N X
Y D E E N E Z L U L U R S D W
G L R M P R A Y E R L O H L K
P C P N V C R T A H T F M P E
Y J P G F Z Q S E G G M B G C
```

Prayer for Mercy

Psalm 86:1–5

A **Prayer** *of* **David**.

Bow **down thine** ear, O LORD, **hear** me: for I am **poor** and **needy**. **Preserve** my soul; for I am **holy**: O thou my God, **save** thy servant that **trusteth** in thee. Be **merciful** unto me, O Lord: for I cry unto thee **daily**. **Rejoice** the soul of thy **servant**: for unto thee, O Lord, do I **lift** up my **soul**. For **thou, Lord**, art **good**, and **ready** to **forgive**; and **plenteous** in **mercy unto** all **them** that **call upon** thee.

Day 244

```
B D N O H S I N O M D A B D Y
E R E I A G A I N S T A E R D
S V I A A E R E C G R I G N R
D L R N D G V O U E D N A O U
E T A E G A M E O S A H O T O
V S I Y S P D C I F R P V A B
O U E R A B R V L R F U O L H
L R T N E T K E E O G E P K G
E T I T S E P G C R S E N H I
B O R E E L I M J O S E T D E
N A D P E V O K S U N I R O N
Y L E D E U A E R P D C T S M
E R G N R E S O N T O G I Y R
E E S N P T E A C H P I E L A
S S E S L U F H T I A F L S E
```

About Brothers

ADMONISH
ADVERSITY
AGAINST
ANGRY
BARE
BELOVED
BETRAY
BRING
CLOSER
COMPANION
DEAD
DIED

ELDEST
FAITHFUL
GAIN
GIVEN
GRIEVE
HAND
JUDGE
KEEPER
MOTE
MOURN
NEIGHBOUR
OFFEND

PLEDGE
POOR
PURSUE
RECONCILE
SERVE
SLAY
SON
SPEAK
SPOIL
TALK
TEACH
TRUST

```
D A S R L E Q E M A I D E N S
B P G E S H V M E A R S Y A D
O R R O W B O M O R D E C A I
W O E G E T I E H G H K P O A
D C A A J S C U Q E C T J F N
O L T F K A E H B L A Z F A O
W A E F I E Q A O C S R S V I
N I S L N L V T C S H S D S N
Z M T I G W H E N Y E F A S T
J E H C F I P I R M S N A S K
D D E T G T N T B Y C B O S T
U O R H A E D L I T Y L Q Q T
V F X B V A Y W I P E O P L E
M O L E H M J F L M M L K V V
J E H S A W Y P N I G H T E B
```

When Ye Fast

ACCEPTABLE	KING
AFFLICT	LEAST
ANOINT	MAIDENS
ASHES	MORDECAI
ASSEMBLY	NIGHT
BOW DOWN	NINEVEH
BREAK EVERY	PEOPLE
YOKE	PROCLAIMED
CHOSEN	SACKCLOTH
DAYS	SANCTIFY
ESTHER	SOLEMN
FAST	THREE
GREATEST	VOICE
HEARD	WASH
HIGH	WHEN YE FAST

Day
246

```
L O R D N O P A R E V R Y T M
E V E V E R Y O J Q E L I O J
G H G O T J P Y Q E J F B S Z
F Q A A H R V Z J F C K T D T
B T R U A O D I S O Q A Q V F
T I D I N G S H N X N A E W M
O H S M K L T S J D L M N P L
V E C V J A I P B U Y T I X M
F Q K H B D Q P P G M R W S Q
W E T B E N E W M O O N S M P
N V A R B E T N G Z R O T E F
P S B S A S R I B P N V D X V
V C R J T S E F R L I L V W O
B M E H F S S A U O N P U P N
J K T R U T H Y L L G I E J A
```

When Ye Feast

CHEERFUL
CONSIDER
EVERY
FEASTS
GLADNESS
GOOD
HARP
JOY
LORD
MORNING
NEW MOONS
PEACE

PIPE
PRAISE
REGARD
SABBATHS
STAND
TABRET
THANK
TIDINGS
TRUTH
VIOL
WINE

```
M D J T H L V E X J D D T B V
H O B E F O R E R E G Q U E K
O T V L S K K N V R N I N C G
Q H F P N U A A E S O B D O R
M X T O A M S H A V M B E M R
T M W E E H T L T W A L R E L
X N U P R O V Q H H Z E H B N
T B I S R A E L G E N T H H G
K S U D T H Z S U R I E T N K
K T T I E C T A O E V E N V Z
Q D O A L O N C N B L M C O H
T N D E N A E D Y M O H W N
G I V E N D E S I A R R H E N
D E I F I C U R C B C F V W X
K S X H X M O T S I R H C B J
```

Courage Before the Council
Acts 4:10–12

Be it **known** unto you all, and to all the **people** of **Israel**, that by the name of **Jesus Christ** of **Nazareth**, whom ye **crucified, whom** God **raised from** the **dead, even** by him **doth** this man **stand** here **before** you **whole**. This is the **stone** which was set at **nought** of you **builders**, which is **become** the **head** of the **corner**. **Neither** is there **salvation** in any other: for there is **none other name under heaven given among** men, **whereby** we **must** be **saved**.

Day
248

```
M T H P B F U O U Y V H S K N
M A C O R O A S L O O S E D T
I S Y T E U X N R S P A N W P
D M S E P N E K A H S L O J Q
N K M J K D E N E P O I Q R N
I T W E D A G W R S S S C J U
G J Z U D T U I O W E R E R V
H S S R A I S Q B R S K O U C
T S A H A O A L H O I A T O E
T E T E N N A T U T A Y H F D
H U B E V S B D E A R A E C G
E P R A Y E D B L L P A R R U
M S K H N P R I O G Y O E V G
M M L Y C D S Y F F W A O V F
E N B V I S S L G K T Z M H D
```

Prison Song

Acts 16:25–26

And at **midnight Paul** and **Silas prayed**, and **sang praises** unto God: and the **prisoners heard them.** And **suddenly there** was a **great earthquake**, so **that** the **foundations** of the prison were **shaken**: and **immediately** all the **doors** were **opened**, and **every** one's bands were **loosed.**

```
P N E R S M S I S D I I F D D
B W U X U O T F E R A L C E D
O O Y U O H O V Y T R H U S E
Y N I L I W O R S H I P A S X
I K Q Y T T D F I P M L J A Q
Y N M K I N S N E H T A A P D
V U S O T V A R M A S P R U Y
G B N C S S O R R U A E J S F
V S H Z R F D L O U I R M D Z
I X J K E I J I L N D C L K Q
F Q Q R P Q P T M I G E O U L
W O E G U W I T H T H I S S V
M H U D S Y A A I E I V C J U
T H I N G S K H B O G E I L Q
P Z L A D T T T O T N U U B H
```

On Mars' Hill

Acts 17:22–23

Then **Paul stood** in the **midst** of **Mars' hill**, and **said,**
Ye men of **Athens,** I **perceive that** in all **things** ye are
too **superstitious.** For as I **passed** by, and **beheld your**
devotions, I **found** an **altar with this** inscription, To
THE UNKNOWN GOD. **Whom therefore** ye **ignorantly**
worship, him **declare** I **unto** you.

```
W O R S H I P Y J W N S N L C
V E E D Y T R E B I L S A A H
K C N S R E R T A U O E Z W A
B E H J U U S T A Z Y N A K R
F S L R S C P P T P O L R Q G
A R Y A I A C C F I S U E A E
T N L N C S O A T A R F N E S
E E A C A U T C E N E K E R W
M V B N N G E E O P D N S A E
P D I C L R O I H G L A U S J
L U I L R A T G U P E H U E X
E L T U D A S Z U S O T G A B
Q H S R N N X I L E F R H C L
F E H I G H P R I E S T P I U
R S S E N S U O E T H G I R S
```

Paul's Trial Before Felix and Festus

Acts 23:29–25:8

ACCUSE	FELIX	PROPHETS
ANANIAS	HIGH PRIEST	RESURRECTION
CAESAREA	JERUSALEM	RIGHTEOUSNESS
CAPTAIN	JEWS	SYNAGOGUES
CHARGE	LAW	TEMPLE
CHRIST	LIBERTY	THANKFULNESS
COUNCIL	NATION	WORSHIP
ELDERS	NAZARENES	
EVIL	PAUL	

```
S E S B S U S E J H K D G Z H
M S E L K I N G S W E J K P G
O S L A A S A N C T I F I E D
T E I S L U A P U U C H E D O
S N T P U C T C P H B O U A G
U E N H R T E H R I P P G P R
C V E E W S S I O R R E O P P
B I G M R E S E O R S G G E R
O G R E S T C M F M I C A A I
N R P O I S I D E A D T N L S
D O M A N S W E R Q D F Y E O
S F N M E L A S U R E J S D N
N A Z A R E T H R E P E N T E
Y F I T S E T D E S U C C A R
S U C S A M A D P R I E S T S
```

Paul's Testimony
Before King Agrippa

Acts 25:12–26:31

ACCUSED
AGRIPPA
ANSWER
APPEALED
AUTHORITY
BLASPHEME
BONDS
CHRISTIAN
CUSTOMS
DAMASCUS

DEAD
FESTUS
FORGIVENESS
GENTILES
GOD
HOPE
JERUSALEM
JESUS
JEWS
KING
MOSES

NAZARETH
PAUL
PERSECUTED
PRIESTS
PRISONER
PROMISE
REPENT
SANCTIFIED
SYNAGOGUE
TESTIFY

**Day
252**

```
R I B B A R N O I L L E B E R
R H A K E B E R R E S T O R E R
R C H R R S M I A H P E R D S
R A F T E R S R E B U K E R U
N O I T A R E N E G E R R A R
E R E C O M P E N C E I E W R
C P R A C H E L N D T N D E E
N E M R M R M A E R C G A R C
A R E N D E R M R H E S E E T
T I M T T B P P S S P T L R I
N C S R M T R R R S S R G E O
E H R E I Z X X Y Z E A N F N
P R M O I S L E U E R K I U S
E E N R R N O I G I L E R G P
R A M O T H G I L E A D H E S
```

R's in the Bible

RABBI
RACHEL
RAFTERS
RAMOTHGILEAD
REBEKAH
REBELLION
REBUKER
RECOMPENCE
REDEMPTION
REFUGE
REGENERATION
RELIGION
REMEMBRANCE

RENDER
REPENTANCE
REPHAIMS
REPROACH
REREWARD
RESPECT
RESTORE
RESURRECTION
REUEL
RICH
RINGLEADER
RINGSTRAKED

```
C Q P A T I E N C E H Q Z U O
R S U S E J I S C Y A T B L U
T H I N G S O N E C T G I L S
C W P O F U A B C H O B D A O
T N Y T I R A H C D T R B H F
R E E N E R U U L K O O H S X
J G J P R C K I S L U T B D M
T D M E F E N S T N Y H Z I Q
E E N R V E E E D F O E V G B
T L C C S N D E G Z U R M I R
A W S S D I M U S I R L A V T
K O I N S T Y T T U L Y K I A
U N I E A X H R E H T I E N T
S K B H C H R I S T E T D G K
M T T B J U K V S K A Y E A T
```

Godly Addition

2 Peter 1:5–8

And **beside this, giving** all **diligence**, add to **your faith** virtue; and to **virtue knowledge**; and to knowledge temperance; and to **temperance** patience; and to **patience** godliness; and to **godliness** brotherly kindness; and to **brotherly kindness charity**. For if **these things** be in you, and **abound, they make** you **that** ye **shall neither** be **barren** nor **unfruitful** in the knowledge of our **Lord Jesus Christ**.

```
E R O S H B M H Y G F T G P E
V D E T P V E Q S Q B A J O W
H G E M P Z H S Y X F K L V I
C N L N E Z E F E W D W A B A
I I D K R M S A X E A G U K S
H Y I N F U B C D L C N U Q I
W A L K E D T E L V T H K Z E
H S A U C H Y E R O F E B N X
H T U R T A T O V R G O O D
E H E A R T K Z L A M D C Z W
A T I P H A H V E B H E I G S
F O W G Y H P E K Z Y F T E Q
K L I R O T V D E N X U S R V
O S T P E W Q D B A T U W M W
Y J H V N L I I Y Q F I B D O
```

Hezekiah's Prayer for Healing

2 Kings 20:2–3

Then he **turned** his **face** to the **wall,** and **prayed unto** the LORD, **saying,** I **beseech** thee, O LORD, **remember** now how I **have walked before thee** in **truth** and **with** a **perfect heart,** and **have done that which** is **good** in thy **sight.** And **Hezekiah wept sore.**

```
S L E C Y Y F I C A P B C C E
M R E M R A W O L S U E U D Y
N O E D U U W T A R A R I T I
L A M H I S E A N S S V S N R
E W M E T S N L E E I A D U R
K R N O N O P O R D H I O P U
O A T I W T R L C E G P L U L
V T O A S K S B E N V C N T E
O H H D I U D A A A R E A G E
R R R N O E G T E D S E R I P
P O D I L A I S P C I U F O N
W L R I I O M U T O R A R E F
E U V N N O E M I T W E R E D
F E S Y K S T R I F E E I F O
R T U E J U D G M E N T R F A
```

Anger

AFRAID
AGAINST
AWAY
BROTHERS
BURN
CAIN
CEASE
CONSUME
CRUEL
CURSE
DEFER
DELIVER
DISPLEASURE

DIVIDE
FIERCE
FOREVER
FURIOUS
HASTY
HOT
INDIGNATION
JUDGMENT
KINDLE
MOMENT
PACIFY
POUR
POWER

PROVOKE
PUT
RULE
SIN
SLOW
SMOKE
STRIFE
TIME
WOMAN
WORDS
WRATH

Day 256

```
S N O I T R O P T L D E P K V
G S O H W Q F H L C F L P K S
M J E I Y A B A O C U A Y A F
N M R N T T I N M O R N I N G
Y D Z T L A S X S M H T T L V
U L S R H U V E F P H E P O H
L U T S M E F L C A R T I A W
Y O I E W G R H A S H S O A R
T H D S I J L E T S E Q N B X
P S R U L U D H F I Z N W J R
R X O A L D Q O C O A I T T F
V T L C E V E R Y N R F A V O
S H T E K E E S Z S E E H G S
C E J B Q M X V E Y R Z T W V
N Y M U I P J Z I G O O D A W
```

Limitless Mercy

Lamentations 3:22–26

It is of the LORD's **mercies** that we are not **consumed**, because his **compassions fail** not. **They** are new **every morning**: **great** is thy **faithfulness**. The LORD is my **portion**, **saith** my soul; **therefore will** I hope in him. The LORD is good **unto them** that wait for him, to the soul that **seeketh** him. It is **good that** a man **should both hope** and **quietly wait** for the **salvation** of the LORD.

Day 257

```
W A L M S I T R U D R O E M F
K L W G W A L K K E H E O J G
H O Z P O S J U Q I S U A U J
F B I L R D H Z S P N C F D Q
A V O O D U W T E T O T Z G J
F R N W S K N A A B I D O E T
D B I S T U R I Y P T O W D I
Q L Q H V S N F N S A F A R X
L L E A R N A W M G N O R H M
J L R R M L N E I T H E R V V
J P J E R U S A L E M O B U Y
T X M S B Q K L Q A O P O P R
S Q W M P U A N Y C R N V K B
T N G Z T H K E F H E P S I S
B X V V S C J E S U O H E T L
```

Swords into Plowshares

Micah 4:2–3

Come, and let us go up to the **mountain** of the LORD, and to the **house** of the **God** of **Jacob**; and he **will teach** us of **his ways,** and we will **walk** in his **paths:** for the law shall go forth of **Zion,** and the word of the LORD from **Jerusalem.** And he shall **judge** among many people, and **rebuke** strong **nations afar** off; and they shall beat their **swords into plowshares,** and their **spears** into **pruninghooks:** nation shall not lift up a sword against nation, **neither shall** they **learn war any more.**

**Day
258**

```
S R E C I F F O S R A E Y A X
K T L F N D O C L O P A N X S
R H C K L E U R L R O U E L R
S O V U P N A E H S S R E A T
Y U S E N O T S W K T C H G T
E S O I X R A N G E L S T I S
B A E E I E I O Q C E F E O H
G N N B T E N I C A S X R N C
E D E A F T S T E K S A B S R
P S K S G E G A T E S H K U A
A C S E Z I O D C S T U H Q I
R K V I G S C N U S Q X H Q R
R Q B T U I N U D C A M I L T
C U B I T S P O O N S F W P A
D U H C G U R F S R A L L I P
```

Twelves of the Bible

ANGELS
APOSTLES
BASKETS
BRETHREN
CAKES
CITIES
CUBITS
FOUNDATIONS
FOUNTAINS
GATES
LEGIONS
OFFICERS

OXEN
PATRIARCHS
PILLARS
RODS
SONS
SPOONS
STARS
STONES
THOUSAND
TRIBES
WELLS
YEARS

Day 259

```
Q X X L N B O Y C I N C Q F R
I S N A H E L P N T S I X K D
S E N G J L H C I H W H B R K
T L M A P F R W I A F O O D B
D A V I D E R E H T N L F U R
E H B N A W L O Y I K Y E U T
I Y H S I D H B M L L C P D R
R M E T A M S H U U I L D K D
C D H H A L E O U O H T M C V
Z V P N T A O L V S R E D S O
O G Y H R S T M S E T T X S L
H E A D B P N A T S E N I M Q
I U T D O M U F D S Q Z O I Z
G U B S Y S I X I I L A Z P L
Z F C P G L O R Y V T H Z W Q
```

Prayer for Deliverance

Psalm 3:1–4

A Psalm of David, when he fled from Absalom his son.

Lord, how are they **increased** that **trouble** me! many are **they that rise** up **against** me. **Many** there be **which** say of my **soul,** There is no **help** for him in God. Selah. But **thou,** O LORD, art a **shield** for me; my **glory,** and the **lifter** up of **mine head.** I **cried unto** the LORD **with** my **voice,** and he **heard** me out of his **holy hill.** Selah.

**Day
260**

```
S R O T A C I T S O N G O R P
T I S O N S O F S C E V A C T
R J M G N I Y A S H T O O S F
A T E O D I V I N A T I O N A
S S N Z N E C R O M A N C E R
U T T E E O D R A Z I W G N C
O B A R M B F A R O E Y B D H
I Y L R O T E S H E P H A O C
R S Y T G L N L A T M X L R T
U S U E S A O A Y M N R A E I
C R L S E A Z G H M A R A U W
P H A R A O H E E C A R M H H
S U S E J R A B R R N S I N C
A M A G I C I A N S S E R A E
F A M I L I A R S P I R I T I
```

The Occult

ASTROLOGERS
BALAAM
BARJESUS
CHARMER
CURIOUS ARTS
DIVINATION
EGYPT
ELYMAS
ENCHANTMENT
ENDOR
FAMILIAR SPIRIT
JEZEBEL

MAGICIANS
NECROMANCER
PHARAOH
PROGNOSTICATORS
SIMON OF
  SAMARIA
SONS OF SCEVA
SOOTHSAYING
STARGAZERS
WITCHCRAFT
WIZARD

```
N U M A N I B E R F E S T O W
R L O O E H I L O K C A O I D
V A R A L E Z L A C T E T F I
O F E R R E H I Q O R H S A S
D O M H A O C W T N E P E R E
K M A L K S O G H K O K T H R
T R O U N A M D E H U P U S O
L U S P E N D A R B S A M W F
S D A U T T O C E H O I C R E
A I L M S O T R C V H R O S R
Q R T O A E R S H A O L D Y E
U K I N H G E C I O V L N I H
A N N E C E R O L Y N A A C T
R N E P O S B M A E M G T A S
S C E T E R A E P R A N S V E
```

I Stand at the Door

Revelation 3:19–20

As **many** as I **love**, I **rebuke** and **chasten**: be **zealous** therefore, and **repent**. Behold, I **stand** at **the door**, and **knock**: if **any man hear** my **voice**, and **open** the door, I **will come** in to **him**, and will **sup with** him, and he with **me**.

Day 262

```
N C N F A T H E R W O N K X O
M O W C G L T Z L U D N U S R
L M I Y H A P O R T S N L V O
K M T T C I E S E H T A B Y X
S A H O A M L C T O A I B E R
E N V K S I P D I R H O L H F
G D I R F U T V R Q T O K Z Y
A M Q S T B S I W E H C K Q P
H E R E B Y G E P W N W S W P
V N N A N H N P J O O L K W F
X T Z I T S I R H C R R E O U
A S K E E P H A S E P L P V
S J O M M I T Q V A D N E D Z
R U W E F D W I E N Y L Y H K
S T M S R A Q P Q C Y X H L M
```

How to Know God

1 John 2:1–3

My **little children, these things write** I **unto** you, that ye sin not. And if any man sin, we **have** an **advocate with** the **Father, Jesus Christ** the **righteous**: And he is the **propitiation** for our sins: and not for **ours only,** but **also** for the **sins** of the **whole world.** And **hereby** we do know **that** we **know** him, if we **keep** his **commandments.**

Day
263

```
Y T U A E B S F E X P K C O R
S P M R I L S C F H R Y L O H
S U A I N H E R I T A N C E W
E R R G T K N A L U I R L A O
N E V H E A D P R R S E Y V R
D G E T G W A O E T E F Y H J
N L L E R T L W K A F U T O J
I O L O I O G E L A C G Y S U
K R O U T F I R I P N E M Z D
G Y U S Y R T S E J A M O G
N E S O P E H N R Y C R E M M
I P P L N F S T T H G I L X E
V F E O U O S A L V A T I O N
O H V L H P H A R U O V A F T
L B U C K L E R P O R T I O N
```

God Is (My)...

BEAUTY	INTEGRITY	POWER
BUCKLER	JOY	PRAISE
FAITHFUL	JUDGMENT	PURE
FAVOUR	LIFE	REFUGE
GLADNESS	LIGHT	RIGHTEOUS
GLORY	LOVINGKINDNESS	ROCK
HELP	MAJESTY	SALVATION
HOLY	MARVELLOUS	STRENGTH
HONOUR	MERCY	TRUTH
HOPE	PEACE	WAY
INHERITANCE	PORTION	

Day
264

```
F M S Z H J W T R Z W A M S E
K O I P R T E M O H C H L G B
Y Z N G W A E R W C Z N E N Y
W E R E H H K N O W I N G I K
R S R E H T O M O F K K Z H S
E J C V K W P M D F E O M T Z
C D I R F L A E R U Y R A R K
N L U O I N L O R L G N E E O
J O W S E P M E Z F D W H H O
H H H G I L T S R I H T J J T
Y E T C A F H U N L O V E D P
D B S I A V E G R L R A S I R
B I X Z A U N T O E L W U F G
D B T Q R S I H T D R B S V T
Q K O B V P K K Y N B C R Q S
```

Speaking from the Cross
John 19:26–28

When Jesus **therefore** saw his mother, and the disciple **standing** by, **whom** he **loved**, he saith unto his mother, **Woman**, behold thy son! **Then** saith he to the disciple, **Behold** thy **mother!** And **from** that **hour** that **disciple took** her **unto** his own **home.** **After this,** Jesus **knowing** that all **things were** now **accomplished, that** the **scripture might** be **fulfilled,** saith, I **thirst.**

```
H F L E S Y H T C T C B X S O
B E L A Q C P D F O O L H S Z
N B V I U I X B N A Y P B Y E
Z R T S F T U S Y E U I D L Q
S E O F O L I B P B G L E D W
P T T V U D U R K N Q M T R I
C H T S E R P F I A I S P A M
A R H R D R U H L P I D M E E
T E I E R O T S E R S B E B N
G N N H H E O A H B Z K T K O
G S K T M V Y C K C N E H W T
I M I O F L D E C E I V E T H
Q M S N G C E T S A N H X Y I
J B W A H I M S E L F Q W V N
O Q C B D A S L T H O U M E G
```

Help Your Brother

Galatians 6:1–3

Brethren, if a man be **overtaken** in a **fault,** ye **which** are **spiritual, restore such** an one in the spirit of **meekness; considering thyself, lest thou also** be **tempted. Bear** ye one **another's burdens,** and so **fulfil** the law of **Christ.** For if a man **think** himself to be **something, when** he is **nothing,** he **deceiveth** himself.

Day
266

```
S S E L A H T E L O B B I H S S
A S A P P H I R A S T H S A A S
L H S B E H C Y T N Y S L S T S
V T A Y B A R E S I S U E C I S
A I C R S A S T T R T E S A S E
T M R A A Z T X X A U T S R F R
I S I U V Q U H T D R M T L A U
O R F T O S S I D R S S T E C T
N E I C U S O A C C D F S T T P
S V C N R N S H E R I F F S I I
E L E A C E U G O G A N Y S O R
L I S S C A P E G O A T X X N C
L S M I H P A R E S C R I B E S
E S U O H E R O T S I S T E R X
R U O I V A S A C K C L O T H X
X G N I G N I S N O I P R O C S
```

S's in the Bible

SABBATH
SACKCLOTH
SACRIFICES
SALUTATION
SALVATION
SANCTUARY
SAPPHIRA
SATISFACTION
SAVIOUR
SAVOUR
SCAPEGOAT
SCARLET
SCORPIONS
SCRIBES

SCRIPTURE
SELAH
SELLER
SERAPHIMS
SHERIFFS
SHIBBOLETH
SILVERSMITH
SINGING
SISERA
SISTER
STOREHOUSE
SYNAGOGUE
SYNTYCHE

```
R E J O I C E E S R E D N O W
E H J Z I U Q Z T H A T S S O
M B U P O N N D E E D S T T N
E S D E M A N R K A C G N P D
M J G I V E T O Q M O U T T R
B O M A R V E L L O U S V A O
E Q E E C B M Z L N X M E L U
R V N H L K A E A G W O R K S
A U T H A N K S C T Y U O L M
A A S I V O E Y H R G T M O L
H W I S I W E I Q A D H R D A
K L N P P N F A C E J A E F S
E C G L O R Y L O H H K V G P
E G P D T H E M G L I O E S N
S T R E N G T H L E L P O E P
```

Give Thanks to the Lord

Psalm 105:1–5

O **give thanks unto** the LORD; **call upon his name**:
make known his **deeds among** the **people. Sing** unto
him, sing **psalms** unto him: **talk** ye of all his **wondrous
works. Glory** ye in his **holy** name: let the **heart** of
them rejoice that seek the LORD. Seek the LORD, and
his **strength**: seek his **face evermore. Remember** his
marvellous works that he **hath done**; his **wonders**,
and the **judgments** of his **mouth**.

**Day
268**

```
G S E V R E S C B L G C S S Y
N S P F S Y F O R E U B I U J
I E G O M K I M Q J I N X O U
N L N R T V L P D B L O P E R
R M I G S L G A E E H R T R
E R P I U U E S N L U R H E
C A L V J F N S K E E M W G W
S H E I V I T I S V S B F I O
I K H N S C L O U O S L S R P
D O O G E R E N O L P E M Q C
A W M S H E O A L E O H J P A
Y X K L C M H T A N U V V L Z
T L X A A O U E E T M R I M S
U J O E E L R O Z G H V T N S
L U F H T I A F G Q E N U C G
```

Characteristics of Christ

ALIVE
BENEVOLENT
COMPASSIONATE
DISCERNING
FAITHFUL
FORGIVING
GENTLE
GOOD
GUILELESS
HARMLESS
HEALS
HELPING
HOLY
HUMBLE

JUST
LOVING
MEEK
MERCIFUL
POWER
RIGHTEOUS
SERVES
SINLESS
SPOTLESS
TEACHES
TRUE
WISE
ZEALOUS

Day
269

```
L A S T H C N A R B O T N N H
E P N A H P L A I N R Y J O E
U N C O A O T R A U T U L S A
N K C M I S I Z T H D Y S L D
A E L E S T A H G G O X A Y R
M C M G S R C I E J R M V W O
M N Q A E L M E G F B O I Q N
E I C N M L U F R E D N O W R
P R E S A D I E G R H P R D E
W P R U R R M G O R U L E R V
V O J I S E V L D G F S H I O
E R R T E G N T N A V R E S G
F S G D B H D I T E H P O R P
I J E S U S K J V M O D S I W
L R O C K S R E R E V I L E D
```

Titles and Names of Christ

ALMIGHTY	JESUS	RESURRECTION
ALPHA	JUDGE	ROCK
AMEN	KING	RULER
BRANCH	LAMB	SAVIOR
DELIVERER	LAST	SERVANT
DOOR	LIFE	SON
EMMANUEL	LORD	STAR
FIRST	MESSIAH	TRUTH
GOD	NAZARENE	VINE
GOVERNOR	OMEGA	WAY
HEAD	PRINCE	WISDOM
HEIR	PROPHET	WONDERFUL
HOLY	REDEEMER	WORD

Day 270

```
T M P L S J S L Y F H T I A F
A Y H H T S O L T A E H W O E
L A H M N P W U I E L H O H C
E R S T A O E O R O M L L M I
N P I D V T R S O N O P L M R
T G L E R A N S H E E P L T P
S N O B E O D T T A T Y T E H
N I O T S R E R U O B A L N A
A H F O S T S X A X S S R H R
C C W R N M E T S Y Y Y X E I
I T E S I W A W X X E Q U Q S
L A L R G E L R A E P N S M E
B W P E R U S A E R T H I D E
U P R G I L G N I D D E W V T
P L P R V L L S N A M H C I R
```

Parables of Jesus

AUTHORITY
DEBTORS
FAITH
FOOL
FOOLISH
GREAT
HID
JOURNEY
LABOURERS
LOST
NET
PEARL
PHARISEE
PRAY
PRICE
PUBLICAN

RICH MAN
SERVANTS
SHEEP
SOWER
STEWARD
TALENTS
TARES
TEMPLE
TREASURE
TWO SONS
VINEYARD
VIRGINS
WATCHING
WEDDING
WHEAT
WISE

```
G B Y D V P G M Y O K G Y Y H
E R A I V P G L J F T E S E I
X E W P G N I Y A S R N B I U
X G T A T G O P E N E D U P G
G U H J H I T C E V T H O U U
I N G T V R Z N A O A N N V U
L T I R I P S E K I W C B K E
D N A D Y U H E D C L E F U W
G Q R E N B K P H E B C R G N
K L T S J E S U S U K T O E B
F S S A W L C E W E H I M P F
C I T E L O E S B N F S L D J
V H N L K V O J E U V I H A O
S T E P P E P H X D D D M M S
G W E A O D W H O M Q J E C X
```

Beloved

Matthew 3:16–17

And **Jesus, when** he was **baptized, went** up **straightway** out of the **water:** and, lo, the **heavens were opened unto** him, and he saw the **Spirit** of God **descending like** a **dove,** and **lighting upon him:** And lo a **voice from** heaven, **saying, This** is my **beloved** Son, in **whom** I am **well pleased.**

**Day
272**

```
A G D V V E R Y E D I B A Z F
H F D U S T A V E S R E G N S
A Y N O M I T S E T L J Y J I
G A G Y E N O M A S E A F T C
C O U C O A T S E R H H E B K
M S D T K D E N U K E A X H E
M E Y N H J A C D A A E K Z E
E S E L F O E E L V P T X E G
T A N E E M R I R G I H A M Q
S E R P E P N I N B R C S O B
N S U S T G O N T C C A L D J
I I O O S N W O T Y S E I G F
A D J G R E S U O H H R V N F
G T D E T A P O W E R P E I O
A H L B J G N I H T O N D K T
```

Sending the Twelve Disciples

Luke 9:1–6

ABIDE	GOD	POWER
AGAINST	GOSPEL	PREACH
AUTHORITY	HEAL	SCRIP
BREAD	HEALING	SHAKE
COATS	HOUSE	SICK
CURE	JOURNEY	STAVES
DEVILS	KINGDOM	TAKE
DISEASES	MONEY	TESTIMONY
DUST	NOTHING	TOWNS
FEED	OFF	VERY

Day
273

```
K N E B Y Z N H C I C I M M X
N Z O R A O A H L A Z A R U S
N A A I I R I D N M L I E L I
I M T G R L T A I C V L T T N
Z J E I D U S I H A U E E I H
A L O R R U T U M A S A P T O
R O E A Z A S N P A N H S U J
O N M A N S M A E D E U T D C
H S N A E N R A R C E U X E Q
C N I M G I A E S A R Y S J B
A N A M E D W M B P H I L I P
Z J S L O Y A B L J U D E A D
S A D U J N E L T N A V R E S
C F I L M L X J A I R U S C A
B F B A R T H O L O M E W Q R
```

Miracles Received (by)

ANDREW
ARIEL
BARTHOLOMEW
BARTIMAEUS
BETHSAIDA
CANA
CENTURION
CHILDREN
CHORAZIN
JAIRUS
JAMES
JOANNA
JOHN
JUDAS
JUDEA

LAZARUS
LEBBAEUS
LEGION
MAGDALA
MALCHUS
MARY
MULTITUDE
NAIN
PAUL
PETER
PHILIP
SAMARITAN
SERVANT
SIMON

```
R O X E M O C S U X J E D Y P
I Z G G T L A N R E T E D B X
C C O R I U C Y G A U A G F E
H U O V Y E B N C N E N D O S
L I I Z R C S I N R I C H E S
Y N G T T H N N R L T Y R T J
G T A H T U S O L T I R A G K
A I E E M B T I M H S L U L U
N Y V M Y I W T A G A I N S T
S I O S M O N A W T S F D K T
G C X E Q T J D N O K E J R S
N J D L T H N N E G R A H C D
I A H V G I I U E D O L H A V
H S Q E C S T O R E W O D E H
T Z Z S I N E F D H O L D U P
```

Whom Do You Trust?
1 Timothy 6:17–19

Charge them that are rich in **this world,** that they be not **highminded,** nor **trust** in **uncertain riches,** but in the **living** God, who **giveth** us **richly** all **things** to **enjoy;** that they do good, that they be rich in good **works, ready** to **distribute, willing** to **communicate; laying** up in **store** for **themselves** a **good foundation against** the **time** to **come, that they** may lay **hold** on **eternal life.**

```
O Y E S Y V Y G C Z T G H Z H
S C G L A A D T E R M E H T E
L D W W R L W E C A M O V Z V
A L N T U E T L N R O O D U W
I A A O O F D I A O D A U N S
D H W M B U F E R T S I R H C
T T K Y J E G G E D I A G U M
X I O S S I L H T M W N E L C
Z W I T H O U T T P I A C S M
S P E E C H D C U Y U N T O V
Y N D R A W O T A S J S G E E
M E Y Y H A O R S D P W V C K
J D O I H L P N T I M E A D A
N U C B U K E A K W R R A Q M
R H X R V Q N M L Y G B B B K Y
```

True Salty Speech

Colossians 4:3–6

Withal praying also for us, that God **would open unto** us a **door** of **utterance,** to speak the **mystery** of **Christ,** for **which** I am **also** in **bonds:** That I may **make** it **manifest,** as I ought to **speak. Walk** in **wisdom toward them** that are **without, redeeming** the **time.** Let **your speech** be **alway** with **grace, seasoned** with **salt, that** ye may **know** how ye **ought** to **answer every** man.

```
I R A R E M I K O H A T H X E
V A M U S H I G L S P M Q Q L
H U E E N A N E A E A U H E I
E Z L D C S U H D M R C I M A
B I I E U E E A R I A M L M S
R M S H R L H A A B U L M G A
O A H S O Z M C A L E I I A P
N H A N U N N D E E S D H E H
A L M R A O A H N H E O B J L
H I A R R N S A A O L A A O J
I H C A I E H D N I I R B S E
E O A M S T D I A L Z I I H T
Z B M O E A U B E K U H H U H
E A M N I Z A H A R R A U A R
R B E Z A L E E L E A Z A R O
```

Fathers and Sons in Exodus and Numbers

AARON	ELIZUR	MERARI
ABIHU	ENAN	MOSES
AHIEZER	GAMALIEL	MUSHI
AHIRA	GIDEONI	NETHANEEL
AHOLIAB	HEBRON	NUN
AMMINADAB	HELON	OCRAN
AMMISHADDAI	HOBAB	PEDAHZUR
AMRAM	HUR	REUEL
BEZALEEL	IZAHAR	SHEDEUR
ELEAZAR	JETHRO	SHELUMIEL
ELIAB	JOSHUA	URI
ELIASAPH	KOHATH	ZUAR
ELISHAMA	MAHLI	

```
G X E M O C K B I Y R O L G E
J N T S I R H C E F K F N R F
O U J J P T M U H G X H Z A C
N M M E R O O S R R O S I C O
A S I A S P R I N C E T W E A
U D E Q D U F N R V H H T N M
U O U W E E S S E F S E T E E
J O H N C S T N U Y S G S A N
J L D A F N S L U H P Z N O F
O B E F O R E S W B I Y I I H
B P H E E L I J E H R N R S K
J D S E N O R H T N I S S P L
M Q A I V V P Q E M T C B U L
Y C W E E N B O I S I H X M
C S D M D D R D V M M T W W B
```

Prayer of Seven Churches

Revelation 1:4–6

AMEN	EVER	MADE
ASIA	FAITHFUL	PEACE
BEFORE	FATHER	PRIESTS
BEGOTTEN	FIRST	PRINCE
BLOOD	FROM	SEVEN
CHRIST	GLORY	SINS
CHURCHES	GRACE	SPIRITS
COME	JESUS	THRONE
DEAD	JOHN	WASHED
DOMINION	KINGS	WHICH
EARTH	LOVED	WITNESS

**Day
278**

```
B X M P D R S R Z S S J E C P
M Q N I E R E I H L F A R O U
T O P H N T A E N I Z I E M B
S S T Z H I P W S G M L G M L
G A E G P H S H E A E O N A I
F N U I E K E T S T R R E N C
K A I R R W O E V S W S D A
D R D K B P N Z M R W E S E N
F Y H A R L O T Y F B B E R R
H J M Y R D N A B S U H M R O
I U E C N I R P O L U M E E L
L D N T E H P O R P V O F K I
O G Q T R R E Y W A L N I A A
T E C R E S C R I B E E W B S
A R M O U R B E A R E R R B A R
```

Biblical Occupations and Titles

ARMOURBEARER
BAKER
COMMANDER
DAUGHTER
FATHER
FISHER
HARLOT
HUNTER
HUSBANDRY
JAILOR
JUDGE
KING
LAWYER
MASON

MESSENGER
MINISTER
PRIEST
PRINCE
PROPHET
PUBLICAN
SAILOR
SCRIBE
SHEPHERD
SINGER
SON
STEWARD
WIFE

Day 279

```
W Y X L S T D E V O L E B S I
E H G U O R H T N S N L W P U
I T E B Q S Z E H U I B B Y Q
V E H R T D V T R S V A R T W
F V F I E A G F P E N E E S H
N I N A R N C N X J F V T A P
W G T G E T H Z I O P O H F P
F H O R U C R W R D Y M R D Z
D I T S I N I A V U N N E E X
S S P H B N S U G K O U N T T
V B W Z W M T Y Y N E B O S D
Z L F R U O Y K A O D P A B U
A V I C T O R Y M W T D A L A
L T H A N K S K C B L O R D B
R Z O V Z F Q B P T H A T L K
```

Victory in Jesus

1 Corinthians 15:55–58

O **death**, where is thy **sting**? O **grave, where** is thy **victory**? The sting of death is sin; and the **strength** of sin is the law. But **thanks** be to God, **which giveth** us the victory **through** our Lord **Jesus Christ**. **Therefore**, my **beloved brethren**, be ye **stedfast**, **unmoveable**, **always abounding** in the **work** of the Lord, **forasmuch** as ye **know that your labour** is not in **vain** in the **Lord**.

Day 280

```
S H U R N S X Z S S H I M E A
Z L V A H K X K H T Z A S B R
A E T A A H L A N B E H L L I
R A R N A I H A A O A P E E R
S O S L A A R M R P M U H W S
N L E U R T U Y H I M O X E M
V H N S N L I A S A H C L S N
S W E O L A T R S N L P E O S
Y T M A M N V T A W H E P A S
H P H E O I U L M M C P M A H
I S X E H Y S Z I U A S Q O S
F A M I T C T C D S O S L A W
K I Z A T Z E D H N E I R Z Q
S O D O M U A H O C H A A V C
S A B E H S M O S S H A U L S
```

"S" Names

SADDUCEES
SAMARITAN
SAMSON
SAMUEL
SAPPHIRA
SARAH
SATAN
SELAH
SETH
SHAHAR
SHALLUM
SHAPHAT
SHARON
SHAUL

SHEBA
SHECHEM
SHELAH
SHILOH
SHIMEA
SHUR
SILVANUS
SIMEON
SIMON
SODOM
SOLOMON
STEPHEN
SYRIA

```
R D I A S B E X N T P M M J D
E A K P P L V M T G L G Y Z F
H K Z F A U Z G A B H R S G O
T S I Z K T H E N C E A T H B
I W E L E R W J A I H R Z G M
H L K R C N I R F T K H E I V
G T I D V M D G C S F L J H F
J F U V M A Z A Y O Q L A U V
S V G O H J N S H M M V B W H
H F N S M S A T R C E I E X H
F I I R W L O O S E U S D D U
K O N E A R F Q T C R B N S R
F U R N A C E H C A H S E M T
B E U T U E E M O C E F G N P
D Q B Z H Y R K H T R U O F I
```

Four Men Walking

Daniel 3:25–26

He **answered** and said, Lo, I see four men **loose**, **walking** in the midst of the fire, and **they have** no **hurt**; and the **form** of the **fourth** is **like** the Son of God. Then **Nebuchadnezzar** came **near** to the **mouth** of the **burning fiery furnace**, and **spake**, and **said**, Shadrach, Meshach, and Abednego, ye **servants** of the **most high** God, come forth, and **come hither**. Then **Shadrach, Meshach**, and **Abednego, came forth** of the **midst** of the **fire**.

Day 282

```
D F H A M F N Y G B O A Z F G
C A F C A A N A L Q Q I V P L
M J U M E O I E M A H L O N E
K E I G I L S D B S F P L Y A
S N H L H S E A E Y N D F E N
E U I E E T R M Y N L I R W C
H H O D L L E E I E S E K I S
C G J U E H G R J L S D M B E
R F W Y T E T P S G E N E U V
N P C E Y R D E U I W T I J I
H U F C J Z I X B V N W M E W
A R A M I H I V Y I S L O F M
D P V K T F H A P R O E A I E
U E O U Y W J Y W V N D N W C
J X R Z H I O B E D S B A O M
```

Ruth

BARLEY
BETHLEHEM
BLESSED
BOAZ
CHILION
DAUGHTERS-IN-LAW
DIED
ELIMELECH
FAMINE
FAVOR
GLEAN
JUDAH
KINSMAN

LOVE
MAHLON
MAIDENS
MARA
MOAB
NAOMI
OBED
ORPAH
RUTH
SONS
VIRTUOUS
WIFE
WIVES

```
L J L R D D G O Z W C O G Z P
L E A V E B T X W G H W N Z L
A U A R I H D F C D M I P N L
H N E R R I T S E O G L E L V
S H S M U G N I W O L L O F X
T A X P B T T T H V M D P P U
Z H I B B H H S R W G T L D N
F P G D O I D U A E W H E R E
P Y L U A M I O S N A A U R B
X V D C O R E T F A T T S H G
T M O R E O S N R H E E H T F
M K F O O W T S T R A P U D T
R H Z Z S L C R R B R P L H D
I G W V L V O E B H Y P L J Q
Y P T Q A X V U E K T M Z B L
```

Together

Ruth 1:16–17

And **Ruth said, Intreat** me not to **leave** thee, or to
return from following after thee: for **whither** thou
goest, I will go; and where thou **lodgest,** I will lodge:
thy people **shall** be my **people,** and thy God my God:
where thou diest, will I die, and **there will** I be **buried:**
the LORD do so to me, and **more also,** if **ought** but
death part thee and me.

**Day
284**

```
D A E M I B O C U F G U Y H A
I K R A M D J L O N O L P A Q
T S I R U N A O I V T O P D U
W O B X C I D T F U H R A E M
I G N E R H T E R B I D N D A
J H S U S E J V K Z N O L N R
E O D E G B U A E D G P Z E D
H M A R H G I H O S S R A H Q
T C O O A F Z G I H S C V E U
R F I F L W T C N U H E W R I
O S T E M S O E R I Z I R P A
F O S B I U Y T N V H O Q P M
A Y E R N O I G A E S T R A R
M A H T H O S E D I A I N G H
A C E F I L G N I L L A C O A
```

Press Toward the Mark

Philippians 3:13–14

Brethren, I count not myself to **have apprehended:** but this **one thing** I do, **forgetting those things** which are **behind,** and **reaching forth** unto those things which are **before,** I **press toward** the **mark** for the **prize** of the **high calling** of **God** in **Christ Jesus.**

```
N P T E L S S E N K R A D N S
W M R N C M E R C Y S P E S P
O O E E E A G T L O O K E E H
R I J D D P R R S C O N R C A
K D U E N E E G H P S I O R R
M E D V L O S R S U S R D O D
A Y G O U P C T O H R E O D E
N O E R O W H E I U D O O E N
S R N P S E T B P N F G L V E
H T R E A H E T E R A A B A T
I S U R G L F M A E E T I S H
P E T I I L O E P E E W E T W
J D R E E C H E C A E P S K H
E N V S F O R E K N O W R N E
U E H G D E H S I L B A T S A
```

Salvation

ANSWER
BELIEVE
BLOOD
COME
CONDEMN
CORRUPT
DARKNESS
DESTROYED
FAITH
FLESH
FOREKNOW

GRACE
HARDENETH
HEAR
HEART
JUDGE
LOOK
MERCY
PEACE
PERISH
PREDESTINATE
REPENT

REPROVE
SAVED
SOUL
SPOKEN
STABLISHED
TURN
UNRIGHTEOUSNESS
WEEP
WORKMANSHIP

Day
286

```
T F S T Q U N V Y U S W X P V
Y D L U O S S S N N L O R D T
S Z Z K E H H T E V A S Y O T
D U V N A O O T R T Y M P N B
C E O L D T I R I P S X S R X
I B L E B R O K E N N U E U P
S N O I T C I L F F A D R R K
Y D I N V H R O U N E E V T B
D M O G S E G F R E T K A A O
D C F E H U R I M H A C N H C
U F H Y G Y C E R K L I T T C
P K E E P E T H T H O W S S E
B H A T G H P Z W H S A Q C M
T M R A P Y H T G P E N O N N
G O T H E M F I B K D B R T G
```

Trust in God
Psalm 34:18–22

The LORD is **nigh unto** them that are of a broken **heart**; and **saveth such** as be of a **contrite spirit**. **Many** are the **afflictions** of the righteous: but the LORD **delivereth** him out of them all. He **keepeth** all his **bones**: not one of them is **broken**. Evil shall **slay** the **wicked**: and **they** that **hate** the **righteous** shall be desolate. The LORD **redeemeth** the **soul** of his **servants**: and **none** of **them that trust** in him **shall** be **desolate**.

Day 287

```
N A N A H L A A B I E Z E R I
M O H Z Z A H I A A R I H S E
V I N E Y A R D S Z J Z J E M
Z I A L H J O S L E M A C E I
S F I E L D W O R K S J I R H
E L A H S E S U O H E R O T S
R O S I H H S Z O H Z Z H Z I
U C D H A H A B O E H H A M B
S K R H A B E N A I A H I A B
A S E P D A A Z M A V E T H E
E H H I M T H A L E H A S A C
R A S H H T U H M A H S H R A
T A V A L L E Y S H I T R A I
S H N H E L D A I H S O B I L
H H I A S R A L L E C E N I W
```

King David's Kingdom

1 Chronicles 27

COMMANDERS OF THE ARMY:

ABIEZER
ASAHEL
BENAIAH
DODAI
HELDAI
HELEZ
IRA
JASHOBEAM
MAHARAI
SHAMHUTH
SIBBECAI

OVERSEERS:

AZMAVETH
BAALHANAN
EZRI
JAZIZ
JEHONATHAN
OBIL
SHAPHAT
SHIMEI
SHITRAI
ZABDI

DOMAINS:

CAMELS
FIELD WORK
FLOCKS
HERDS
STOREHOUSES
TREASURES
TREES
VALLEYS
VINEYARDS
WINE CELLARS

```
Y  M  G  P  E  T  I  F  M  B  T  N  B  L  C
Y  J  W  G  W  L  T  I  Y  S  W  L  E  M  C
S  Y  I  I  B  H  P  N  E  T  C  H  C  M  O
P  V  D  R  T  M  A  W  M  D  H  D  A  C  E
G  S  O  E  P  M  Y  T  V  L  I  I  U  R  Z
F  A  P  D  L  U  O  H  S  U  A  W  S  N  D
D  E  S  T  R  U  C  T  I  O  N  T  E  B  G
N  A  R  R  O  W  B  P  A  W  E  X  H  A  D
U  H  P  O  G  J  E  T  J  H  U  V  T  B  K
N  P  H  E  F  W  H  S  P  X  G  E  E  U  X
T  E  H  N  W  E  W  O  P  E  T  H  D  R  U
O  K  V  T  R  A  R  H  J  F  C  H  A  S  T
Q  S  C  E  I  P  R  E  F  I  N  D  E  C  S
T  I  A  R  T  S  Y  W  H  L  X  S  L  M  P
K  T  H  A  T  I  M  W  B  T  H  I  N  G  S
```

Law in Summary
Matthew 7:12–14

Therefore all **things whatsoever** ye **would** that **men
should** do to you, do ye **even** so to **them:** for **this** is
the law and the **prophets. Enter** ye in at the strait
gate: for **wide** is the gate, and **broad** is the way, that
leadeth to **destruction,** and **many** there be which go
in **thereat: Because strait** is the **gate,** and **narrow** is
the way, **which leadeth unto life,** and few there be
that find it.

```
M O U R N I N G B L O O D G T
I S E L C A N R E B A T E X E
R E H T S E S V T M L C L G M
U W G F P I H S R O W E I N P
P E N T E C O S T O S L V U L
E E I T A E H W E N T E E N E
N K R P C N P X R C E B R L C
I S E Y S O L E M N P R A E I
T K F G G A V K H A M A N A F
E H F E X O D U S B U T C V I
N O O M S T H G I L R E E E R
C L T S E V R A H B T E Z N C
E Y A T O N E M E N T B A E A
O P R O M I S E D R L A N D S
M E M O R I A L H T A B B A S
```

Feasts

ATONEMENT
BLOOD
BREAD
CELEBRATE
DELIVERANCE
EGYPT
ESTHER
EXODUS
HAMAN
HARVEST
HOLY

LAND
LIGHTS
MEMORIAL
MOON
MOURNING
NEW
OFFERING
PASSOVER
PENITENCE
PENTECOST
PROMISED

PURIM
SABBATH
SACRIFICE
SOLEMN
TABERNACLES
TEMPLE
TRUMPETS
UNLEAVENED
WEEKS
WHEAT
WORSHIP

Day 290

```
E Z L Y R M G R V X S M Q Z P
Q V A L A B O U R Y V U U S L
T E E I T Z K S Q Y P S S B S
R Y P R G O L X E E J A Y E P
A Y D E L L I F R S N Y L N J
O N F V A A C I A M U C M D I
T Z S H I P S I M A A A C U D
N H S W B H D T L R G O C R P
U G A A E A U I I L O A V E S
I T W T P R D M F N Y J L T B
R E H T A F E R E A G J A H J
Y X I E G U L D S Y W E F T V
L L C B M J A E D C M H V S I
C D H T A H E D W L P J Y I K
P Q E K T K S E B J Y N G I G
```

Bread of Life

John 6:26–27

Jesus answered them and **said,** Verily, **verily,** I say unto you, Ye **seek** me, not because ye saw the **miracles,** but **because** ye did eat of the **loaves,** and were **filled. Labour** not for the meat which **perisheth,** but for **that meat** which **endureth** unto **everlasting life, which** the Son of man **shall give unto** you: for him **hath** God the **Father sealed.**

```
G S P I G G C E J S H I N E A
G L T L D G O W I P W H R Y S
V L L L I W U B L E S S Z A A
T Z A V D F N E R A C L V E V
O Z E W O N T L Y K L A Q D B
Z U P O N P E I O S M R F D T
Q W L G O A N R U R W V K I Z
F M T Y R G A X D Q D E E J L
D R H S A A N B B L E S D P M
B X I N A E C A E P I T H U P
X Y S O Y M E I U W Y H W Z M
T M B S Y A E B O O K E C Q F
L R S Z K N Q K V U E Y Z N J
S O Z F J W L L A H S K J S S
P I K A D E S U T M E H T J F
```

A Blessed People

Numbers 6:23–27

Speak unto **Aaron** and unto his **sons**, saying, On **this wise** ye shall bless the children of Israel, **saying** unto them, The LORD bless thee, and **keep** thee: The LORD **make** his **face shine** upon thee, and be **gracious** unto thee: The LORD **lift** up his **countenance** upon thee, and **give thee peace**. And **they shall** put my **name upon** the **children** of Israel, and I **will bless them**.

```
V A R S T N A M O W S N I K A S
S H E R E H T A F Z Q U Q R L S
G T S E A S T W A R D U M A R E
N E U G O G A N Y S I A N E E N
I I R N I T H S A V G G L S C E
D E R A Z S R Q E E U T W E N L
N Y E H W I W R D A U Q I T E T
A E C C M W E D G B X X S I L N
T S T Y R D O E Y Z Y Z D R I E
S T I E C N A N E T N U O C T G
R E O N T N E T O P I N M O S Z
E R N O H H N I L E V A J P E X
D D A M A S C U S H H S R Y P Y
N A H G N I V I G S K N A H T M
U Y L S U O L A E Z Z Z X L I W
I N I Q U I T Y T I V I T A N X
```

Biblical Alphabet

ARMAGEDDON
BUTLER
COUNTENANCE
DAMASCUS
EASTWARD
FATHER
GENTLENESS
HYPOCRITES
INIQUITY
JAVELIN
KINSWOMAN
LANGUAGE
MONEYCHANGERS

NATIVITY
OMNIPOTENT
PESTILENCE
QUIVERED
RESURRECTION
SYNAGOGUE
THANKSGIVING
UNDERSTANDING
VASHTI
WISDOM
YESTERDAY
ZEALOUSLY

```
P S H C U S P A O U H C U O T
P M A W D U L Q K G S A I D T
X W Y Y I S K I N G D O M U V
E M O C O E X R E B U K E D S
L L A H S J B R O U G H T E P
Q T C H I L D R E N B W L L X
Y T Q K W I S E S P L P Q Y K
E L T T I L Z B N U I X T A C
W H O S O E V E R C F Y E H T
D E L L A C C V S Z F F I X N
S T N A F N I I N I E R E H T
Y H W O U L D V E R I L Y R C
H O T N U L D O G Z X R W A D
D L I H C U D E V I E C E R W
V L E N T E R F O R B I D S T
```

Jesus and the Children

Luke 18:15–17

And they **brought** unto him **also infants**, that he **would touch** them: but when his **disciples** saw it, **they rebuked** them. But **Jesus called** them **unto** him, and **said, Suffer** little **children** to **come** unto me, and **forbid** them not: for of **such** is the kingdom of God. **Verily I say** unto you, **Whosoever shall** not **receive** the **kingdom** of God as a **little child** shall in no **wise enter therein.**

**Day
294**

```
M S A L O S T S H E E P H C A
H A T B W W R E T E P W R N S
S A S I I E N H O J E O D E E
U W T T R D H A R M S R M F N
E O L E E I E T O S E A O K D
A L R A D R P L T W J E Y A U
D V A M E T O S D A S L N E R
D E E E H H E S N I M A E P E
A S H O T S M E C A S E D S T
H S M R N O V P H O E E E U H
T A A A D I H S D C U L A L J
S B E G E I E S I W A R C S F
O L N C L V N O M I S E G N E
C I E I B E T R A Y E D R E U
K R P T E S T I M O N Y E P S
```

Jesus and His Disciples

Matthew 10

ABIDE
ANDREW
BARTHOLOMEW
BETRAYED
CLEANSE
CROSS
DENY
DISEASE
ENDURETH
FLEE
FOES
HATED

HEAL
HEAR
JAMES
JOHN
JUDAS
KINGDOM
LOST SHEEP
MASTER
MATTHEW
PETER
PHILIP
PREACH

RECEIVE
SCOURGE
SIMON
SPEAK
TESTIMONY
THADDAEUS
THOMAS
UNCLEAN SPIRITS
WISE
WOLVES

```
T T R U T H R E E S C O R E T T
T R T T E I D E T N E M R O T
X A N E K O T X S R T T T H S
T N S M E T H H T R S S I S G
X S E P L E E S E S S G N G N
N G S E T S T R L S H R T N I
O R S R O T W S B H O M T I V
I E A A S A E S A H H N T H I
T S P N S M L S T A R S U S G
A S S C I E V T H I S T L E S
T I E E N N E H T O O T H R K
P O R M G T A T T L E R S H N
M N T M S E U G N O T M M T A
E S T T T S E R U S A E R T H
T H E A T R E H T O A B B A T
```

T's in the Bible

TABBAOTH
TABLETS
TARSUS
TATTLERS
TEKEL
TEMPERANCE
TEMPTATION
TESTAMENT
THANKSGIVING
THE TWELVE
THEATRE
THIGH
THISTLES

THORNS
THREESCORE
THRESHING
TITHES
TOKEN
TONGUES
TOOTH
TORMENTED
TOSSINGS
TRANSGRESSION
TREASURES
TRESPASSES
TRUTH

```
D E D N E T T A R I T A Y H T
T M L F J F A I T H F U L U H
C I T Y Q O Q U I X G Q R T G
Y I S A B B A T H L K N Z R U
D E E H U R H C Y E A L E L O
E L D K O E D D W M A L A T S
N P I Z R U I B O Z L R Y V E
I R S E Z A S W R E M G T S B
A U R P X B N E S L Z H V P A
R P E L K I S K H N G H A A P
T R V C A D G S I O N U X K T
S A I T N E K O P S L U U E I
N Y R T E K A C P A G D S O Z
O E S H L W O M E N E U K F E
C R E S O R T E D E G D U J D
```

A Seller of Purple

Acts 16:13–15

ABIDE
ATTENDED
BAPTIZED
BESOUGHT
CERTAIN WOMAN
CITY
CONSTRAINED
FAITHFUL
HEART
HOUSEHOLD
JUDGED
LYDIA
PAUL

PRAYER
PURPLE
RESORTED
RIVER SIDE
SABBATH
SELLER
SPAKE
SPOKEN
THITHER
THYATIRA
WOMEN
WORSHIPPED

```
T S A O C E C N A D N U B A L
R E V O C S D E L B U O R T O
L M U N R W O R R O S N E T O
D T H E P T S O M R E T T U K
E R T V F R S V D D V S G D T
N A J A I A L E E B A P R E O
W E V H S G E R P C W O M M W
O H F H H I N F T M A P W L A
R W O B T N N L H R E A S E R
D R I U G G A O S S L T D H D
E R E D N I H W T K P G N W P
F I S H E S C U I N E S A R B
W T A E R G O N V D U A S E O
M I D S T U G Q I C A L M V K
G L A S S E L S I N E T L O M
```

The Sea

ABUNDANCE	HAVEN	SAND
BRASEN	HEART	SHORE
CALM	HINDER	SIDE
CAST	ISLES	SORROW
CHANNELS	LOOK TOWARD	STRENGTH
COAST	MIDST	TEMPEST
COVER	MOLTEN	TEMPESTUOUS
DEPTHS	NET	TROUBLED
DROWNED	OVERFLOW	UTTERMOST
EDGE	OVERWHELMED	WALKING
FISH	RAGING	WATERS
FISHES	RED	WAVES
GLASS	ROAR	WIDE
GREAT	SALT	

```
A M A T R E D H T A H A N A M
A H H I Y A J D I S H O N A A
M L O Z U A U A E Y H N N R S
E S H L Z I A L V A N O E E R
H I O Z I H S J E M I Z R R E
E H H Z B B E D A D E O P O K
T A P L E E A O A A T H E B A
A B E N O L I M S D I O U H H
B A H A N A M O A A L O V C E
E H S V V I O A M H U S H A M
L N H A R O E B L T I M N A H
I I O A K A N I A D A H T H I
S D B Z I O R Z H E M A M X Y
H S A U L O F R E H O B O T H
I Z L X H J N A N A H L A A B
```

People in Canaan

Genesis 36

ACHBOR	ESAU	ONAM
ADAH	EZER	SAMLAH
AHOLIBAMAH	HADAD	SAUL OF
AKAN	HEMAM	REHOBOTH
ALVAN	HORI	SHEPHO
BAALHANAN	HUSHAM	SHOBAL
BEDAD	MANAHATH	TIMNA
BELA	MASREKAH	ZAAVAN
BEOR	MATRED	ZIBEON
DINHABAH	MEHETABEL	
DISHON	MOAB	

Day
299

```
S E C I P S G J S G A Y M N K
C D O G E I B J K O E A D S T
K L S N Q N E N I L E N I F O
X Y O R Y V R V N D P L L S P
X T V T Z X Y D S E V U O G A
S J G R H Q L A R E V L O N Z
S A S P I N N E R S V S W I M
R S F S E L C N U B R A C R S
E P C K D N O F G E L P W R R
V E R I N G S L V N B P Z A E
A R H L H X R A W A V H V E L
R A U L I O E X I M Y I E J E
G F H S P W K T S I T R A G W
N V E M E R A L D S I E K R E
E T A G A W B R A S S K J I J
```

Israelites' Offerings to Construct the Tabernacle

AGATE
ARTIST
BAKERS
BERYL
BRASS
CARBUNCLE
CLOTH
EARRINGS
EMERALDS
ENGRAVERS
FINE LINEN
FLAX
GOLD
JASPER

JEWELERS
OIL
ONYX
RINGS
SAPPHIRE
SILVER
SKILLS
SKINS
SPICES
SPINNERS
STONES
TOPAZ
WEAVERS
WOOL

```
D F S S A P S E R T R B E C T
S L I J Y R A T N U L O V H I
I H O E R F E R O S M E A L B
N O E G I P U V I U V N W P L
P C T E H B A L A O K E J A O
E K N N P S V S D E C S I Q O
O L E V T E Z E S I H R T U D
P L M E R S L A F O O N D Y W
L I E F K T D I I M V A F S I
E W N L R C R L E C A E P U L
S E O U V C O M E E S D R O L
C E T T A E M L F I R X C L I
B R A S S Q U I L I F F A A N
I F O C M B R W N U Z M O E G
A W G I O E M K O V B T A J Y
```

Offerings

ATONEMENT
BLOOD
BRASS
BULLOCK
BURNT
DRINK
FIELDS
FIRE
FREE
FREEWILL
GOAT
GOLD

HEAVE
JEALOUSY
LAMB
LORDS
MEAL
MEAT
MEMORIAL
PASSOVER
PEACE
PEOPLES
PIGEON
SACRIFICE

SHEEP
SILVER
SIN
SWEET SAVOUR
THANK
TRESPASS
TURTLEDOVE
VOLUNTARY
WAVE
WILLING

```
E N W H I D Z Z E I D S C V F
B X F B S T V H K I N A N R T
S U H T R E T F A F A I L V I
Q R N T A H U S M G N I R B V
J R P F E R J J A O T H E E C
O N I R L D S Y P T S C X A C
L A E M U S N U L F R S K L Y
C O R I N T U E S U H E I O E
F Z T Y T A F A S A I T H R A
T S G S O H L E D Y N S R D Z
E H E G A T E E A U L A K A V
R A O J D H R R V R I W A A E
C L I U F I R S T N U N O W O
P L V V C F A J U W O B O M L
E F Z Y V G B Y E U I W J Z F
```

Food for a Widow

1 Kings 17:13–14

And **Elijah** said unto her, **Fear** not; go and do as **thou hast said**: but make me **thereof** a **little cake first**, and **bring** it **unto** me, and **after make** for **thee** and for thy son. For **thus saith** the LORD God of **Israel**, The **barrel** of **meal** shall not **waste, neither shall** the **cruse** of oil **fail, until** the day **that** the LORD **sendeth** rain **upon** the **earth**.

Day 302

```
A Y R W N A S V E R E N I M E
H C E F B D M R G W S S L W H
U R C T R V O G F P T N U B Q
X E J O O M S H E A U N T O L
C M W E R O R A B U T H A T H
H B B E Q D K L X N A H T A N
Y Q V E N O I S I V W L E U Q
Q E K T E S N N H Q A P L R J
I A R M H V G B G A Y S T D I
T H R O N E D V R U L E T D V
H W U R F A O E W C K L E P V
E I S F V E M T O R Q I S H Y
S L L I W H B U I L D W E S T
E Y D U H C Q R E V Q J H D O
B D A H C T W H W Y R T F Z L
```

Endless Rule

1 Chronicles 17:12–15

He shall **build** me an house, and I will **stablish** his throne for ever. I will be his **father,** and he shall be my son: and I will not **take** my **mercy away** from him, as I **took** it **from** him **that** was **before thee:** But I **will settle** him in **mine house** and in my **kingdom** for ever: and his **throne shall** be established for **evermore.** According to all **these words,** and **according** to all **this vision,** so did **Nathan speak unto David.**

Day
303

```
R T T I N X Y G Y T D U Q S L
O A S P B G I M E L B J O S I
U U H L K U Q D Z B E N C P M
N O I A G G I H S D D E B V I
U H S W H I H W U F U G M E C
N T Z F L S H T I T T I G P H
N E G I N A H N A S H N W T T
U L S A C U M T V L X O E S A
H A X T N Q I E E L A T X Q M
S D X L P B K A D L D H M E G
E F A O W L N J A S E D A H E
R B L E K N B M G K U J K M J
V L E L O D O M M A Y F I N F
Y M P T P T E M F J S E L A H
B Y H E H T M M A S C H I L Q
```

Hebrew Words in Psalms

AIJELETH SHAHAR
ALAMOTH
ALEPH
BETH
DALETH
EDUTH
GIMEL
GITTITH
JEDUTHUN
KOPH
LAMED
LEANNOTH

MAHALATH
MASCHIL
MICHTAM
NEGINAH
NEGINOTH
NUN
RESH
SELAH
SHIGGAION
TAU
TETH

**Day
304**

```
Q Z P S K Z Y R T P E K D F W
K I K C I P P S N O D L I U Z
R E E H T H F R T S E A R L L
P J T T H A T N O N X W V F O
T I F U E T A T I M A U G I R
W S A F R N U H S T I V R L D
I S R A E L T O O S S S R L K
R N E V A E H U M E H S E E A
E R O F E B Z R C K E C E D S
H C T G W L I K E A W P I E W
T S N Q M E N S C P E H A H I
A Y U P H E A R T S S R A B W
F D D T N I R U T S T S U N I
V N T G D I A C L H T P V P D
B C C N R G Q W Y Z L F H Z I
```

None Like God

2 Chronicles 6:14–15

And **said**, O LORD God of **Israel**, **there** is no God **like** thee in the **heaven**, nor in the **earth**; which **keepest covenant**, and **shewest mercy unto** thy **servants**, that **walk before thee** with all **their hearts**: Thou which hast **kept** with thy servant **David** my **father that which thou** hast **promised** him; and **spakest** with thy **mouth**, and **hast fulfilled** it **with thine hand**, as it is **this** day.

Day 305

```
K X V U C E N O O L Q O F T Q
U S N Q F O C N R O W S Y L E
O K I T A J E A R T H H K E L
R M I H N I V T E W I T H Y K
M O U N T A I N S P L A A N L
W R Y H D U N H U D L H X J F
F E E E S N I E K L S J W T B
T R A P E D E A V U M R H C L
R E B U K E V S L O R D E L M
B M D I M O R F S H C E G B D
P O L E M E R H T S H Z F W B
P V U J T E A O C T A H T E F
D E O A V L R Z S D A I M V L
U D W O L W L C Q X Y K T A U
X X Y C W V O B Y Y O C I H Y
```

Covenant of Peace

Isaiah 54:9–10

For **this** is as the **waters** of **Noah** unto me: for as I have **sworn** that the waters of Noah **should** no **more** go **over** the **earth**; so **have** I sworn that I **would** not be **wroth** **with** thee, nor **rebuke** thee. For the **mountains** shall depart, and the **hills** be removed; but my **kindness** shall not **depart** **from** thee, **neither** **shall** the **covenant** of my **peace** be **removed**, **saith** the LORD **that** **hath** **mercy** on **thee**.

```
I  M  E  S  H  A  C  H  M  T  B  N  B  R  F
V  A  Q  X  L  S  Y  S  H  A  D  R  A  C  H
E  G  E  K  I  N  G  D  O  M  W  N  B  H  N
K  I  T  G  O  L  D  A  R  I  U  S  Y  A  N
Y  C  W  R  N  I  E  F  N  E  B  S  L  L  Q
U  I  I  U  S  Q  H  S  U  F  A  S  O  D  O
S  A  N  U  M  S  J  Y  K  G  O  M  N  E  H
N  N  E  B  U  C  H  A  D  N  E  Z  Z  A  R
S  S  U  X  B  X  V  T  F  H  I  N  H  N  J
P  W  R  I  T  I  N  G  F  U  O  M  Q  S  R
V  J  Y  W  S  O  D  Y  N  R  R  H  Q  Y  E
P  D  I  I  P  U  D  A  B  E  D  N  E  G  O
S  T  O  T  B  E  L  S  H  A  Z  Z  A  R  K
S  N  A  I  S  R  E  P  R  O  P  H  E  C  Y
S  P  X  Z  R  E  K  H  X  J  E  G  N  G  E
```

Daniel

ABEDNEGO
BABYLON
BELSHAZZAR
BRONZE
CHALDEANS
DARIUS
DREAM
EXILES
FURNACE
GOLD
HORN

IRON
KINGDOM
LIONS
MAGICIANS
MESHACH
NEBUCHADNEZZAR
PERSIANS
PROPHECY
SHADRACH
VISIONS
WRITING

Day
307

```
D N H T G S T D H A B O H M L
F E A C A K P N G Y B S D A D
L H D L U O H S E G S L K N T
T H E N U M B G W S L A U I C
L E I N A D S L H H E Y I M S
W Y T E O M R A U T G N D D U
I O G O X P M D R U N S Z Q K
I O Z I Y C U O T O A X B D S
I B E F O R E H C M F T E S H
V T W M A N N E R I D V C T U
E T H E E N O D L E N A R T
W E T K E C B U I I G H U Q F
E V A H Y V G V L O N R S O D
M T C U E A E E T N I G E G F
L R L V N Y B R N S K N L J C
```

Night with the Lions
Daniel 6:21–23

Then **said** Daniel **unto** the king, O king, **live** for **ever**. My God hath **sent** his **angel**, and **hath shut** the **lions' mouths**, that they have not hurt me: **forasmuch** as before him **innocency** was found in me; and **also before thee**, O king, **have** I **done** no hurt. **Then** was the **king exceeding glad** for him, and **commanded that they should** take Daniel up out of the den. So **Daniel** was **taken** up out of the den, and no **manner** of **hurt** was **found upon** him, **because** he **believed** in his God.

```
S H A D O W T S E V A S S S W
R S D N A H H S E L W G P Q R
K H E A R A E N N I N T C D D
J K K N A T I W E I Y G H T P
I W C Y D H R N W C A L L E D
X H I L T N E U C Q G G M V M
B I W B C M I T S L C L A A S
Q C G C I D T K H T I A R H S
M H C E E P S K G G U N V S A
T A S A S H E W E N I R E J P
M E D T U O B A D E I R L J M
Y L D L A G H E P S P V L U O
Y X C I W H R T E P F R O M C
I N M W H K T B O X L H U L A
R J W T T D Q O W J T E S P O
```

Prayer of Confidence

Psalm 17:6–9

I **have called** upon thee, for thou **wilt** hear me, O God: **Incline thine** ear unto me, and **hear** my **speech. Shew** thy **marvellous lovingkindness,** O **thou** that **savest** by thy **right hand** them **which** put **their trust** in thee from **those** that **rise** up **against them.** Keep me as the **apple** of the eye, **hide** me **under** the **shadow** of thy **wings,** from the **wicked that oppress** me, **from** my **deadly enemies,** who **compass** me **about.**

```
V V H A I Z Z U X V V U R G E
V Y L U R N U N H H H N T U U
U N C O R R U P T N E S S N U
N Y R U S U S R P L U P O D E
D S R U U I U O H E H O M E L
E L C N U T R F X I R T R R B
R S T S R T P I X Z Z T E N A
S U R B A N E T Z Z Z E T E N
T R A O R P U A Z U U D T A O
A Z Z U Z Z U B H A I R U T S
N G N I V E I L E B N U U H A
D M N H Z U D E R E T T U H E
I M N H U Z E L B A T S N U R
N I S R A H P U T H A I H H N
G H U Z Z D O G N W O N K N U
```

U's in the Bible

UNBELIEVING
UNCLE
UNCORRUPTNESS
UNDERNEATH
UNDERSTANDING
UNKNOWN GOD
UNPROFITABLE
UNREASONABLE
UNRULY
UNSPOTTED
UNSTABLE
UPHARSIN

UPPER
UPROAR
URBANE
URGE
URIAH
USURP
USURY
UTHAI
UTTERED
UTTERMOST
UZZIAH
UZZIEL

Day
310

```
P B Q R E S A T K I B E P R L
B S W K M O S E S E T N E G O
H A O I E J C U Q H J F O T B
Z M R J M T O J E P H T H A E
F S O A Q P U P O A B E L B H
A O T C K V R T Z S R J F R K
D N O O K O G I I S E A T A B
T U R B P I I D S T A P H H O
D I M H Q Q N E E O S W H A V
N O E D E G G N N N E N M B
I T N F X A S W S O O M D M O
S E T M J A F F L I C T E D L
A L E U M A S S A R A H S N M
A L D A V I D D V I V J P B U T
C Y T X M Q K Q N P P R S Q W
```

More Hall of Faith

Hebrews 11:4–37

ABEL	MOSES
ABRAHAM	NOAH
AFFLICTED	OTHERS
BARAK	RAHAB
DAVID	SAMSON
DESTITUTE	SAMUEL
ENOCH	SARA
GEDEON	SAWN
IMPRISONMENT	SCOURGINGS
ISAAC	SLAIN
JACOB	STONED
JEPHTHAE	THE PROPHETS
JOSEPH	TORMENTED
MOCKINGS	

```
Q C R O F H N N I H G W Y W G
L I T T L E O O E V A H C D Q
U B X Z E O V C R O W N E D X
F L J Z M E W H O Z H Q D I I
D D L H U X F E I N A D X S S
N I S L E G N A R S S Z H M O
I O O M G S R V R T T I B R W
M D I L G W R E I I V Y D R K
R U O N O H G N D S P A J E S
M R I R I N B S T N I S W V R
Y H K S I M U H S N U T H O C
T S C F O O G E O C A E G X
A T M I H P A D D O F R N S N
H G K T H A N T A H T S U K T
W I T H V W W M M V V A Y W Y
```

David's Prayer of Praise

Psalm 8:3–6

When I **consider** thy **heavens**, the work of thy **fingers**, the **moon** and the **stars**, **which** thou hast **ordained**; **what** is man, that thou art **mindful** of him? and the son of man, **that** thou **visitest** him? For thou hast made him a **little lower than** the **angels**, and hast **crowned** him **with glory** and **honour**. Thou **madest** him to **have dominion over** the **works** of thy **hands**; **thou hast** put all **things under** his **feet**.

```
M R B L O O D E I R C C U T N
O D E X U X R J A L O U D B N
R E C N O D O T B N A M E A E
N K W Z N U L P S A Y C K R C
I A A J R A Z U R A H D C R I
N W T N R I M Y D O B A O E F
G A E Y S E L P O E P Z M L I
B Y R R D W B S C V H H L S R
A H A F T U E N V S U E E I C
A E D R L N A R E F F R L T A
L A A L O D E C I O V A I J S
A E O T N K A R Y A R I J D L
H C S U B F E H N E Z N A O E
K C B U I L T T R E N C H O W
M A O F F E R I N G K N O W N
```

The Contest: God and Baal

1 Kings 18

ABUNDANCE	CUT	MORNING
AHAB	DAY	NAME
ALOUD	ELIJAH	OFFERING
ALTAR	FACES	PEOPLE
ANSWER	FELL	PROPHETS
AWAKED	FIRE	RAIN
BAAL	HEAR	SACRIFICE
BARRELS	HEART	SERVANT
BLOOD	ISRAEL	SLEW
BUILT	JOURNEY	STONES
BULLOCK	KNOWN	TRENCH
CHOOSE	LORD	VOICE
CONSUMED	MANNER	WATER
CRIED	MOCKED	WOOD

```
J D G S B G G N I R U D N E J
J H D T J M D G N N A E L C D
T E T A R U O T S S S M O O G
H A T T T L L C S S S N S M M
G R P U R E Y Z Y Q V Q U M R
I T M T D E R I S E D J O A E
R E T E E W S T R J N S E N H
E S T S I T T T R R R O T D T
J T T S S S I A N R R U H M E
O I E T S N E E X E E L G E G
I M M N G F E E E E M U I N O
C O M T C E F R E P J G R T T
I N G S S T U G D G D D T L
N Y D L A W L S I M P L E U A
G J G N I N E T H G I L N E J
```

The Law of the Lord

Psalm 19:7–10

The **law** of the LORD is **perfect, converting** the **soul:**
the **testimony** of the LORD is **sure,** making **wise** the
simple. The **statutes** of the LORD are **right, rejoicing**
the **heart:** the **commandment** of the LORD is **pure,**
enlightening the eyes. The **fear** of the LORD is **clean,**
enduring for ever: the **judgments** of the LORD are
true and **righteous altogether.** More to be **desired**
are they than gold, yea, than much fine gold: **sweeter**
also than honey and the **honeycomb.**

Day
314

```
C H H G M N E N T C D F G M N
W F O R G E A A A G U B A A M
O X L U C A H M E Q G T J N K
C R S R S R E E N T G Q Y U
X R Y U N E R D I H H R L L W
C X X H S C X T E G T L L W F
E R Z E D E T W F W R D P Y R
T K I I H I J A C K O J U W Y
K I E T S P S I E E F L B H F
J P I M R T X C X M G K L Y Z
P A S S E D T F I Y V A I O N
S C E C N E H T R P R J C E F
H U R W N C B E H O L D A T A
I K O V I E K U S V M E N S I
Z D I B S T I E E M O T S U C
```

Tax Collector

Matthew 9:9–10

And as Jesus **passed forth from thence**, he saw a man, **named Matthew**, **sitting** at the **receipt** of **custom**: and he **saith** unto him, Follow me. And he **arose**, and **followed** him. And it came to pass, as **Jesus** sat at **meat** in the **house**, **behold**, **many publicans** and **sinners came** and sat **down** with him and his **disciples**.

```
H E R O M F O L L I H K R Q W
H N N I T T A H N R A K E D T
W U A S E F O T M Z I O N Q O
K N O P P G M F U E R Q N A U
C M O N H Q I P S M O O M S D
A I E N R T Z L A A M A I I O
T R B A A L A H E R M N Z D Q
Y A O E I B R L E A A A I H L
P B B M M E E H I I D N R Y C
D A E O Y M P L H M G S E I R
L P N T R A O B L I G J G Y A
M B P A H G H B E R O H U E U
W H C S I E U U Z A T N O V T
P H C M O O L I V E S D G Y I
A B E K G N J L Q J I Q N R P
```

Bible Mountains

ABARIM	HOREB	OLIVES
BAALAH	JEARIM	PARAN
BETHEL	KARN HATTIN	PERAZIM
CARMEL	LEBANON	SEIR
EBAL	MORIAH	SHAPHER
GERIZIM	MT EPHRAIM	SINA
GILBOA	MT OF ESAU	SINAI
GILEAD	MT OF	TABOR
HERMON	SAMARIA	ZEMARAIM
HILL OF MOREH	NAPHTALI	ZION
HOR	NEBO	

Day 316

```
S E V I L O S T N E M R A G R
C O R D S J N O L E K H S A A
S P S W Q H A R O Z B C L T M
E D I M A N O A H E S O A E A
S F E A S T O L E H I R U K T
E P S N E A D S T R E N G T H
N I E P P E T A M G T E H E L
I L X T O I V W N A M V T R E
T L O A R Q R A E Z S A E O H
S A F I R O Z A R A P H R K I
I R P L J A W B O N E S L K E
L S Z G R I N D O O R S E A Y
I N O I L O C K S O R E K H E
H W T I M N A T H O N E Y N S
P E L D D I R H H A L I L E D
```

Samson

ASHKELON	GAZA	RIDDLE
BEES	GRIND	ROPES
CORDS	HONEY	SAMSON
CORN	JAWBONE	SHAVEN
DAN	LEHI	SLAUGHTER
DELILAH	LION	SOREK
DOORS	LOCKS	SPIRIT
ENHAKKORE	MANOAH	STRENGTH
ETAM	NAZARITE	TAIL
EYES	OLIVES	TIMNATH
FEAST	PHILISTINES	WIFE
FOXES	PILLARS	ZORAH
GARMENTS	RAMATH-LEHI	
GATE	RAZOR	

```
D A N I E L O H A I M E H E N
S N L H A I N A H P E Z R A S
E R H A R O B E D S A R A H H
V H E I Z S A E L I S H A C A
I A Z A M A R M A K M D E O U
W J E S E C A A B B R B B N H
D I K I N S K K J A C O B E S
I L I M O R D E C A I B B O O
M E A L C A B H A I M E R E J
W I H A H A H A C H L L L S O
E N T C H H R I R A H A B T S
R H H A C O R D C N H T T H E
B T R R N A T A H A H S S E P
E O G E N D E B A S S E R H
H D E B E H C O J S E S O M M
```

God Is Faithful in
the Old Testament

AARON	EZRA	MESHACH
ABEDNEGO	HEBREW	MORDECAI
AMRAM	MIDWIVES	MOSES
BARAK	HEZEKIAH	NEHEMIAH
CALEB	ISAIAH	OBADIAH
DANIEL	JACOB	OTHNIEL
DEBORAH	JEREMIAH	RAHAB
ELIJAH	JOB	SARAH
ELISHA	JOCHEBED	SHADRACH
ENOCH	JOSEPH	ZEPHANIAH
ESTHER	JOSHUA	

```
T I M O T H E U S A I D Y L O
I A P I L I H P R O N A C I N
M H B P A R M E N A S O M I E
O T S I M N E H P E T S C M S
N R A O T A C H O S A O O A I
I A B E J H T H I L D A M R M
C M A C M O A L S E M A K Y U
O I N I S E A U M D O R C A S
L P R N T S E U K L U A P J U
A S A U H A S S E N T I W O R
S E B E H P R O C H O R U S A
S H M C O H T E B A S I L E Z
H M C X O S L O I S W S S P A
S A N A N I A S U T I T W H L
Z T O L T S S U I L E N R O C
```

God Is Faithful in the New Testament

ANANIAS	MARTHA	PROCHORUS
BARNABAS	MARY	SILAS
CORNELIUS	NICANOR	STEPHEN
DORCAS	NICODEMUS	TABITHA
ELISABETH	NICOLAS	TIMON
EUNICE	ONESIMUS	TIMOTHEUS
JOSEPH	PARMENAS	TITUS
LAZARUS	PAUL	WITNESS
LOIS	PHEBE	ZACCHAEUS
LYDIA	PHILIP	

```
Q U N A T R A K A R T A H P B
S U S E H P E E I M A X J E G
T R I B E D Y D N V L M Z R E
G A Z A E Q R E N A A E E G Z
E I S C O O K S I H R H F A E
B R M O M B D H J B O O A M R
A A I E H G A M Y B G L H O A
N M A W L N R B U T M P O S E
R A Z P O A R D Y O E H I N C
Y S L E M N S I N L C S S J I
M K B O Y O Q U T I O M X I D
S I T G G R Z D R T Y N S M O
G H Z O Q B X E F E A Z I Z A
I Y X B B E J W G M J J U R L
Z D V A I H P L E D A L I H P
```

Cities

AI	JERICHO
AIN	JERUSALEM
ALMON	KARTAH
BABYLON	KARTAN
BEZER	KEDESH
DEBIR	LAODICEA
EPHESUS	LUZ
GAZA	OG
GEBA	PERGAMOS
GEZER	PHILADELPHIA
GIBEON	RAMOTH
GOLAN	REHOB
HEBRON	ROME
HOLON	SAMARIA
HORAN	SMYRNA
JATTIR	

Day 320

```
D E V E R Y L I A D Q E M O C
P B R E H T A F F H C I H W T
D R R S H S O L C I S T B E D
T Y A E D C I U I F F Y D M F
S E Z Y A S A N R V R A E B W
H E M T K D R E S N E D T D W
R H L P H I H O T L E R Z E R
R E Y P T Y N T T I A V H T E
D E V Y I A E G R B Q B A B V
A O W E R C T E D A E B L E E
J W N O R O S I V O E D L D H
S I A E P O L I O I M U O N G
A L E M A N F G D N G C W I B
Y L M E S R E V I L E D E R Y
T O F O R G I V E M O Z D K E
```

The Lord's Prayer

Luke 11:1–4; Matthew 6:9–13

ART	EVERY	NAME
BREAD	EVIL	ONE
COME	FATHER	OUR
DAILY	FOREVER	POWER
DAY	FORGIVE	PRAY
DEBTORS	GIVE	SAY
DEBTS	GLORY	SINS
DELIVER	HALLOWED	TEACH
DISCIPLES	HEAVEN	TEMPTATION
DONE	INDEBTED	THY
EARTH	KINGDOM	WHICH
EVER	LEAD	WILL

```
Q W E N T P F L E A R S I B E
U M R L J S M O H W N M D G M
I O E H B B D B H O E C Y B A
Y R H T T I O E I B I P U H N
A F T T H R R T M F T L P A V
B C W L G E A R B E H A E Z B
U W C D F N I E E V E N F E M
B E F O R E S R X T R D L B K
M E R V R O Z H L T N P E W R
P E K I L D L H A K O C S R W
T V L S G N I H T E N X M H H
Q A X O T R W N P B E S I D E
E H D W U L E W G R T C H K A
N S B V R F Z A C C H N A L R
L H T E O J W X T N P M O H D
```

Praise for God

2 Samuel 7:22–23

Wherefore thou art great, O **L**ORD God: for there is
none like thee, **neither** is **there** any God **beside** thee,
according to all that we **have heard** with our ears.
And **what** one nation in the **earth** is like thy people,
even like Israel, **whom** God **went** to redeem for a
people to **himself,** and to **make** him a **name,** and to
do for you **great things** and **terrible,** for thy **land,**
before thy **people, which thou** redeemedst to thee
from **Egypt, from** the **nations** and **their gods**?

**Day
322**

```
B L R G D Q B Q Q F E H A Q H
M S T H E N P R A Y E D G A L
Y A R S C N N C E S A Y I N G
D I M A B E E Y C M R K Y T T
N D F T E P E T D O E E Y H J
J L C T H Y Y S E Z Y M T A D
X B F U O G M H E A A U B A P
Y I L R L L I H D B R Q Y E N
F O I N D B L S R T P S R E R
W H L E E H A I A S I F D P H
J P E D E E Y P W D E K L A W
R Z R A S N S F O C M L V I O
V O R E R O S Y T Z A E T U R
L T G O O D T P E W C I I L D
Z W E O S N L V Z Y G H A W U
```

Fifteen Years Added to His Life
Isaiah 38:2–5

Then **Hezekiah turned** his **face toward** the **wall**, and **prayed** unto the LORD, and **said, Remember** now, O LORD, I **beseech** thee, how I have **walked** before thee in **truth** and with a **perfect heart**, and have **done** that which is **good** in thy **sight**. And Hezekiah **wept sore**. **Then came** the **word** of the LORD to **Isaiah, saying...** I have **heard** thy **prayer**, I **have seen** thy **tears: behold**, I **will** add unto thy **days fifteen years**.

```
H S R O B E H U B Q S F I Y E
H K I S S E D Z Y G E N G N Q
V S N K I H I A Q R O L I A Y
D U G L P E V I L A H W A W H
J H O U S E P E H G S P E N T
Q S T D I J O U R N E Y T A R
T S A A D S N A O I R U N U O
G E S F E G G I T C V K R Q W
A L D A E D S L I N A G F W Y
Q C V R F S N S F A N A I R A
G D W N A L U T B D T H E N S
Y N S P M M A Z P H S D L Q W
Z U M I I E Y C E N L C D T S
X O U Y N X Y R R E M H M J O
C F O A E L E Z Z B M Y U W N
```

The Prodigal Son

ALIVE	HUSKS
CALF	JOURNEY
COMPASSION	KISSED
DANCING	LOST
DEAD	MERRY
EAT	MUSIC
ELDER	RING
FAMINE	ROBE
FATHER	SAFE
FEED	SERVANTS
FIELD	SHOES
FOUND	SON
GLAD	SPENT
HOUSE	SWINE
HUNGER	WORTHY

```
S T N E M T S E V I T H S A V
V O I C E Y L T N E M E H E V
E H V V S U O U T R I V N D I
R S S L E S S E V I R G I N N
M I V E N T U R E V E O V M E
I N V D N O B A G A V I N E Y
L A V V A L I A N T V V X Y A
I V I O V V I C T U A L S A R
O I S W I V E X A T I O N R D
N O A Z N X V I L L A G E S V
G L G Z E V X V X Y L I R E V
V E E E G A T N I V A N I T Y
Y N V V A Z X V V Y R S S M M
V C X X R V M N D C M E V X X
V E G A Y O V O L U M E V X X
```

V's in the Bible

VAGABOND	VILLAGES
VALIANT	VINE
VANISH	VINEGAR
VANITY	VINEYARD
VASHTI	VINTAGE
VEHEMENTLY	VIOLENCE
VENGEANCE	VIRGIN
VENTURE	VIRTUOUS
VERILY	VISAGE
VERMILION	VOICE
VESSELS	VOID
VESTMENTS	VOLUME
VEXATION	VOW
VICTUALS	VOYAGE

```
W I T H V A M E E H T P E I E
W Q E R Y L B M U H W H L R G
S V P L A K Q G O O A G I L F
S H A L L N P U N T I U R F I
N D D I E G S Q H V Q R H S P
B B O W S A I G E E S I U R D
S M O T N H S K R M R V I V W
R Q G D H R L E A E D E G N W
J M S E Y A O R D R S R Z N V
Z Q X W W R V B O C Q S L A P
S P L E N Y E L T Y B M I W U
K C I H Z Z O J U S T L Y O L
Z H O S V Q Z Y D O R A W H N
K R U T E O N G U J S I H S U
C Q K Y B J C Q D F A G F W S
```

What Does God Require?

Micah 6:7–8

Will the LORD be **pleased** with thousands of **rams**, or with ten **thousands** of **rivers** of oil? **shall** I **give** my **firstborn** for my **transgression**, the **fruit** of my **body** for the sin of my **soul**? He **hath shewed** thee, O man, what is **good**; and **what doth** the LORD **require** of **thee**, but to do **justly**, and to **love mercy**, and to **walk humbly with** thy God?

```
Z S I L V E R H O A R A H P M
E U D A U G H T E R S I O O M
G U L B U R N E D M S Z S Q J
Y H O N E Y R E V I L E D E M
P O U F I R E J M L S Q W Z Y
T L E M A N I O Q K Q E U M S
Z A L O O K G O S A L L D D T
M I O M S S D B T S U I P E K
A R R T C O N S U M E D H T Z
H O D U M N A Z X S H O E S T
A M P Q B S L I A M H O R E B
R E S O W R R O G R O U N D V
B M C R A I M E N T L O V E Y
A A I S A A C I O U Y G O L D
J E T H R O N N E R D L I H C
```

The Burning Bush

Exodus 3

ABRAHAM	HOLY	MEMORIAL
BURNED	HONEY	MILK
BUSH	HOREB	MOSES
CHILDREN	I AM	NAME
CONSUMED	ISAAC	PHARAOH
DAUGHTERS	JACOB	RAIMENT
DELIVER	JETHRO	SHOES
EGYPT	JEWELS	SILVER
FIRE	LAND	SONS
GOLD	LORD	
GROUND		

```
P A R T T T A H T V L O R D Y
T S C A L L E D W H H D N E X
T U F K P S S H R R E Q I Y I
M R S E S P I A E F A Y D A M
B N A T L C O H B U R B P R S
U A I N H L T I T A T O O P W
L M H T S E W O N K S J M J Q
A E T C H G S Y G T U R G O G
J D T W E N R E L D E C A L P
Z U A R W T E E A N T D H B S
Q P M S S T S S S U T S U J A
A D V I S H W J O S E P H O S
C W N A I G I H K H I M S X Z
D I H P I I T C Z Y C O Y E T
M M U V T M Q X E J L M N X R
```

Prayer for a New Apostle

Acts 1:23–25

And they **appointed** two, **Joseph called Barsabas,** who was **surnamed Justus,** and **Matthias.** And **they prayed,** and **said,** Thou, **Lord,** which **knowest** the **hearts** of all men, **shew whether** of **these** two **thou hast chosen,** that he may **take part** of **this ministry** and **apostleship, from which Judas** by **transgression fell, that** he **might** go to his own **place.**

```
O E J O T H A M R E T U L J C
T V O S Z M S T A T U T E S H
H R S C V E A Q U A I H D E U
K E I H O E N G G H O O A J Z
U S A I I M L Q O S J R V F Z
B B H L C Z M L H O K D I Z I
F O R D E Q A A E E D I D A A
V Z E R J T P H N W F L K D H
T H I E S H H K A D O I A E B
T A G N A S E U O F M G Z N D
I I N T H E E Y E S O E Q Q D
V Z F X P E A S W M K N N O H
M A Z A R I A H S I J T O T L
M M L V V J P R A O B L U S S
Y A T X M Q K H Q P P Y P R S
```

Right in the Sight

AMAZIAH
ASA
AZARIAH
CHILDREN
COMMANDMENTS
DAVID
DILIGENTLY
GOOD LAND
GO WELL
HEALETH
HEAR
HEARKEN
HEZEKIAH

IN THE EYES
JEHOSHAPHAT
JOSIAH
JOTHAM
KEEP
OBSERVE
POSSESS
REIGN
SON OF AHAZ
STATUTES
UZZIAH
VOICE

```
J A M E S B Z N R I A G F N C
N O I H S A F E H H L E O V L
W R A I M E N T S O A S D S O
H Y V A E H B I R R J E C B U
I L D K S M L Y E E W T O S D
T L A A O P O D R O W D U E G
E W I S M J D U D O E Z N L N
A L E O P E S A N R M M T C I
E S C E C A H O A T A G E A R
O C T E L S D E T L A E N N E
A E A E R S P D T H C I A R T
R S M E S P L E R I G Y N E S
E Y V R A Y R E O A A I C B I
M O Q H P E A V E R E A E A L
M G E T D C N D P P M H J T G
```

The Transfiguration

Luke 9:28–36

ACCOMPLISH	FEARED	OVERSHADOWED
ALTERED	GLISTENING	PETER
APPEARED	GLORY	PRAY
AWAKE	HEAR	RAIMENT
CLOUD	HEAVY	SLEEP
COUNTENANCE	JAMES	SON
DAYS	JERUSALEM	TABERNACLES
DECEASE	JOHN	THREE
EIGHT	MEN	TWO
ELIAS	MOSES	VOICE
FASHION	MOUNTAIN	WHITE

Day 330

```
M G C U P D G P B S N K V T Y
O X Y T O A R S C E I W H I D
U E E O O I S R R S T I O T O
N N L T E E I S S E R H O R B
T B L S A B N A O T I I A L C
O C T E E L H A Y V R D A N H
F S D S A P I P M A E S L S Y
O S Z E A V I P C E P R E O D
L C A I I E E S H S L D E S
I E A B C F I N E U P H Y G R
V C L E B S I M E I I A T E B
E K S D A A Y C C D R T V E K
S S Y D E A R S U T C L N I G
D E U O R R I A E R I Q N O F
U J X P C D S B B S C G C R P
```

Crucifixion

BARABBAS	JUDAS ISCARIOT
BETHANY	KING
BETRAYED	KISS
BLASPHEMY	MOUNT OF OLIVES
BLOOD	PASSOVER
BODY	PONTIUS PILATE
CAIAPHAS	PRAY
CROWN	PRIESTS
CRUCIFIED	SCRIBES
CUP	SILVER
DISCIPLES	SOLDIERS
ELDERS	THIRTY PIECES
GETHSEMANE	UNLEAVENED

```
S P I C E S E L T S O P A H J
E T H I R D D A Y E D I B A O
P B O W E D D O W N C A E N Y
U E W N N F U L F I L L E D A
L L I D E M M A U S E I C S N
C I T E L R E T E P O V A P N
H E N R A I O H L T P E E O A
R V E A D S N L E D A I P W O
E E S E G E M E L A S U R E J
S D S P A N F E N E V W O R D
I M E P M E A T V R D E I Y T
M E S A Y N Y D O B G A N L A
O N A F R A I D N E M O W R R
R S T R A N G E R W A L K A R
P Y R A M R E M E M B E R E Y
```

Resurrection and Ascension of Christ

ABIDE	FEET	POWER
AFRAID	FULFILLED	PROMISE
ALIVE	HANDS	REMEMBER
APOSTLES	HEAVEN	RISEN
APPEARED	JERUSALEM	SEPULCHRE
BELIEVED	JOANNA	SPICES
BODY	JOY	STONE ROLLED
BOWED DOWN	LINEN	AWAY
BREAD	MARY	STRANGER
CLEOPAS	MARY	TARRY
EARLY	MAGDALENE	THIRD DAY
EMMAUS	MEAT	WALK
	MEN	WITNESSES
	PEACE	WOMEN
	PETER	WORD

```
T E H C L E A V E T H R H D O
E D E A T H R O B A T S C O P
E T A S B C R I E D E N A G I
F K R T N I O J F O T U O Y E
Y T T L D P L N W A T E R M R
M R W O I E O K F E F D P Y C
E U G T N V S U G O E H E G E
H S O S C J E P R L U U R A D
Q T J F L T O S I E B N S R R
W E G Z O T A V T S D S D M I
I D F N S K E W T U E O Q E E
C A G H E R O A V M R D U N D
K U E N D R R Z B O N E S T U
E R J F M E T L K D T B T S P
D E T L E M Y S D N A H Y M U
```

Psalm of Christ

Psalm 22

ASSEMBLY
BONES
CAST LOTS
CLEAVETH
CONFOUNDED
CRIED
DEATH
DELIVER
DESPISED
DOGS
DRIED UP

FORSAKEN
HEART
INCLOSED
MELTED
MY FEET
MY GARMENTS
MY GOD
MY HANDS
OUT OF JOINT
PIERCED
POTSHERD

POURED OUT
REPROACH
STARE
STRENGTH
TONGUE
TRUSTED
VESTURE
WATER
WICKED
WORM

Day
333

```
S A M O H T L U D B D A Y S H
E S I D E H P H L E Z O K L A
L M E H T K C K O O C H O O N
P A Q L P F A A H B C A K R D
I Q N J H F G N E H T B E D S
C G W S A T A L B R H G C P F
S W I K W E I G H T N S O W A
I F T T B E N A H I T H E R U
D M H E V W R T F O S S R S E
T J I I Y Y I E O C U R Y O M
P N N D V A V D D S R E T F A
G G Q N S H C H E R H C U G C
W F V H U T E J G F T Y H I Y
M N C E A F U E N I E B S N M
E S D G H A E T A V T L E Q D
```

No Longer Doubting
John 20:26–28

And **after eight days again** his **disciples** were **within**, and **Thomas** with **them**: then **came Jesus**, the **doors being shut**, and **stood** in the **midst**, and said, **Peace** be unto you. **Then saith** he to Thomas, Reach hither thy **finger**, and **behold** my **hands**; and **reach hither** thy hand, and **thrust** it into my **side**: and be not **faithless**, but **believing**. And Thomas **answered** and said unto him, My **Lord** and my God.

Day 334

```
U K W O S S I F R A G E B K V
D F F E R R E T U L V A E C K
Z I E L G A E N K U M E H I L
L I Z A R D B L L O W A T W I
E G P H M L L T L V M E O F A
S U E R A H U E W E S W I N E
I I L L H R R O L Y P C I R T
O K I E E W K E C Y E N O C N
T R C Z C C O W D S T O R K A
R G A H U N I L A P W I N G R
O B N C S N A I L H V F X S O
T F A W T X K C A M E L Y A M
L R A T W L E S A E W Q L I R
A N E V A R Y A R P S O C K O
H E R O N I N C Z E S U O M C
```

Unclean Food

Leviticus 11:1–30

BAT	MOLE
CAMEL	MOUSE
CHAMELEON	OSPRAY
CONEY	OSSIFRAGE
CORMORANT	OWL
CUCKOW	PELICAN
EAGLE	RAVEN
FERRET	SNAIL
HARE	STORK
HAWK	SWAN
HERON	SWINE
KITE	TORTOISE
LAPWING	VULTURE
LIZARD	WEASEL

```
F I Y U V S N A H T G I B S D
W H D Q D W T S E U Q E R E H
P I A T O I A B I H A I L A S
S T A R K H S E R E T I N L E
W H C L B M H E L P V E A E R
O S P H U O I A G E H R H C E
L A S R R R N H R T P T S A Z
L V I S G D N A H I P P U L H
A N E L W E N M H T O E H A T
G P S G H C A H I C C S P E
A P T E E A A N S O F S N Z U
N C H L A I M X Q N A A E Y Q
S W E J E E R C E D K T E Y N
L J R M I Q W H A M O C U M A
S U R E U S A H A T J G Q M B
```

Esther

ABIHAIL	JEWS
AHASUERUS	MORDECAI
BANQUET	PALACE
BIGTHAN	PETITION
CROWN	QUEEN
DECREE	REQUEST
DELIVERANCE	RING
ESTHER	SCEPTRE
GALLOWS	SEAL
HADASSAH	SHUSHAN
HAMAN	TERESH
HARBONAH	VASHTI
HEGAI	ZERESH
HORSE	

Day 336

M	U	S	I	N	O	D	L	C	Y	M	B	A	L	S
S	T	E	A	E	S	P	K	O	L	P	R	E	E	O
G	H	T	I	O	J	S	T	R	I	N	G	E	D	N
U	Q	U	A	N	J	A	L	N	A	G	R	O	F	G
B	Z	L	F	B	S	L	Q	E	A	V	Z	J	F	T
K	S	F	D	O	R	T	T	T	R	B	T	U	R	U
O	D	H	U	I	Q	E	R	S	D	B	Q	U	V	B
F	X	N	O	A	M	R	T	U	W	M	M	O	F	K
H	D	M	J	U	L	Y	L	S	M	P	M	I	L	C
V	V	V	S	J	T	C	P	B	E	E	R	U	T	A
Y	S	I	N	G	I	N	G	T	V	W	N	T	X	S
H	C	M	O	M	Q	K	S	Q	O	P	P	T	P	R
K	O	S	E	L	Q	W	M	O	I	P	N	V	S	B
H	A	R	P	T	N	G	D	P	C	Z	T	E	F	P
S	I	B	N	X	V	V	E	C	E	J	D	J	A	V

Instruments of Musick

CORNETS
CYMBALS
DULCIMER
FIR WOOD
FLUTE
HARP
HORN
INSTRUMENTS
MUSICK
ORGAN
PIPE
PSALTERY

SACKBUT
SHOUT
SINGING
SONG
SOUND
STRINGED
TABRETS
TIMBRELS
TRUMPETS
VIOL
VOICE

```
E G I S S U E E Y H T A E D S
I T N D I L P S S M S B A I A
A B U I E F P D S A R U K Q W
K M R O D O W U Y U E E M A L
B I N O R O N I I F I S A Q E
Y A S D K C O S T M E F I C M
H T D S L E E L P H Y V N D A
S U I E N D N O B S E A E F I
X T A M T U T H O X R R D R M
E N I Z R E E R E E Y E E K E
T V W R N I P D V A V S C D D
S L I T I E F I E I R I L F P
I W A L L P L N L W S T S A Z
N F H H O E S S I Z O N E E P
B L I N D P L A G U E B M D C
```

Miracles of Healing

BLOOD
BLIND
BOWED
BROKENHEARTED
BRUISED
DEAF
DEATH
DELIVERANCE
DEVILS
DISEASE
DROPSY
DUMB
EVIL
FEVER
HALT

IMPOTENT
INFIRMITY
ISSUE
LAME
LEPROSY
MAIMED
PALSY
PLAGUE
SICK
SIN
SPIRITS
UNCLEAN
VEXED
WITHERED

```
W M X Z M O D S I W E D G E W
A A H H S R E F A W R S P E A
L K I K L A W A T E R S E W Y
L H N T M Z O X X N P P X A W
O H M I N R N U Z M P P W W O
W O D I W O N D E R F U L W R
I W D M E D I R M W W I L D D
L W E W A S W E D D I N G W H
L D K E R T O W W Z S X X W W
O H N M I T R F Z Z E X X I H
W W I W N S S D C F M W W F W
S H W H E E H D C M E M W E W
T H H S S N I H R R N H R R R
W A G E S I P R S E L P M I W
W N M N M W E A L T H S T T W
```

W's in the Bible

WAFERS
WAGES
WAIT
WALK
WALLOW
WATERS
WAX
WAY
WEALTH
WEARINESS
WEDDING
WEDGE
WEEP

WIDOW
WIFE
WILD
WILLOWS
WIMPLES
WINE
WINKED
WINNOWED
WISDOM
WISE MEN
WONDERFUL
WORD
WORSHIP

```
A T I M O N V W E Y F K A J U
I S D V U C W D H Z U J L Z G
R O G G H M U O C O L S K O Q
A H C O I T N A D H L E U I D
M G S N I C O L A S R E V A G
A E S T E P H E N Y T I C G D
S W L G S S P A K E L N S R E
D U Q Y N M R A O P W G O T S
M H R H T I A F R E I C Y A A
V E E O Y R H E N M C L Y U E
V A S D H A A T Y A E I I L L
A R O N A C I N L S N N P H P
K I H Y H L O E O G L O A P P
V N T E X E T R H E E D L S V
I G D I E S P E P P F X I I V
```

Evangelist
Acts 6:5; 8:5–6

And the **saying pleased** the **whole multitude**: and
they **chose Stephen**, a man **full** of **faith** and of the
Holy Ghost, and Philip, and **Prochorus**, and **Nicanor**,
and **Timon**, and **Parmenas**, and **Nicolas** a **proselyte**
of **Antioch**. . . . Then Philip **went down** to the **city** of
Samaria, and **preached Christ** unto them. And the
people with one **accord gave heed** unto **those things**
which **Philip spake, hearing** and **seeing** the **miracles**
which he did.

**Day
340**

```
P J W H A L E S W W O R L D J J
E R E D E M P T I O N Y O U E
F A N A T I O N S M M A D C F
I L B N E M A L T A R G A S A
L S A L V A T I O N M R S E M
W I F E S R A T S E G S Q H I
O H E A V E N S N S E E R T L
F A W A T E R T S N O S S K Y
D R Y L A N D D E L I G H T R
S L A M I N A V A L E S A P T
E S R U C F I R M A M E N T L
S U N D O G S S T N A L P N I
D A Y D R U N K E N N E S S V
M A H O M E E G A I R R A M E
W C F A E S E G A U G N A L D
```

Beginnings

ALTAR	HOME	SKY
ANIMALS	JUDGMENT	SONS
CURSE	LANGUAGES	STARS
DAY	LIFE	SUN
DEVILTRY	LIGHT	TREES
DOGS	MARRIAGE	VALES
DRUNKENNESS	ME	WATER
DRY LAND	MEN	WAY
FAMILY	NATIONS	WHALES
FIRMAMENT	PLANTS	WIFE
FORGIVENESS	REDEMPTION	WOMAN
FOWL	SALVATION	WORLD
GRACE	SEA	YOU
HEAVENS	SIN	

```
B R E A S T F I L T S A F O M
Q D L K K N A H T G S F H F E
S S E S S O P Q N E F E U L N
A E G T W I C E H O V E M E W
W H O U S E V T L E P S B S L
E R D O E A I P R G R I L M U
D A W N E T E Y E S A R E I F
O T O H A B A S E D Y A T H I
O H T N A C I L B U P H H A C
T E J N O M U C H Y N P G T R
S R E R E T L U D A X J D H E
A A F A R W H I U G A O U U M
P R A Y E D B E I T W L Z S P
X F E T O M S V R N R L L E T
S A Y I N G E S T A N D I N G
```

The Pharisee and the Publican

Luke 18:10–14

ABASED	HEAVEN	PUBLICAN
ADULTERERS	HIMSELF	RATHER
AFAR	HOUSE	SAYING
ALL	HUMBLETH	SMOTE
BREAST	LIFT	STANDING
DOWN	MEN	STOOD
EVERY	MERCIFUL	THANK
EYES	MUCH	THUS
FAST	OFF	TITHES
GIVE	ONE	TWICE
GOD	OTHER	TWO
	PHARISEE	UNJUST
	POSSESS	WEEK
	PRAY	WENT
	PRAYED	

Day 342

```
M P R O O P F E A C E C O M E
L E J O Y A A R O O D A P Y L
E C R C A R T S M E R L Y L S
A N S C N T H E R A O L A S J
R E G A Y A E T S W L I E O D
S I O N V K R D O A Y N C S E
I T S H W E S R U A S G N H B
S A P T A R D N D U L L A U M
T P E U M E I E O E P Y R G A
E L L R A T S E S V R D U L H
D I D T N S T F E I O N S O S
F V H O E H R I C E M U S R A
A E C L G G E L U C I O A Y T
S L B I I N E A R E S B E N O
T Y R E J O I C E R E A S O N
```

Hope

ABOUND	ISRAEL	PROMISE
ALL	LIFE	REASON
ASSURANCE	LIVELY	RECEIVE
BLESSED	LORD	REJOICE
CALLING	MAN	RIGHTEOUSNESS
COME	MERCY	SAVED
CONTINUALLY	MY	SECURE
DEATH	NOT ASHAMED	SET
DOOR	ONE	STEDFAST
FATHERS	PARTAKER	TREE
GLORY	PATIENCE	TRUTH
GOD	PLOW	WORD
GOSPEL	POOR	

```
E L T T I L W A Y F A R I N G
X X M F E X P K N A R D I A S
C H I L D R E N A U N T O U P
E W T O R R X E J Y A L Q T A
E E R C E U J M M M O S O B R
D R E K S Q W L E Z H A M R E
I G H S S S H R E T H G U A D
N R T D T D I E A D E G I A E
G M E R A R C L T W S A V E H
V A G E E E H L E H X I B C S
Z N O H M H C E U I D O R A I
P Y T I C Z R V L M U R Z P R
Y O W N A T H A N G L I U L U
U J O B M A L R H E R C C M O
T H E R E O W T G N I H T O N
```

Nathan's Story

2 Samuel 12:1–4

BOSOM	FLOCKS	OTHER
BOUGHT	GREW	OWN
CAME	HERDS	POOR
CHILDREN	HIM	RICH
CITY	LAMB	SAID
CUP	LAY	SAVE
DAUGHTER	LITTLE	SPARED
DAVID	LORD	THERE
DRANK	MANY	TOGETHER
DRESS	MEAT	TRAVELLER
EAT	MEN	TWO
EWE	NATHAN	UNTO
EXCEEDING	NOTHING	WAYFARING
	NOURISHED	WHICH

```
T D B W Y N R E K A P S Z I Y
U T H E E M R E W O P D E G H
P O U C H R I S T J R R L Y J
M R H D T D E H E E E O X S E
T D G T F L E S H V R W T H M
G A I E G A U T O I Q N T O V
S P V S V S A E F I L M A U G
I E E E T F A Y H I P A H L C
E C N H M T H I S F L N T D J
C U G T O O G R D S M Y R E W
R I S I N U C W O N K C D T S
M A P J L X R C M S B Y D N T
H G E X Y Z O B F T U S B D J
O E L G Q U Z B E C Q I E Q L
D J Q D M I X X V T F H T W V
```

Jesus Prays for Himself

John 17:1–3

These words **spake** Jesus, and **lifted** up his **eyes** to **heaven,** and **said, Father,** the **hour** is **come**; glorify thy Son, that thy Son **also** may **glorify** thee: As thou hast given him **power over** all **flesh,** that he **should** give eternal life to as **many** as thou hast **given** him. And **this** is **life eternal, that they might** know thee the **only true** God, and **Jesus Christ, whom thou** hast **sent.**

```
T C N P D N T G B T S D I D A
W D Q N N S V B U H H E T S D
T H E M E J E G U I T I F C J
M S M V I L G P N N W O N K Q
K Q A O I E N L T G T H Q E K
A G Y E R E V E O S T A H W K
B B V V V F C W O R L D F V M
T E N I M A X E X Q I Y H U V
D V G S M F W O R D S F C Y C
D S P E N J U N N F F A I L Q
E W C P E T O F Y D U K H E R
S Z Z E R H H A S T E Q W R D
R S M B A A T R Z X F W D U V
S T Y V Y T Y B H M P Z W S E
F Y E H T Y K K L V D T E A Q
```

Jesus Prays for His Disciples

John 17:7–10

BELIEVED	KNOWN	THEY
CAME	MINE	THINE
DIDST	PRAY	THINGS
FROM	RECEIVED	THOU
GAVEST	SEND	UNTO
GIVEN	SURELY	WHATSOEVER
GLORIFIED	THAT	WHICH
HAST	THEE	WORDS
HAVE	THEM	WORLD

Day 346

```
O B U D T B R G W T A H T N P
I C K X O H C I H W H B X O N
J Z N K T U E E G J W M V I C
Y R O L G D E Y T H U O H T V
I T W O D Y E V E A T O E A C
M J N V S X M R U V R E R D K
G I V E N L E M A E D D O N E
R H M D S W A W I L L X F U V
Z A A S I W M X O L C U E O S
N F A T H E R H A S T E B F J
X H H O H C E J K P S F D K B
A D M T C B H T N E C B L X O
R J H N I D B W H I X Q R A G
J C J U U O O T X P J R O U P
Q D U L T C G K E C J W W B N
```

Jesus Prays for All Believers

John 17:24–26

ALSO	HAVE	THESE
BEFORE	KNOWN	THEY
BEHOLD	LOVEDST	THOU
DECLARED	NAME	UNTO
FATHER	RIGHTEOUS	WHEREWITH
FOUNDATION	SENT	WHICH
GIVEN	THAT	WHOM
GLORY	THEE	WILL
HAST	THEM	WORLD HATH

```
T M G A H D R E K C O R D P S
N C O N N A R O D S G A E N T
S O H D I G N O P E V O O F E
E N H N G Y E D L I P I O C L
T F W T O N R L D L T U A I S
I I I L A I I C E A N F O R T
N D N L R R T K N D R N F O A
A E D U E C W A A E Y E A N F
A N T B H T C T L R G M W M F
N C W T I I I E W O E U E O A
A E I R T O D O L R S D F N P
C A I I N R R O O T E N R E E
F P E S O D V A R M A W O O R
S S K W S E K S E N O E O C B
W I S E N S T R E E Æ S M T S
```

Who or What Is Strong

ANGEL	FOUNDATIONS	POWER
ARM	HAND	REFUGE
BORDER	IRON	ROCK
BULL	KINGDOM	RODS
CANAANITES	LION	SPIRIT
CITIES	LORD	STAFF
CONFIDENCE	LOVE	SWORD
CONSOLATION	MAN	TOWER
CRYING	MEAT	TREE
DAVID	NATIONS	WIND
ENEMY	OAKS	WISE
FACE	ONE	WORDS
FAITH	PEOPLE	WRATH

**Day
348**

```
C W R T E S T I M O N I E S O
R O E G O R D I N A N C E S D
E R M P L E H P R E C E P T S
S K E M L A M P E E K L O C P
I S M O A I D E E H N E H L I
W C B S B N B T S P E A K E L
J O E W I S D E R O W R R A K
U M R K W T E M R A D N S N E
D F I D A H K R E T E E A S E
G O O D Y G A L V N Y H L E S
M R M E D I T A T E T R U T H
E T E V O L S W T C R S O R U
N S T A T U T E S A U T S H A
T K N O W L E D G E S I A R P
S A L V A T I O N P T E A C H
```

Psalm 119

CLEANSE
COMFORT
COMMANDMENTS
EYES
GLAD
GOOD
HEART
HEED
HELP
HOPE
JUDGMENTS
KEEP
KIND
KNEW
KNOWLEDGE

LAMP
LAW
LEARN
LIBERTY
LIGHT
LIPS
LOVE
MEDITATE
OBSERVE
ORDINANCES
PEACE
PRAISE
PRECEPTS
REMEMBER
SALVATION

SEEK
SOUL
SPEAK
STATUTES
TAKE
TEACH
TESTIMONIES
THANK
TRUST
TRUTH
WAY
WISER
WORD
WORKS

```
J E S U M A R J H N S R D M W
J E S M A T A O C S R S W O C
E P E X X X K H A S W O W A R
W K C D O Z L X E X A H M L A
E S I L C H I E W E S E R M I
L E P O E R R A M S L S O O M
S P S G H T E S P S K E S N E
A U M R H Y L S Y E K N O D N
H L R P E R R R R B U L L S T
A Y Y N N H M L A B M M M M T
M H O A O G G O A T S T T S S
P H H E H O I N T M E N T S S
R E V L I S P I K E N A R D E
T M F R A N K I N C E N S E E
H S R R Y M E R H C L U P E S
```

Biblical Gifts Given

ALMONDS
BALM
BULLS
CAMELS
COAT
COWS
DONKEYS
EWES
FRANKINCENSE
GOATS
GOLD

HONEY
JEWELS
MYRRH
OINTMENT
RAIMENT
RAMS
SEPULCHRE
SILVER
SPICES
SPIKENARD
TREES

**Day
350**

```
E F I L F O D A E R B J O H S
E V C O U N S E L L O R S A L
P C E L T S F A T H E R N A T
A R E R I C H B V L E C M L D
S K I E L V E B G I I B E M R
D G H N J A I A O E O A J I E
R E N W C E S N N F R U U G H
O Q L I O E H T G S J F R H P
L B Z I K N O O I G F Q A T E
F M Z A V F D F V N O J F Y H
O A D M D E O E P A G D T G S
D L T A U K R G R E H K O O D
R D Y I C Q Q E N F A V I D O
O S F O X A W M R I U C O N O
L H R E D E E M E R K L E M G
```

Names of God

ABBA
ALMIGHTY GOD
ANCIENT OF DAYS
BREAD OF LIFE
COUNSELLOR
DELIVERER
EVERLASTING KING
FATHER
GOOD SHEPHERD
I AM
JEHOVAH

KING OF KINGS
LAMB
LAMB OF GOD
LIVING GOD
LORD OF LORDS
PRINCE OF PEACE
REDEEMER
ROCK OF ISRAEL
SAVIOUR
WONDERFUL

Day
351

```
H A H A I L A H T A R O M R I
R M A N A S S E H A I Z A H A
E L E B E Z E J S H A L L U M
H I R O M I H H A I H A K E P
O L N Z Q M S O L O M O N H A
B S T B A R O A H J H H D A H
O A Z R I I H E Z E K I A H H
A M A S Z T X A H H H H V H H
M A H S A R A I I U R S I T A
A O A S H U S R R R R R D H I
E B O M M A L H A S A A A H K
H O H T A H P A H S O H E J E
S R E R A M A Z I A H E C H D
O E J S S S O H H B A H A A E
H J O A S H H N H A I S O J Z
```

Kings and Queens
of Israel and Judah

AHAB	JEZEBEL
AHAZIAH	JOASH
AMAZIAH	JOSIAH
AMON	MANASSEH
ASA	OMRI
ATHALIAH	PEKAHIAH
BAASHA	REHOBOAM
DAVID	SAUL
HEZEKIAH	SHALLUM
HOSHEA	SOLOMON
JEHOAHAZ	TIBNI
JEHOSHAPHAT	ZACHARIAH
JEHU	ZEDEKIAH
JEROBOAM	ZIMRI

**Day
352**

```
H E R O D R A Z Z A H S L E B
R A Z Z E N D A H C U B E N C
E E M S S E X R E X A T R A E
M M S R E B E M E H S R O D D
O O K E I N G P A S S Q U E E
A H R B N N H S D E B I R E Z
L C S A N A U H N L A D I T I
R E A O R E M N S H I N A B N
O N L A R B A L A K R A N N O
D G O U O C H A A I H P A J D
E H S H H J O B O H C O I R A
H A B E H S H A P Q S Y Z Y R
C A R E B I R S H A X X R X I
R I M E L C H I Z E D E K U U
B E L S M A R I P N I B A J S
```

Pagan Kings and Queens

ADONIZEDEC
AHASUERUS
ARIOCH
ARTAXERXES
BALAK
BELSHAZZAR
BERA
BIRSHA
CHEDORLAOMER
CYRUS
DARIUS
DEBIR
EGLON
HEROD

HOHAM
JABIN
JAPHIA
MELCHIZEDEK
NEBUCHADNEZZAR
NECHO
PHARAOH
PIRAM
SENNACHERIB
SHALMANESER
SHEBA
SHEMEBER
SHINAB
TIDAL

```
Z I P H R O N N R A E Y O K E
Z I Y G Z Y Z Y E Z A E Z Z Z
Z Z O N Z R Y Y X D X L Y Y E
M Z Z I F R A R R R R L S T R
Z M E D Z R R E R R R O M C U
H S L L Y Z T E Y Y E W Z Z A
H E O E X S D S T N A O Z X H
T T P I E N Y Z Z E Y M E Y A
U I H Y O U R S E L V E S Z Z
O N E Y O U N G S H Z S H S A
Y O H S S U Y L S U O L A E Z
Y H A S S O S R T R A R M E H
O P D S S Y T H Z E R E N M R
Y E M H P U Z A A A Y A A D T
Z Z C D C D H P I Z S N O I Z
```

Y's and Z's in the Bible

YEA	ZAZA
YEAR	ZEALOUSLY
YEARN	ZELOPHEHAD
YELLOW	ZENAS
YESTERDAY	ZEPHONITES
YET	ZERUAH
YIELDING	ZIF
YOKE	ZION
YONDER	ZIPH
YOU	ZIPHRON
YOUNG	ZOAN
YOURSELVES	ZOAR
YOUTH	ZUPH

```
B P P I F I E L D E R U L L A
F E L A A V N F M A L A L O H
R O L L E R D O I E Y N K A B
I P I O U S T S E W E S R M G
E L W T V H O R V R S L I M O
N E E H E E Z H D E O A H I D
D R R R O E D L I T L A R A N
E F V E J R I R H B M A E F A
V I N T V H E G I A D R M N B
I R A H C T U D H S B P O K S
E S K G L O M U O L R T G I U
C T E U B D R O L M H A L N H
N E D A W O M A N E S V E G N
O A C D L O V E R S E W A L L
C K H V I N E Y A R D S D O G
```

Hosea's Story

ADULTERIES	FIRST	LORUHAMAH
ALLURE	FRIEND	LOVERS
ANOTHER	GOD	MOTHER
BACK	GODS	NAKED
BELOVED	GOMER	PEOPLE
BOUGHT	HARLOT	RETURN
BREAD	HOSEA	SILVER
CHILDREN	HUSBAND	VINEYARD
CONCEIVED	ISRAEL	WALL
DAUGHTER	JEZREEL	WHOREDOMS
DAYS	KING	WIFE
DIBLAIM	LOAMMI	WILL
FIELD	LORD	WOMAN

```
I D L S F E A T H E R S S O D
S N E R P D S R A E Y E W E H
O R V L S I R I C H L I L O T
S M E I L N H N D S N A U I S
R A K T T A O S I V E S M S P
E N I E A E C I E H E E R E A
T S N F U W D N T S S E L E R
H I G W E P T B D C T N S K R
G O S P E I E F S E I R G I O
U N T O O L R N L S V L E I W
A S P N I I E S S I T I F E S
D L S E E D E N S K G R C F S
E O V N I V O R K Y R H A E A
S E D A I S T F I G A O T E S
D S M W G A T H E R E D W S H
```

Many Things

AFFLICTIONS
BELIEVED
CALLED
DAUGHTERS
DAYS
DEVICES
FEATHERS
FRIENDS
GATHERED
GIFTS
HEALED
HEARTS

HOUSES
INVENTIONS
INVITED
ISLES
KINGS
LIGHTS
MAIDENS
MANSIONS
PEOPLE
RICH
SEEK
SHIPS

SIGNS
SONS
SPARROWS
TIMES
TREES
WATERS
WEPT
WISE
WIVES
WORKS
YEARS

Day
356

```
N X G C C J A C O B J M A D A
O A F R R O E D E R A J Z R A
A H H S E S I V B E O E P A R
H G D O H E D T C B R H E Z O
Z O P N R P G A B E A O L H N
L A M E C H A N P X J I E A M
E B O S A S K O A O S A G L G
E R S I I K O D L H R D C E V
L A E E N O C H M G O A R S Y
A H S R A X I A C J O S H U A
L A M R N L E V K J G E J H S
A M O E O L V H C Y U D A T A
H U F B H A R E T I R E U E R
A U Z U K S B X R E E Z T M A
M L P I K S P D W Z S A L A H
```

Centenarians

AARON	JOSHUA
ABRAHAM	LAMECH
ADAM	MAHALALEEL
ARPHAXAD	METHUSELAH
CAINAN	MOSES
EBER	NAHOR
ENOCH	NOAH
ENOS	PELEG
ISAAC	REU
ISHMAEL	SALAH
JACOB	SARAH
JARED	SERUG
JEHOIADA	SETH
JOB	SHEM
JOSEPH	TERAH

```
N M L B E H O L D Q T K B M X
E O I W G J M E F C A L L X D
D V I N O M T W B I T N A Z I
D R I T D R U O V A F S E H T
M R A E A I D U G X D D A H S
B H T P C T P F N D N N O C N
W A E R C N U F I N D U K E F
F D B M O W O L Y M F O D O J
D I A S R U O C A J D F R D Y
V R R U D W B I S S E T O E W
Y B B A I H D L U O H S L Z S
M M A N N E R M E K T N U X S
A O O G G N A M E D P B D S P
J V K E D D E E I Q Q K U P Z
U U Z L Z U F C K A I V L T E
```

Highly Favored

Luke 1:29–31, 38

And **when** she saw him, she was **troubled** at his **saying**, and **cast** in her **mind what manner** of **salutation** this **should** be. And the angel said unto her, **Fear** not, Mary: for thou hast **found favour** with God. And, behold, **thou** shalt **conceive** in thy **womb**, and **bring forth** a son, and **shalt call** his **name** JESUS. . . . And **Mary said, Behold** the **handmaid** of the **Lord**; be it unto me **according** to thy **word**. And the **angel departed** from her.

Day 358

```
B  G  P  F  T  K  A  W  Q  S  C  S  Q  N  M
A  B  M  A  G  B  R  O  E  L  A  D  L  B  U
B  A  H  O  E  N  I  M  D  A  P  O  L  M  P
E  T  M  D  E  P  A  E  L  E  R  B  I  O  H
B  S  H  O  U  L  D  N  R  D  B  S  X  W  T
V  S  O  O  N  N  L  F  D  E  F  A  H  Y  F
N  C  M  H  U  G  O  L  L  C  S  I  H  T  Z
B  M  M  O  T  R  R  I  A  L  C  D  T  S  R
L  U  S  O  M  H  E  B  T  H  I  N  G  S  D
E  H  Z  A  T  V  C  E  L  A  S  V  E  C  W
S  Q  N  I  E  H  N  W  I  D  T  C  S  T  E
S  C  W  D  L  T  E  Y  M  U  I  U  H  J  A
E  K  A  P  S  R  H  R  P  O  U  E  L  M  N
D  I  Z  N  E  E  W  G  V  L  R  G  W  A  B
K  S  D  I  E  D  C  O  M  E  F  F  I  T  S
```

Greetings from a Relative

Luke 1:42–45

And she **spake** out **with** a **loud** voice, and **said**, Blessed art **thou among women**, and blessed is the **fruit** of thy womb. And **whence** is **this** to me, that the **mother** of my Lord **should come** to me? For, lo, as **soon** as the **voice** of thy **salutation sounded** in **mine ears**, the **babe leaped** in my **womb** for joy. And **blessed** is she **that believed**: for **there shall** be a **performance** of those **things** which were **told** her **from** the **Lord**.

Day 359

```
R E D T R U O I V A S G D F D
E X T V N A R M S E H H R I E
M A N R A A O D Y G T O O L P
E L E M E R V T E G N N L L L
M T S S Q J P R N G Z I R E E
B E F E H M O R E S R L H D H
R D M Y E E T I P S O E U T D
A A L R F S W I C W T O E E K
N S U G O D R E G E R R R F P
C P O N Z I H O D P D E A A R
E A S U T I O J D M T S Q E K
I K H H G D L T R T E R M Y H
U E M A W A Y Q A A A R I C H
M A G N I F Y C T E G D C G I
I S R A E L S S F M A R Y Y A
```

Mary's Magnificat

Luke 1:46–55

ARM	HUNGRY	SAVIOUR
AWAY	ISRAEL	SCATTERED
DEGREE	LORD	SEATS
EMPTY	LOW	SENT
EXALTED	MAGNIFY	SERVANT
FEAR	MARY	SHEWED
FILLED	MERCY	SOUL
GOD	NAME	SPAKE
GOOD	PROUD	SPIRIT
HEARTS	REJOICED	THINGS
HELPED	REMEMBRANCE	
HOLY	RICH	

```
S F P H A R A O H T U H E N K
E G Y P T M B A M R T L E Y E
V L W G K S E E R U E G M H O
E J U Q E J F M N O B Z O F O
N Q A R V N D L O Z N J S V F
D R V K D D E S T R O Y E R T
A E O B T A L R E U I R S O O
Y F D B V P I I A S Q A R B Q
S V E E T A V F Y T U D L R X
A W N A M S E O O H I O M E J
L E M L S S R V V N O O H A J
D P S M I T E I A D L U N D I
T X M Q S K D N F Q P P R S S
Q W M E X E C U T E U G A L P
J U D G M E N T P N V B T B G
```

Passover

AARON
BLOOD
BREAD
DELIVERED
DESTROY
DESTROYER
EGYPT
EXECUTE
FEAST
FIRSTBORN
GENERATIONS
HOUSES

JUDGMENT
MEMORIAL
MOSES
OBSERVE
ORDINANCE
OVER
PASS
PHARAOH
PLAGUE
SEVEN DAYS
SMITE
UNLEAVENED

Day
361

```
T S S S V I E D I S E B H Q L
A H T H K B G W T V A L L E Y
B A A E D A L I V E O N L I O
L D F P R O L G F S I F F D I
E O F H V L W K L A W L R H L
N W Y E R M M N G S F O R L E
P E R R V E A J H O L E H D A
R A E D K E S K C U P R A T D
E D S R W N R T E L Z U P R E
P H R T G E W V O T K N A O T
A O T C U A L S R R H N T F H
R U O A T R B L O A E E H M W
E S T E E P E V D W A T S O H
S E R U O D C S D R D H H C E
T S R I G H T E O U S N E S S
```

The Lord Is My Shepherd

Psalm 23

BESIDE
COMFORT
CUP
DEATH
DOWN
DWELL
EVER
FEAR
FOR
GREEN
HEAD
HOUSE

LEADETH
LIE
LORD
MAKETH
NO EVIL
OIL
OVER
PASTURES
PATHS
PREPAREST
RESTORETH
RIGHTEOUSNESS

ROD
RUNNETH
SHADOW
SHEPHERD
SOUL
STAFF
STILL
TABLE
VALLEY
WALK
WATERS

Day 362

```
Y L W V G N R N I A T R E C J
O M R T Y R N C I L I C I A E
B R H L E R E W I E L P O E P
G E E T I C H A T X X Z H M G
N S U W O B P Z T A G Z M E T
E I A G O M E F M N H C I H W
N S R U O P T R O D Y G R T X
T T O D T G S M T R N P A R I
B H S H H P A V E I W W C F O
Y I E C I T N N T A N D L O Y
W Y A R Y C I U Y N E E E A C
I A I Q E A P A B S N L S B G
M T S U N S Z S F U L L I L C
H W A S I A I C N S P A K E Y
W O N D E R S T N N Q C E E E
```

Full of Faith

Acts 6:8–10

And **Stephen, full** of **faith** and **power**, did **great wonders** and **miracles among** the **people. Then there arose certain** of the synagogue, which is **called** the **synagogue** of the **Libertines,** and **Cyrenians,** and **Alexandrians,** and of **them** of **Cilicia** and of **Asia, disputing** with Stephen. And **they were** not **able** to **resist** the **wisdom** and the **spirit** by **which** he **spake.**

```
R L P G D F D R K J T Z V U R
N S T R A E H X Q S L B O I P
R P A I R R H E A V E N X I W
M E T C X E A S L L M I S T T
X H H D C R C H I V G V P B W
Q W T T T Q M E A R U O Y S J
Y T A H I B V A I B E Y J O K
E O E H E M R B V B P O O W
T L N O D C N D Q O E N F N T
A R E N I A M E R G V D P N D
H A B B Q U E L A T M E P J T
T H I N G S D R O L C N J H X
G M V X E E U W E A E Z R N A
K I P H M O R E E H N R U R Y
N O T Z C Q U P W Y T B T A Q
```

God of All

Joshua 2:11; Hebrews 11:31

And as soon as we had **heard these things,** our **hearts** did **melt, neither** did **there remain** any **more courage** in any man, **because** of you: for the LORD **your** God, he is God in **heaven above,** and in **earth beneath.** . . .

By **faith** the **harlot Rahab perished** not with **them that believed** not, **when** she had **received** the **spies** with **peace.**

```
Z T R I B E S S Q T S L A E S
G B M A L G T U H E E N H O J
A B B D P S Z R U G D F V N Z
T Y E S A D O U N F I O R V T
E R L E K N T A H R A W O R N
S V B O E C Z E E P E G I L P
N O G A R D I Y S R A B E B B
S E A T S D C T I T U T S M C
H T L W H E O F S L I T M H O
K O O F H O F O A E E M U O S
H R R P A O U T W P L R O T S
D Y O S E H I S M M C D A N B
Y R T K E O P U A H R R N O Y
P S A Q N S R L E N S O O A Q
T L I O N T Q S A X D K W P C
```

More on Revelation

ALPHA
ANGEL
BEASTS
BLOOD
BOOK
CANDLESTICKS
CHURCHES
DRAGON
ELDERS
FIRE
GATES
HORSES
JOHN
LAKE OF FIRE
LAMB

LION
OMEGA
PATMOS
PROPHECY
SEALS
SEATS
STARS
SWORD
TESTIMONY
THOUSAND
THRONE
TRIBES
TRIBULATION
TRUMPETS
WORMWOOD

WORD SEARCH ANSWERS

DAY 1
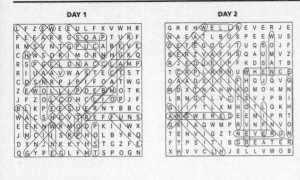

DAY 2

DAY 3

DAY 4

DAY 5

DAY 6

DAY 7

DAY 8

DAY 9

DAY 10

DAY 11

DAY 12

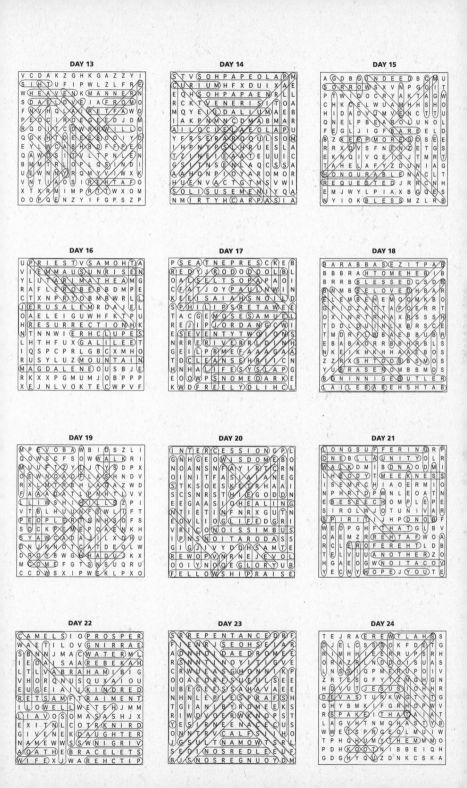

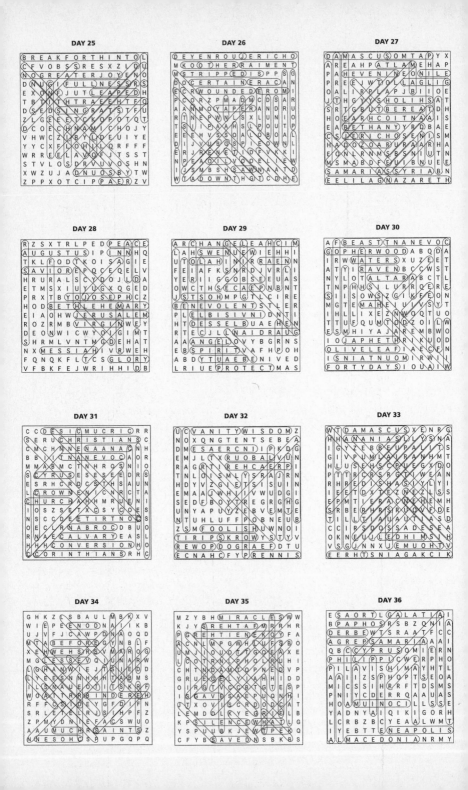

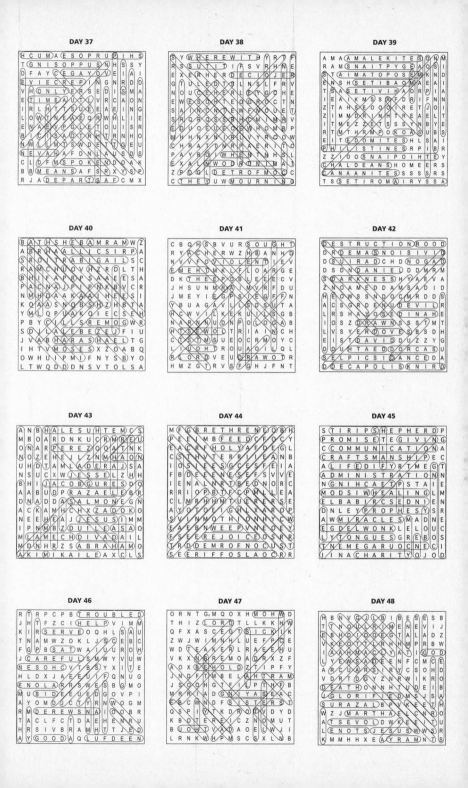

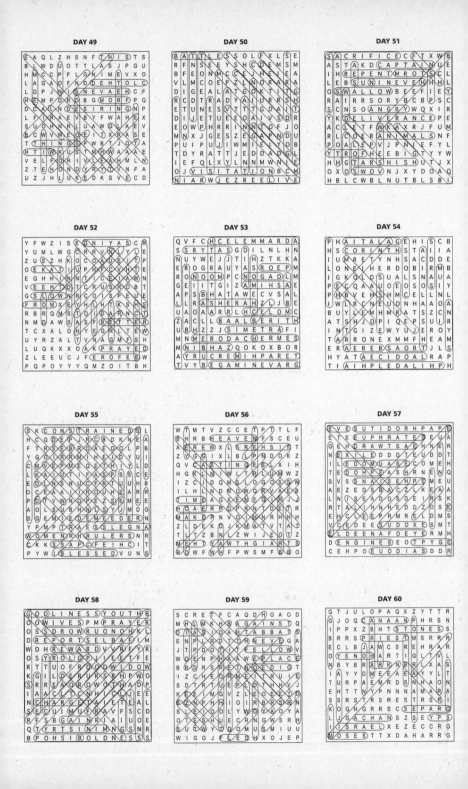

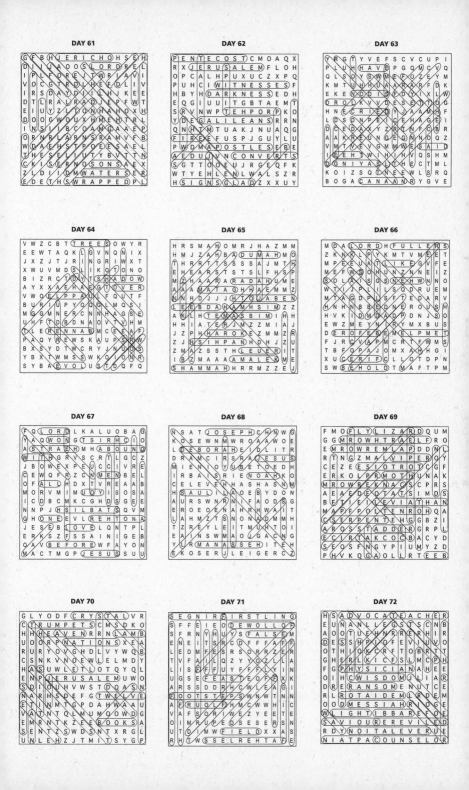

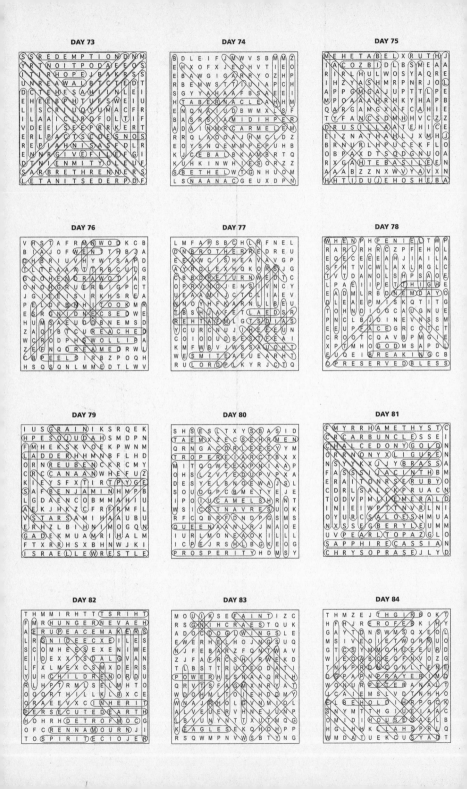

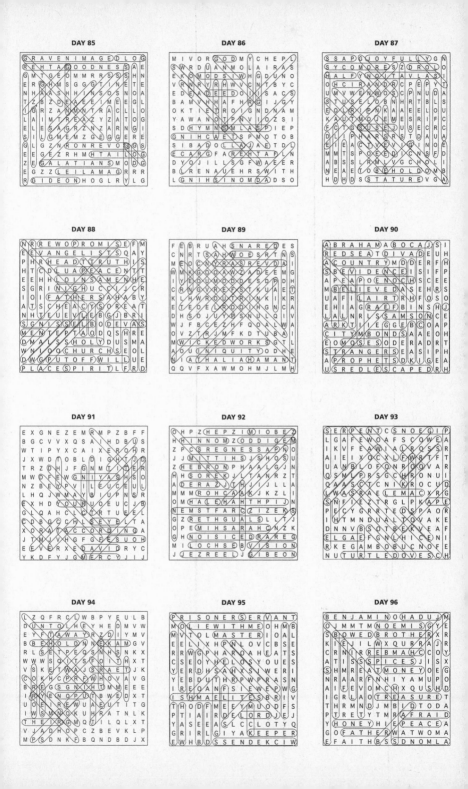

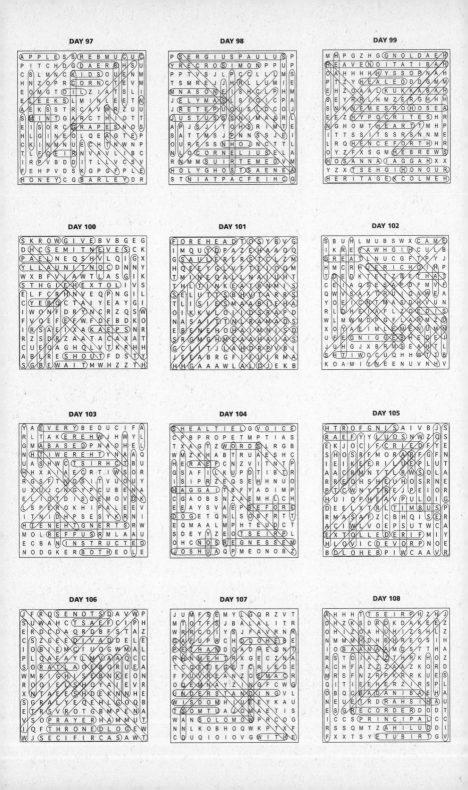

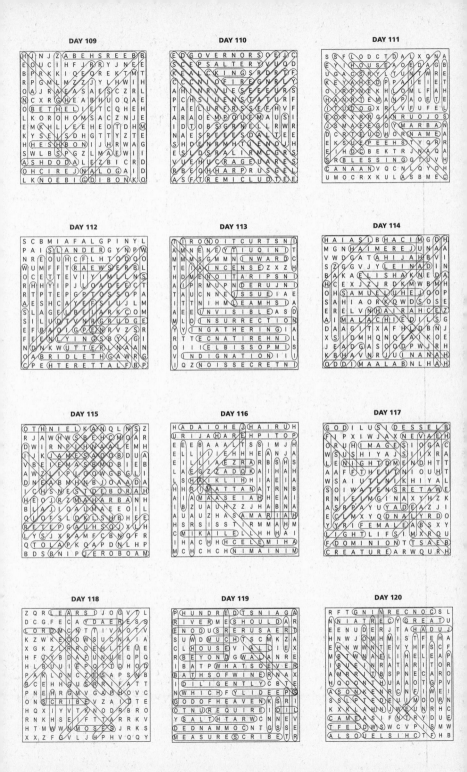

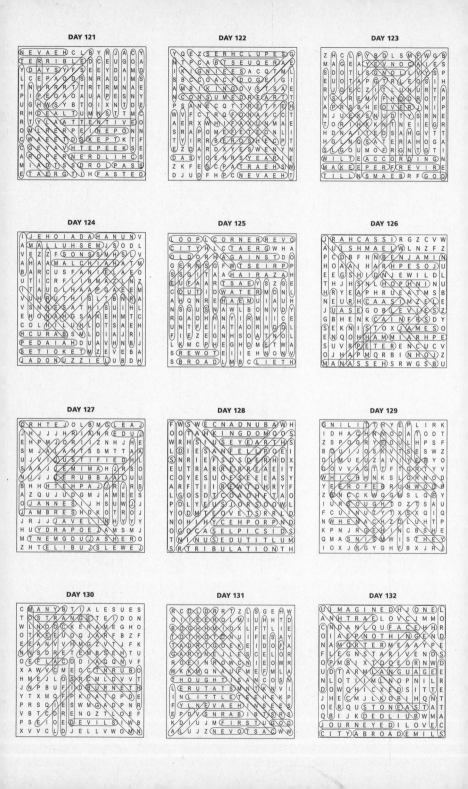

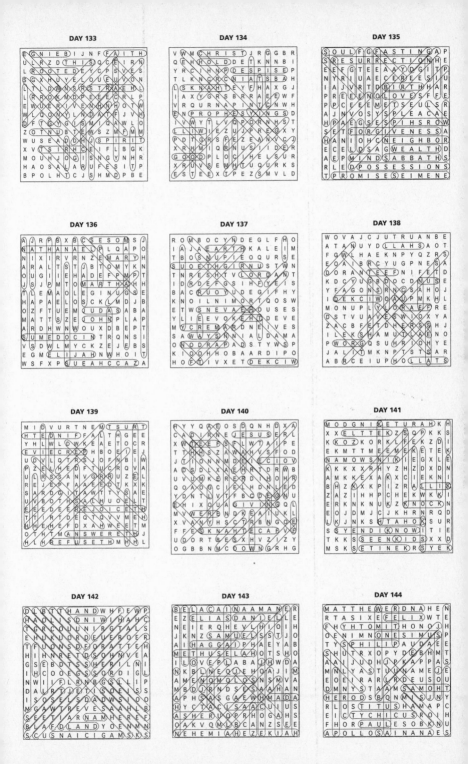

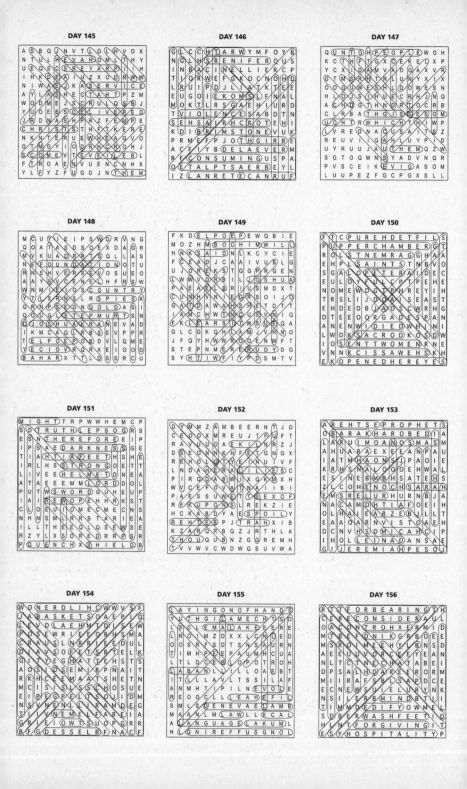

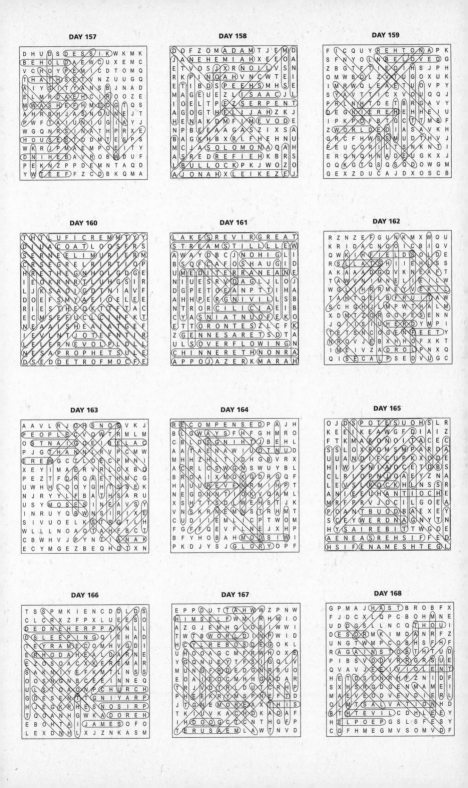

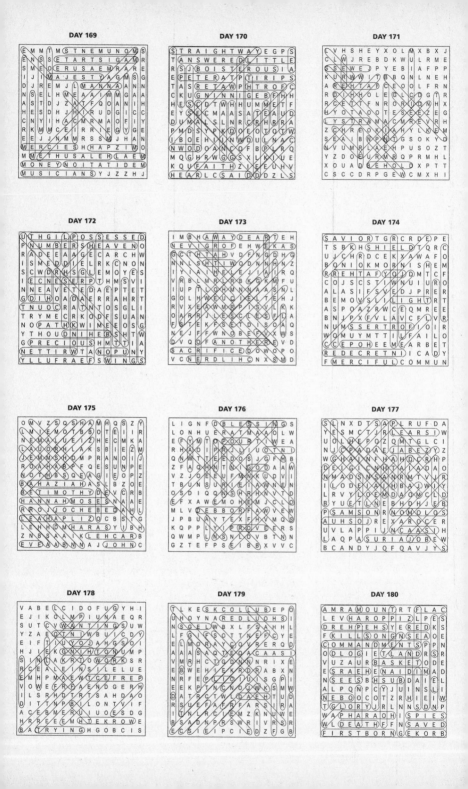

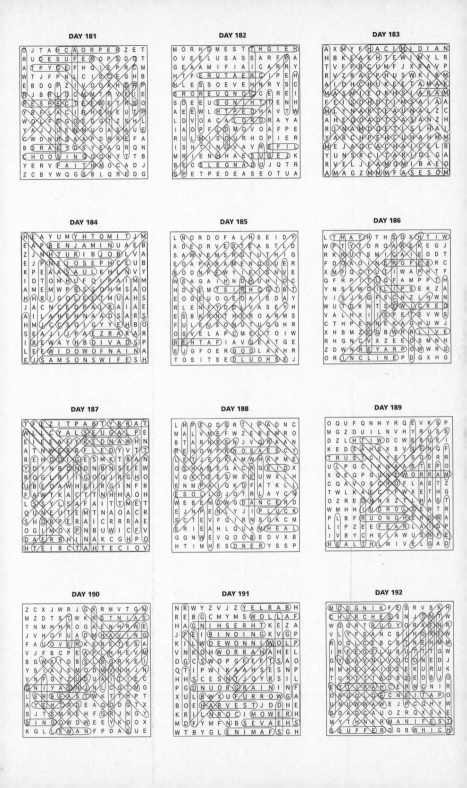

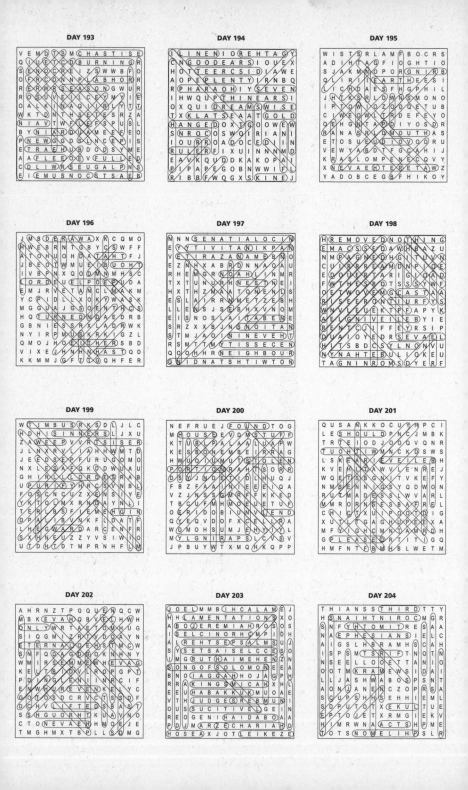

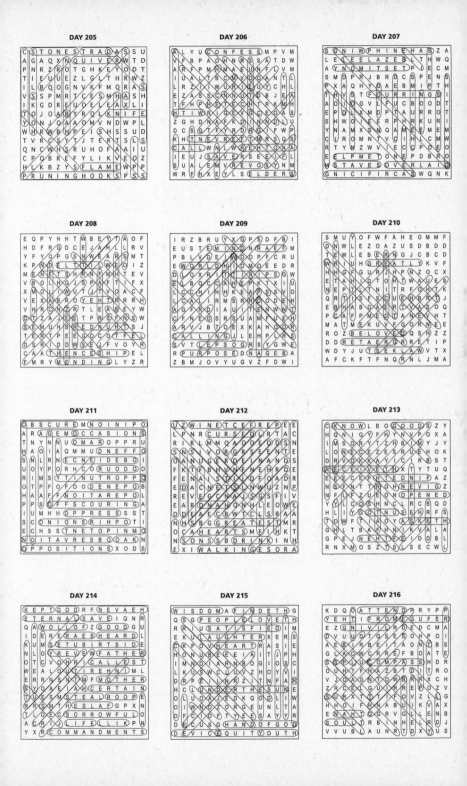

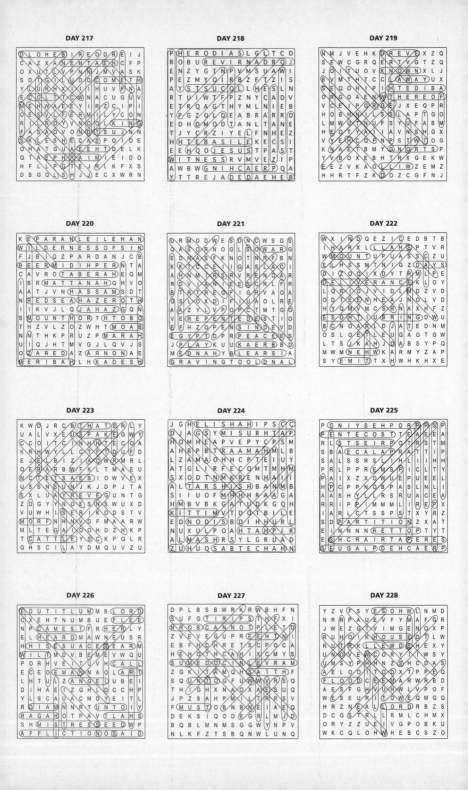

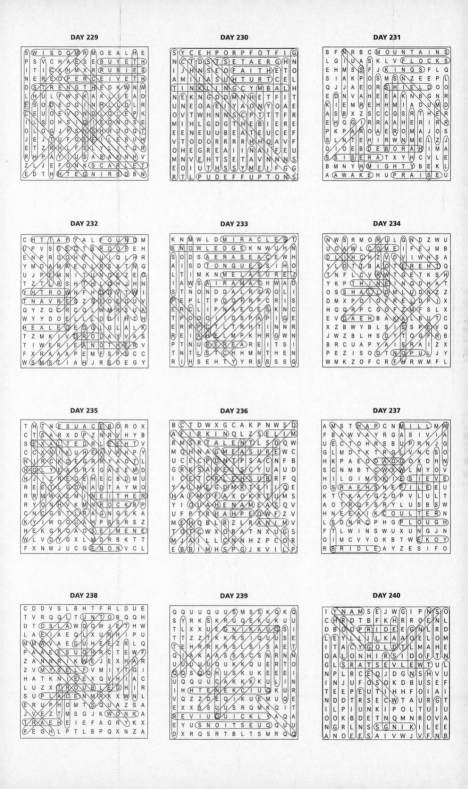

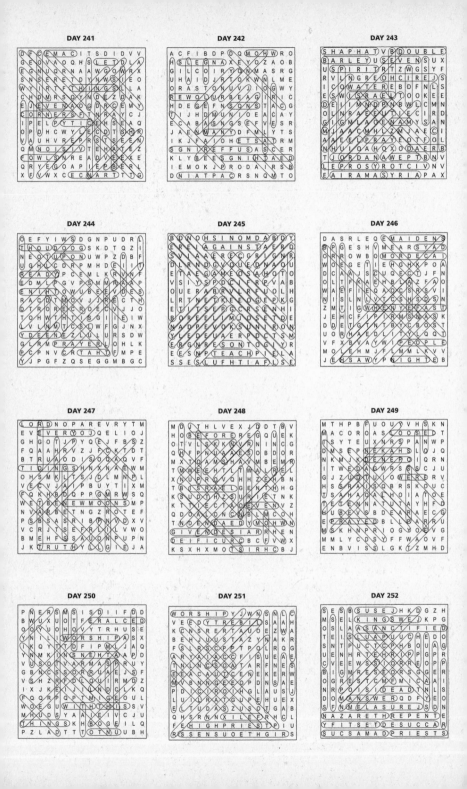

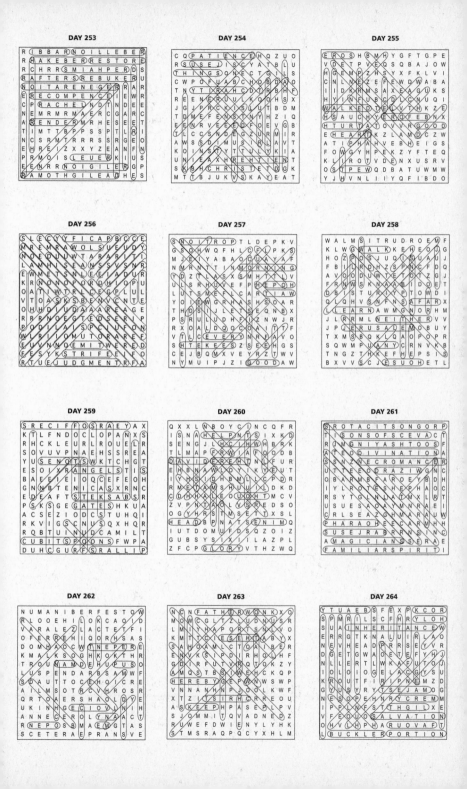

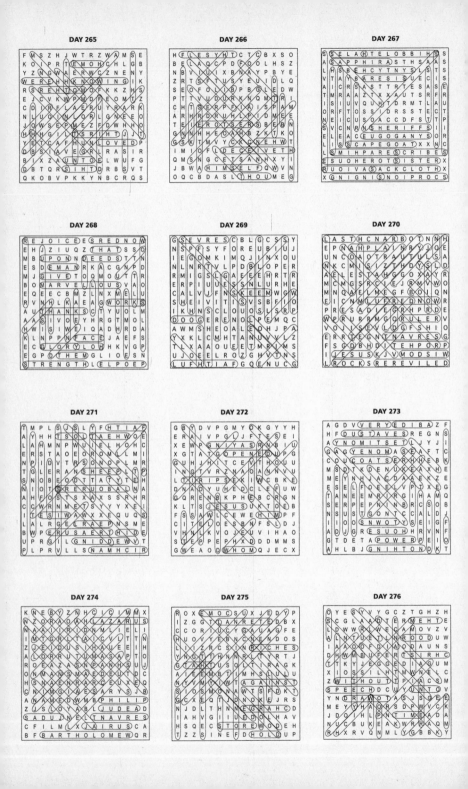

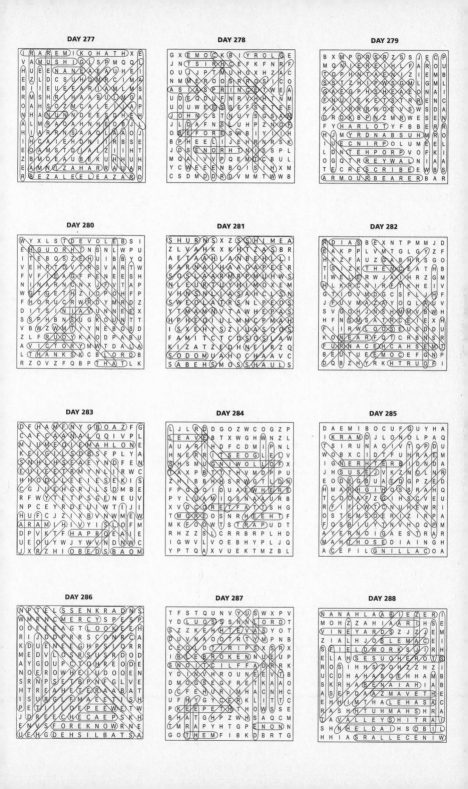

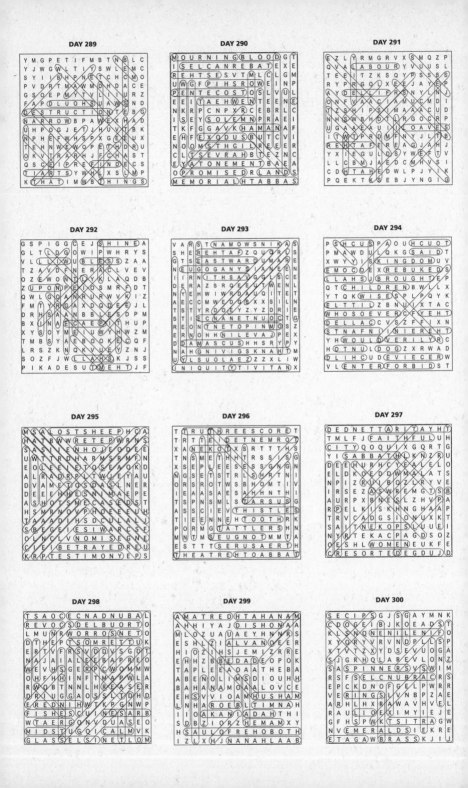

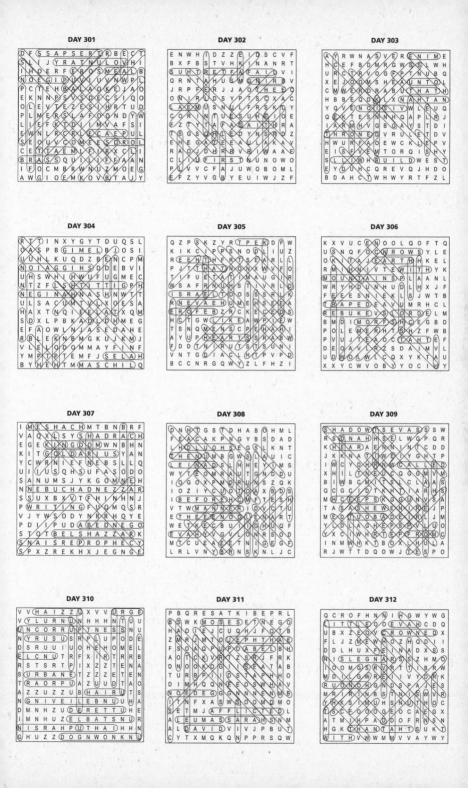

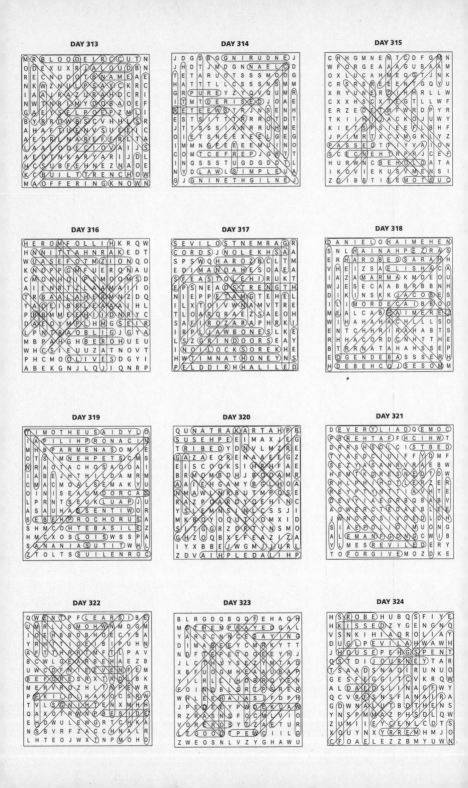

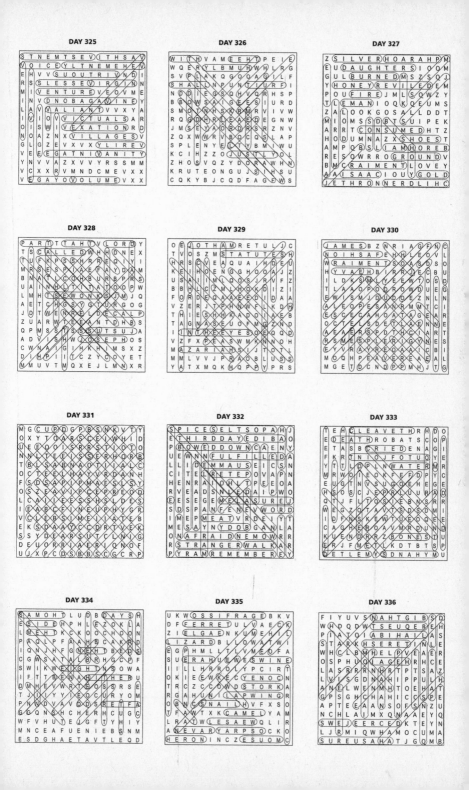

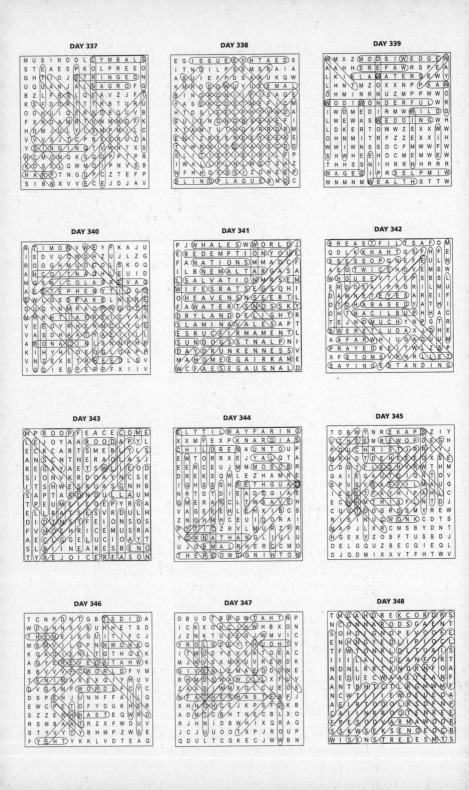

DAY 337

DAY 338

DAY 339

DAY 340

DAY 341

DAY 342

DAY 343

DAY 344

DAY 345

DAY 346

DAY 347

DAY 348

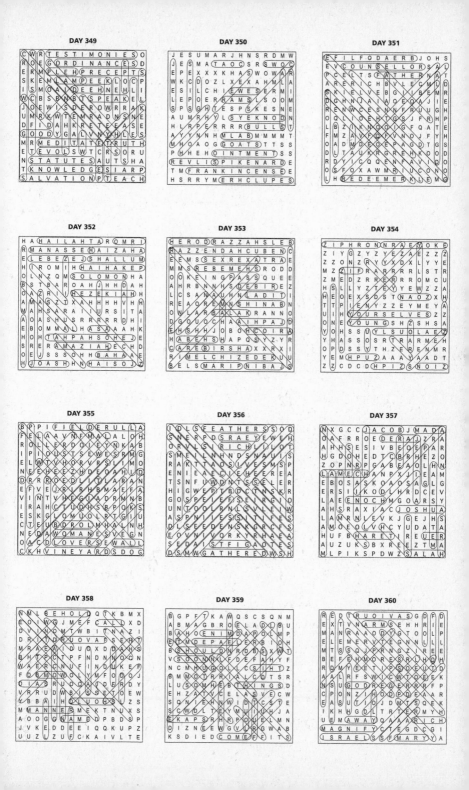

DAY 361

DAY 362

DAY 363

DAY 364

DAY 365

If you enjoyed

The 365-Day Bible Word Search Challenge

check out these titles for hours of fun!

The 365–Day Clean Joke Book
ISBN 978-1-59789-650-4

The 365–Day Bible Word Game Challenge
ISBN 978-1-59789-668-9

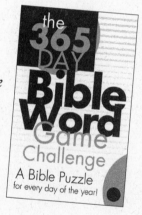

The 365–Day Bible Trivia Challenge
ISBN 978-1-59789-651-1